伦理决策下绿色供应链管理研究

许　建　著

本书获国家社会科学基金后期资助项目
（批准号：18FGL027）支持

科　学　出　版　社
北　京

内 容 简 介

本书在国内外已有研究成果的基础上，以经济学为基础，从伦理学视角出发，对伦理决策下绿色供应链管理进行分析，旨在从根本上系统、全面地分析伦理决策与绿色供应链管理实践的现状，以及二者的相关关系与影响关系，探索绿色供应链管理中存在的伦理管理问题的决策机制与途径，讨论伦理决策下企业绿色供应链管理的典型案例。

本书可供研究供应链管理的学者、研究人员及高校相关专业师生阅读，也可以为从事供应链工作的相关企业管理人员提供决策参考。

图书在版编目(CIP)数据

伦理决策下绿色供应链管理研究/许建著. —北京：科学出版社，2020.12
ISBN 978-7-03-067706-8

Ⅰ. ①伦… Ⅱ. ①许… Ⅲ. ①供应链管理-研究 Ⅳ. ①F252.1

中国版本图书馆 CIP 数据核字（2020）第 270431 号

责任编辑：王鹤楠 / 责任校对：赵丽杰
责任印制：吕春珉 / 封面设计：东方人华平面设计部

科 学 出 版 社 出版
北京东黄城根北街 16 号
邮政编码：100717
http://www.sciencep.com
北京中科印刷有限公司 印刷
科学出版社发行　各地新华书店经销
*
2020 年 12 月第 一 版　开本：B5（720×1000）
2020 年 12 月第一次印刷　印张：14 3/4
字数：300 000

定价：95.00 元

（如有印装质量问题，我社负责调换〈中科〉）
销售部电话 010-62136230　编辑部电话 010-62135397-2032

前　言

绿色供应链管理是环境保护理念在供应链管理中的体现；是核心企业与其上下游企业从战略高度系统地协调经济效益、环境效益和社会效益的理论依据；是将企业与自然、企业与社会的绿色发展理念贯穿整个供应链，并有效管理物流、资金流、信息流及供应链上企业间合作的管理模式。这一模式是集各企业之资源，利用各企业间长期的合作关系获得可持续竞争的优势。该模式以“整体最佳”为宗旨，因此，绿色供应链上的企业要履行对环境和社会的责任，要相互信任，要与其他企业保持步调一致的绿色决策与行动，实现长期的信息共享。但是供应链上的每个企业都是一个独立的经济实体，都有自己的利益和目标，都担心商业机密泄露，还做不到对经济责任、环境责任和社会责任的同等对待，不能完全做到诚实守信、与合作伙伴充分分享重要信息。

绿色供应链管理模式本身又具有内在的伦理决策特征：一是绿色供应链管理注重诚信经营；二是绿色供应链管理存在信息共享问题。对于供应链内部而言，诚信经营、公平交易是增强合作伙伴凝聚力的伦理保证，信息共享能够节约人力、物力、财力，从而更好、更快、更强地满足成员企业的合作要求，实现整条供应链上的价值；对于外部而言，由于伦理化的认证制度和社会道德强度不断强化，供应链上的企业只有在决策时充分考虑伦理要求，承担起环境责任与社会责任，其行为才能满足社会和公众的要求。

本书通过文献回顾、理论推演等方法，构建伦理决策与绿色供应链管理实践之间路径关系的理论模型。以华东、华南、华中、东北等地的企业为调研对象，用问卷调查法收集数据，通过因子分析、回归分析等统计分析方法，检验了伦理决策中伦理认知、伦理判断和伦理行为对绿色供应链管理实践中绿色采购管理、内部绿色管理、环境伦理管理所产生的影响，并提出相应的对策与建议。

本书在伦理决策对绿色供应链管理实践影响方面做了一次有意义的探索，通过研究得出以下结论：第一，伦理决策中的伦理认知、伦理判断和伦理行为对绿色采购管理实践有着积极的影响；第二，伦理决策中的伦理认知、伦理判断和伦理行为对内部绿色管理实践有着积极的影响；第三，伦理决策中的伦理判断和伦理行为对环境伦理管理实践有着积极的影响，伦理认知对环境伦理管理实践的积极影响不明显。

本书的主要创新点体现在两个方面：一是新颖的研究视角，关于伦理决策与绿色供应链管理实践之间关系的实证研究相对较少，特别是在我国情境下；二是探讨了伦理决策对绿色供应链管理实践的影响关系。然而，本书的研究仅仅是一次积极的尝试，欢迎同仁们批评指正。

本书的出版，一方面感谢吉首大学党委书记白晋湘教授、吉首大学原副校长李定珍教授、吉首大学副校长冷志明教授、中山大学管理学院田宇教授、吉首大学旅游与管理工程学院院长尹华光教授、吉首大学旅游与管理工程学院副院长鲁明勇教授等的悉心指导与关怀；另一方面感谢国家社会科学基金后期资助项目（批准号：18FGL027）的资助。此外，本书在编写过程中还大量引用和参考了中外学者的文献，在出版过程中得到了科学出版社的大力支持。在此，一并表示深深的敬意和由衷的感谢。

许　建

2019 年 4 月

目　录

第 1 章　导论……1
1.1　绿色供应链管理中的伦理问题……1
1.1.1　伦理困境……1
1.1.2　价值贡献……5
1.2　伦理决策下绿色供应链管理研究体系……7
1.2.1　具体内容……7
1.2.2　具体方法……9
1.3　伦理决策下绿色供应链管理的实施要求……10
1.3.1　相关建议……11
1.3.2　理论依据……14
第 2 章　伦理决策与绿色供应链管理的主要研究……15
2.1　伦理决策研究……15
2.1.1　伦理决策过程研究……16
2.1.2　伦理决策主要理论模型研究……20
2.1.3　伦理决策影响因素研究……23
2.2　绿色供应链管理实践研究……26
2.2.1　绿色采购管理研究……26
2.2.2　内部绿色管理研究……27
2.2.3　环境伦理管理研究……28
2.3　绿色供应链管理影响因素研究……30
2.3.1　绿色供应链管理动力因素研究……30
2.3.2　绿色供应链管理障碍力因素研究……31
2.4　绿色供应链管理中的伦理决策研究……32
2.5　研究的关键问题……36
第 3 章　伦理决策下绿色供应链管理的理论分析……39
3.1　伦理决策概述……39
3.1.1　伦理决策内涵……39
3.1.2　伦理决策理论基础……42
3.1.3　伦理决策过程体系……43

3.2 绿色供应链管理概述 …… 45
3.2.1 绿色供应链管理的内涵 …… 45
3.2.2 绿色供应链管理的特点 …… 48
3.2.3 绿色供应链管理体系结构 …… 50
3.2.4 绿色供应链管理发展战略 …… 53
3.2.5 实施绿色供应链管理的条件 …… 61
3.3 绿色供应链管理中的伦理分析 …… 64
3.3.1 绿色供应链中伦理管理的理论基础 …… 64
3.3.2 绿色供应链中伦理管理的特征 …… 65
3.3.3 绿色供应链中伦理管理的目标：整体最佳 …… 70
3.3.4 绿色供应链中伦理管理的基本要求：互相信任 …… 73
3.3.5 慈善伦理在绿色供应链管理中的价值分析 …… 80

第 4 章 伦理决策与绿色供应链管理实践的关系 …… 85

4.1 问卷设计与分析 …… 85
4.1.1 问卷设计 …… 85
4.1.2 变量测度 …… 86
4.1.3 问卷分析 …… 88
4.2 基于伦理决策的绿色供应链管理体系 …… 94
4.3 伦理决策与绿色供应链管理实践的关系假设 …… 97
4.3.1 伦理决策对绿色采购管理的影响 …… 97
4.3.2 伦理决策对内部绿色管理的影响 …… 99
4.3.3 伦理决策对环境伦理管理的影响 …… 101
4.4 伦理决策与绿色供应链管理实践的关联分析 …… 103
4.4.1 绿色供应链管理中的伦理规范 …… 103
4.4.2 绿色供应链管理中出现伦理决策问题的原因 …… 110
4.4.3 伦理决策与绿色供应链管理实践的关联模型 …… 111

第 5 章 伦理决策对绿色供应链管理实践的影响 …… 113

5.1 数据质量评价 …… 113
5.1.1 数据收集 …… 113
5.1.2 数据检验 …… 113
5.2 伦理决策与绿色供应链管理实践的效度及信度 …… 118
5.2.1 伦理决策与绿色供应链管理实践的效度检验 …… 119
5.2.2 伦理决策与绿色供应链管理实践的信度检验 …… 127

5.3 伦理决策对绿色供应链管理实践的假设检验 …… 128
5.3.1 伦理决策与绿色供应链管理实践的相关分析 …… 128
5.3.2 伦理决策与绿色供应链管理实践的回归分析 …… 129
5.3.3 伦理决策对绿色供应链管理实践的影响分析 …… 133
第 6 章 伦理决策下实施绿色供应链管理决策机制 …… 137
6.1 伦理决策下绿色供应链风险评价机制 …… 138
6.1.1 伦理决策下绿色供应链风险评价工作流程 …… 139
6.1.2 伦理决策下绿色供应链风险评价指标设计 …… 140
6.1.3 伦理决策下绿色供应链风险评价 …… 142
6.2 伦理决策下绿色供应链管理中政府协调机制 …… 148
6.2.1 伦理决策下绿色供应链供求模型构建 …… 148
6.2.2 伦理决策下绿色供应链供求模型分析 …… 152
6.3 伦理决策下绿色供应链合作创新绩效机制 …… 156
6.3.1 伦理型领导与绿色供应链合作创新绩效的维度分析 …… 157
6.3.2 伦理型领导与绿色供应链合作创新绩效的关系分析 …… 157
第 7 章 伦理决策下实施绿色供应链管理的途径 …… 160
7.1 伦理决策下绿色供应链管理评价体系 …… 160
7.1.1 合理伦理决策的绿色供应链管理竞争力评价体系 …… 160
7.1.2 绿色供应链管理企业信任评价体系 …… 162
7.1.3 绿色供应链管理企业环境伦理评价体系 …… 164
7.2 绿色供应链企业伦理建设 …… 166
7.2.1 绿色供应链企业外部伦理建设 …… 166
7.2.2 绿色供应链企业间伦理建设 …… 168
7.2.3 绿色供应链企业内部伦理建设 …… 170
7.3 伦理决策下绿色供应链利益分配的保障措施 …… 172
7.3.1 促进合作措施 …… 172
7.3.2 制度约束措施 …… 173
7.3.3 社会信用措施 …… 175
7.3.4 “推”与“拉”措施 …… 178
7.4 慈善伦理推进绿色供应链管理的实践路径 …… 179
7.4.1 政府向度：以慈善理念引导企业实施绿色供应链管理 …… 179
7.4.2 企业向度：以慈善责任促进企业实施绿色供应链管理 …… 180
7.4.3 媒体向度：以慈善宣传带动企业实施绿色供应链管理 …… 182

第 8 章　伦理决策下绿色供应链管理典型案例 …… 184
8.1　武汉钢铁集团绿色供应链管理实践典型案例 …… 184
8.1.1　绿色供应链管理架构 …… 184
8.1.2　绿色供应链管理建设 …… 186
8.1.3　启示 …… 188
8.2　北京汽车股份有限公司绿色供应链管理实践典型案例 …… 189
8.2.1　绿色供应链管理顶层设计 …… 189
8.2.2　绿色供应商管理 …… 191
8.2.3　绿色生产 …… 191
8.2.4　绿色回收 …… 192
8.2.5　绿色供应链信息平台和绿色供应链数据平台 …… 192
8.2.6　绿色供应链管理取得的成效 …… 193
8.3　联想（北京）有限公司绿色供应链管理实践典型案例 …… 194
8.3.1　绿色供应链管理顶层设计 …… 194
8.3.2　绿色供应商管理 …… 197
8.3.3　绿色生产 …… 200
8.3.4　绿色物流 …… 200
8.3.5　绿色回收 …… 201
8.3.6　绿色包装 …… 202
第 9 章　伦理决策下绿色供应链管理现状及发展 …… 203
9.1　伦理决策下绿色供应链管理现状 …… 203
9.1.1　伦理决策下实施绿色供应链管理的重要性 …… 204
9.1.2　伦理决策与绿色供应链管理实践的主因素 …… 205
9.1.3　伦理决策与绿色供应链管理实践的相关性 …… 205
9.1.4　伦理决策主因素对绿色供应链管理实践主因素的影响关系 …… 205
9.1.5　伦理决策下绿色供应链风险评价机制模式 …… 206
9.1.6　伦理决策下实施绿色供应链管理的途径 …… 206
9.2　伦理决策下绿色供应链管理发展 …… 207
9.2.1　伦理决策下绿色供应链管理发展中的问题 …… 207
9.2.2　伦理决策下绿色供应链管理发展中的展望 …… 208
参考文献 …… 210
附录 …… 224
后记 …… 227

第1章　导　　论

“绿色供应链管理”是一个内涵非常丰富的术语，它可以涵盖一个企业各种绿色管理的努力及与供应企业、中间商、消费者等在绿色问题方面的合作共赢与协同竞争。多年前，一些企业就开始采用类似绿色供应链管理的方法，如一些企业明确规定与供应企业、销售企业签订的标准合同必须满足各种绿色要求。由于近年来供应链上商业伦理问题频繁出现，绿色供应链管理的范围进一步拓宽，企业不仅要考虑其他利益相关者的期望，还要求供应企业提供日常工作中有关伦理决策与绿色可持续发展等方面的报告。因此，开展伦理决策对绿色供应链管理实践影响的研究，对于推动企业伦理与绿色供应链管理理论的发展有着重要的意义，对于指导企业从伦理角度实施绿色供应链管理实践也有着重要的现实价值。

1.1　绿色供应链管理中的伦理问题

1.1.1　伦理困境

18 世纪英国工业革命以来，劳动生产率大大提高，生产规模不断扩大，经济、科技得到飞速发展，人类创造了前所未有的物质财富与精神财富，极大地推动了社会发展。在人类一味追求经济发展的过程中，却忽视了生态价值和自然环境，对自然资源竭泽而渔式地过度开采，使自然界遭受严重破坏。人们在获得巨大经济利益的同时，付出了惨重的环境代价，不仅造成区域性的生态破坏，而且导致全球性环境遭到破坏，甚至威胁人类的生存与发展，因此，环境问题已成为当今社会的经济问题。随着社会的发展，环境与社会的协调直接关系人类的生存与发展，同时使人们的世界观和生活观发生变化。如果处理不好环境问题，就会使社会道德发生蜕变。

20 世纪 50 年代末，人类对自然资源的破坏，使环境问题日益加剧，引起了人类对环境问题与经济问题的重视。1962 年，美国海洋生物学家蕾切尔·卡逊（Rachel Carson）出版了《寂静的春天》一书，标志着人类社会从“破坏环境”时代进入了“保护环境”时代。1972 年 6 月 5～16 日，在瑞典首都斯德哥尔摩召开了“联合国人类环境会议”，113 个国家与地区参与此会议，会议通过了《联合国人类环境会议宣言》（简称《人类环境宣言》），从此以后，国际上开始重视环境问题。同年，第 27 届联合国大会把每年的 6 月 5 日定为“世界环境日”。1987 年，第八次世界环境与发展委员会通过了《我们共同的未来》报告，报告中主要强调社会经济的可持续发展与环境问题密切相关。这表明人类已经意识到，只有在注重环境问题的基础上发展经济，使经济与环境协调一致，才能保护我们的家园，才能使人类一代一代延续下去。1992 年，《21 世纪议程》的通过，将可持续发展从理论推向了实践。1993 年，国际标准化组织制定了 ISO 14000 环境管理系列标准，从此，环境问题成为一个焦点问题。20 世纪 90 年代，全球工业发展促进了全球经济一体化的形成，伴随着全球市场竞争加剧和网络技术的突飞猛进，企业间的竞争正被供应链的竞争取代。在此背景下，绿色供应链管理作为一种全新的环境管理理念，在 20 世纪 90 年代中期应运而生，由于其强调用全面、系统的观点来看待产品从原材料到销售到客户手中的环境影响，可以综合地解决供应链上的环境问题并得到快速发展。具体来说，绿色供应链管理（green supply chain management，GSCM）是指将资源利用、环境保护等意识融入供应链管理的各个环节，在产品的设计、材料的选择、产品的生产、产品的营销及再回收的过程中，使核心企业与其上下游企业从战略高度系统地协调经济效益、社会责任和环境保护“三重底线”（经济底线、环境底线、社会底线），并有效管理物流、资金流、信息流及供应链上企业间合作的管理模式，是现代企业实现可持续发展的一种有效途径。

Webb 于 1994 年提出绿色供应链管理的研究，他建议通过环境标准来选择合适的原材料，同时注重可循环使用，并在此基础上提出了“绿色采购”的概念。而绿色供应链管理作为一个全新的系统的概念，是 1996 年由美国密歇根州立大学的制造研究协会（manufacturing research centre，MRC）在进行一项名为“环境负责制造”的研究中提出来的，该协会把绿色供应链管理定义为“供应链上各节点企业对环境、资源的合理整合，即从原材料购买到销售再到客户手中的链条上突出资源节约与环境友好的目的，最大限度地不破坏环境”。在此之后，这一概念得到企业界和学术界的广泛关注。

进入 21 世纪，绿色供应链管理理论逐步走向成熟，国际上领先企业纷纷开展绿色供应链管理研究与实践，2008 年 1 月，通用汽车公司正式启动以“绿色未来”为主题的全方位绿色发展战略，全面打造从供应商到核心企业再到消费者整条供应链上以绿色为主体的战略体系。截至 2015 年，上海通用汽车公司获得世界环境中心认证的绿色供应商已达到 300 家。2008 年，沃尔玛公司在店铺设计、供应商、物流及包装四大方面推进整个供应链的绿色化，并宣布三大环境目标：①创造零废物；②100%使用可再生能源；③销售达到环保标准的产品。21 世纪以来，我国非常重视环境保护，2009 年在丹麦首都哥本哈根召开的气候大会上，各个国家对温室气体排放量的减少都做出过承诺，我国政府承诺到 2020 年单位国内生产总值 CO_2 排放量要比 2005 年下降 40%～45%。自此之后，我国不断努力降低有害气体的排放。2012 年，十八大报告中提出环境治理由原来的“四位一体”[①]拓展为“五位一体”[②]，即将生态文明建设纳入其中。2013 年的“两会”上提出要大力加强

① 四位一体：社会主义经济建设、政治建设、文化建设与社会建设四位一体。
② 五位一体：经济建设、政治建设、文化建设、社会建设和生态文明建设五位一体，全面推进。

生态文明建设和环境保护，走绿色发展之路。2014年年底的中央经济工作会议提出，我国对生态环境的破坏到了不得不治理的阶段。2015年的两会上又一次强调要打好节能减排和环境治理攻坚战，提出环境污染是民生之患、民心之痛，要铁腕治理。2016年，第十二届全国人民代表大会常务委员会第二十五次会议通过了《中华人民共和国环境保护税法》。2017年，环境保护部印发了《国家环境保护“十三五”环境与健康工作规划》。2018年，国务院印发了《打赢蓝天保卫战三年行动计划》。2019年，中共中央办公厅、国务院办公厅联合印发了《中央生态环境保护督察工作规定》。这些表现足以看出我国对环境保护的高度重视。在这样的背景下，企业不能只考虑自身利益，而要将绿色纳入供应链中，即进行绿色供应链管理，改变以往发展战略中对环境保护不利的方面，从产品的研发到生产、包装、物流、消费，最后到废弃物的再回收与利用，整个供应链都要强调环境保护，提高绿色管理能力。

21世纪以来，随着我国市场经济的深入发展，个别企业在“逐利是企业天职”“追求利润最大化”等金钱利益论的影响下，开始出现社会伦理问题，如三聚氰胺、瘦肉精、地沟油、问题鸡肉等食品安全问题，以及汽车召回事件、输油管道爆炸事件、大股东掏空行为等社会问题，给人们的生活和社会发展带来了消极的影响，究其原因，都与个别企业未对其供应链上企业提供的产品进行严格的监管及企业本身的伦理决策有关。在价值观多元化的社会现实下，企业实施绿色供应链管理需要从伦理角度进行审视与思考，因而伦理决策已成为绿色供应链管理企业不可回避的问题。

供应链企业违背伦理的事件时有发生，不但会对企业声誉造成损害，也会对消费者造成伤害，给社会造成不良影响。企业界与学术界由此产生了疑问：企业在何种情况下会违背伦理呢？Julie（2010）认为，违背伦理事件不仅与个人或企业的思想素质、道德强度有关，也与其制定伦理决策的环境及过程有关；Berlan（2012）从伦理认知的角度阐述了企业缺乏社会道德现象；Sumner（2005）等认为，个体或企业可能会由于伦理判断的问题做出非伦理决策。因此，对伦理决策进行研究，有利于企业在实施绿色供应链管理面临伦理困境的时候做出适合企业伦理的决策。

本书列举以下摘自斯蒂芬·P. 罗宾斯《管理学》一书中涉及伦理决策的案例，以更好地明晰研究目的。

案例一：美国某药品公司的某种药品有副作用，可能比较严重，但不足以致命。你作为企业的决策者，需要对这种药品的盈利能力负责。在标签上显示这条副作用信息，或在包装上进行提示，都有可能对供应链上的企业和社会造成不良影响，同时威胁利润空间。你将怎么做？为什么会这么做？什么因素影响了你的决策？

案例二：你作为企业的决策者，一个与企业有合作关系的朋友需要你帮他低价出售一些产品，你为了公司利益不愿意这么做，什么因素会影响你的决策？你该怎样与朋友沟通？

上述案例中的决策者都面临伦理困境中的决策问题，这些伦理困境让决策者感到困惑。当我们对伦理困境制定标准规范时，必须要先了解决策者在伦理困境下的伦理决策过程（Hunt，1986）。我们到了比任何时候都需要商业伦理的阶段，2015 年政府工作报告中提出创新社会治理，其中就包括对企业伦理方面的治理。因此，把伦理问题考虑到绿色供应链管理中，已成为目前我国企业的重要管理手段。当今，几乎所有的伦理决策研究都是在西方文化背景下进行的，那么在中国文化背景下，如何提升绿色供应链企业的管理伦理水平，如何在企业伦理决策视角下探讨绿色供应链管理实践，已成为当前重要的研究议题，这也正是本书要研究的内容。

世界各国对绿色供应链管理的理论研究与实践越来越重视，世界 500 强企业已经把绿色供应链管理理念贯穿到供应链上的各个企业、各个环节、各个阶段甚至各个员工当中。绿色供应链管理注重在供应链管理过程中融入环境保护意识，使环境效益整体最佳，同时还考虑整个链条上下游企业的合作及企业内部的沟通，不违反企业伦理道德和社会规范，追求“三重底线”的最优化。不同学者对绿色供应链管理的内容有不同说法，有的学者认为主要包括资源节约、有害废弃物减少、绿色设计和产品再回收（Beamon，2005）；有的学者认为应包括 6 个主题，即绿色研发、绿色采购、绿色生产、绿色物流、内部管理、回收再利用（朱庆华，2009）；有的学者提出绿色供应链管理内容还应该增加生态伦理（Juma et al.，2014）。这些学者各抒己见，但是总的来说都包括环境保护。

然而，绿色供应链在实际操作与管理过程中会存在许多问题，如绿色供应链战略目标的制定、合作伙伴的选择、供应链企业间信息的共享等。供应链上各个节点企业为了实现自身利益最大化，当自身利益与整体利益发生冲突时，都是从自身角度去考虑，相互之间很难建立起一种信任合作的关系，这时候一些伦理问题就会不断爆发出来。要处理好伦理问题，就涉及道德情感等方面的伦理决策，在市场经济及企业管理背景下，伦理决策不仅是一个学术上的概念，还是一个供应链上企业与社会的问题。

本书旨在分析绿色供应链管理过程中存在哪些伦理决策问题，分析伦理决策对绿色供应链管理实践有什么影响，探讨伦理决策下应对绿色供应链管理的对策，从而保证绿色供应链管理能持续、稳定、健康地运行下去。具体来说，本书的研究目标包括以下几个方面。

1）通过相关理论分析，探讨绿色供应链管理实践可能出现的伦理问题。

2）通过因子分析，识别伦理决策的主因素和绿色供应链管理实践的主因素；了解我国企业的伦理决策和绿色供应链管理的实践情况。

3）通过相关分析，确定我国企业伦理决策主因素与绿色供应链管理实践主因素是否具有相关性。

4）通过回归分析，得出伦理决策对绿色供应链管理实践的影响，为我国企业更好地实施绿色供应链管理提供理论依据和可行性方法。

1.1.2　价值贡献

绿色供应链管理理论从提出到现在，相关的理论及实证研究还处在逐步展开时期。以大连理工大学商学院的朱庆华教授为代表的专家学者近年来一直不断努力探索与绿色供应链管理相关的知识，到目前为止，国内还未发现明确将伦理决策与绿色供应链管理结合起来的研究成果，只有几篇研究绿色供应链管理的论文提到了伦理问题，但并未对其进行详细的研究与探讨。通过对本书的学习，不仅可以让读者进一步深化和拓展“企业伦理决策”理论和“绿色供应链管理”理论，也可以进一步了解目前我国企业在伦理决策过程中实施绿色供应链管理实践的影响因素及哪些因素是企业优先考虑的。因此，本书的贡献主要是从理论价值贡献角度和应用价值贡献角度进行总结。

从学术研究角度来看，国外对伦理决策的研究较多，国内相对较少。伦理决策研究主要关注两个方面的问题：一方面是伦理决策的过程；另一方面是伦理决策的影响因素。目前，有学者将伦理决策过程分为 4 个阶段，即伦理认知、伦理判决、伦理意向和伦理行为；也有学者将其分为 3 个阶段，即伦理认知、伦理判断和伦理行为，不管是 3 个阶段还是 4 个阶段，大致上都要经历从认知到行为这一过程。伦理决策主要受个体、组织和道德强度的影响。Jones（1991）将伦理问题的特征概括为 6 个维度，即结果发生的可能性、后果的严重程度、后果的直接性、后果的集中度、效应的可能性、社会的一致性。朱庆华（2009）、杨红娟（2007）等学者对绿色供应链管理实践及其影响因素等相关理论进行了比较深入的探讨，提出绿色供应链管理的基本内容，主要包括企业绿色采购、企业绿色客户关系、企业绿色物流、企业生态设计、企业绿色营销、企业生态伦理等。这些较为成熟的研究为本书提供了理论基础。

从理论意义角度来看，本书在相关成果的基础上深化了伦理决策研究、拓展了绿色供应链管理研究，为伦理决策视角下绿色供应链管理实践这一新兴子领域的研究提供了理论框架，同时也为以后的研究指明了方向。本书通过对伦理决策、绿色供应链管理实践及其影响因素相关研究的回顾、剖析、识别，提出了伦理决策过程 3 个阶段的测评维度，分析了绿色供应链管理实践的内容，确定了伦理决策对绿色供应链管理实践有一定的影响。例如，决策者的掏空行为多是在规范制度下的合法行为，但是又会对企业的绿色供应链管理造成一定的影响，这种合法不合理的根源在哪里？这就涉及伦理决策问题。

从应用角度来看，探讨企业实施绿色供应链管理，是企业道德与社会和谐的体现，越来越受到各国政府、企业及专家学者的密切关注，主要有以下意义。

（1）有利于建立环境友好型与社会和谐型社会

2005 年党的十六届五中全会报告中提出要加快建设资源节约型、环境友好型社会，这是解决经济发展与环境矛盾的重大策略。环境友好型社会实质上是一种人与自然和谐相处的社会形态，其内涵强调人要保护环境，节约资源，只有环境得到了很好的保护，才能提高人们的生活质量与水平，实现人与自然的和谐发展。人不但要与自然和谐，人与人之间也要和谐。21 世纪以来，我国经济快速发展，但同时也出现了一些社会问题。例如，由于激烈的市场竞争，个别企业为了自身利益，在经营管理中会采取一些不符合伦理的决策，最典型的有生产假冒伪劣产品（如奶粉、药品等）、提供不达标原料、行贿、不诚信、拖欠工资、污染环境等。本书通过研究伦理决策对绿色供应链管理实践的影响，可以进一步了解我国企业在实施绿色供应链管理时普遍存在的伦理问题，以及如何做出伦理决策及相应的解决措施。显然，这有利于环境友好型与社会和谐型社会的建立，也是积极响应国家号召的有效措施之一。

（2）有利于为政府制定政策提供一定的借鉴

我国企业正处于绿色供应链管理实施的初级阶段，当供应链企业“利益悖反”时，会导致供应链企业间信任程度不高，合作状况不理想，进而导致企业采取一些不符合伦理的决策。政府在对企业制定强制性环保法规、社会法规的同时，还需要从“合法不合理”的角度去加强绿色供应链管理，国家发展和改革委员会、财政部、工业和信息化部联合实施了“节能产品惠民工程”，通过财政补贴对一些高效节能产品进行推广应用，旨在通过对绿色产品购买者的补贴逆向推动整个供应链的绿色化，解决当供应链企业“利益悖反”时出现的一些问题。政府在实行补贴时，需要分析政府、企业、消费者之间的动态博弈关系。本书为政府利用行政手段促进伦理决策下实施绿色供应链管理提供了理论基础，并为政府制定政策提供了一定借鉴。

（3）有利于增强整条供应链的竞争力

将伦理决策融入绿色供应链管理，这对供应链上节点企业之间的合作协调、信息共享提出了更高的要求，节点企业之间的合作协调机制、竞争约束机制、环境监督机制、利益分配机制都需要充分考虑伦理决策问题。在这种情况下，绿色供应链上的各节点企业就需要更加努力地去提高运营管理水平，除了更好地制定制度（激励、约束、分配、监督等机制），“整体最佳”的利益观与相互信任、资源共享的成员关系也必不可少。因此，通过本书的研究，能够指导企业在符合伦理决策下实施绿色供应链管理，提高企业的核心竞争力，以此提高供应链企业在国际市场上的竞争力，进而发展成为一个社会提倡的具有社会责任感和道德感的企业。

1.2 伦理决策下绿色供应链管理研究体系

1.2.1 具体内容

本书共分为九章，各章的内容如下。

第 1 章：导论。本章共分为 3 节，主要介绍绿色供应链管理中的伦理问题，提出当前企业在绿色供应链上的伦理困境，以及本书的价值贡献；探讨伦理决策下绿色供应链管理研究体系，确定本书的具体研究内容及方法；界定本书研究的主要问题与范围，阐明相关理论依据。

第 2 章：伦理决策与绿色供应链管理的主要研究。本章共分为 5 节，主要针对关键问题对相关文献进行梳理与述评。2.1 节对伦理决策进行国内外评析，重点回顾伦理决策的几个阶段；2.2 节对绿色供应链管理实践的研究进行国内外评析，重点分析绿色采购管理、内部绿色管理和环境伦理管理；2.3 节对绿色供应链管理影响因素的研究进行国内外评析；2.4 节对绿色供应链管理中的伦理决策的研究进行国内外评析；2.5 节在文献回顾与评析的基础上阐明研究的关键问题。

第 3 章：伦理决策下绿色供应链管理的理论分析。本章共分为 3 节，主要针对一些相关理论进行规范性研究。3.1 节对伦理决策的定义、伦理决策的理论基础、伦理决策过程体系进行阐述；3.2 节对绿色供应链管理的产生与发展、传统供应链与绿色供应链的关系、绿色供应链管理的内涵与特点、绿色供应链管理体系结构与发展战略、实施绿色供应链管理的条件等方面进行阐述；3.3 节主要从绿色供应链中伦理管理的理论基础、绿色供应链管理的伦理特征、绿色供应链中伦理管理的目标与基本要求、慈善伦理在绿色供应链管理中的价值等方面进行分析。

第 4 章：伦理决策与绿色供应链管理实践的关系。本章共分为 4 节，主要针对问卷调查和深度访谈的数据进行整理，并用统计软件进行分析及解释。4.1 节是调查问卷的描述，阐述问卷内容的设计、变量测度及问卷分析；4.2 节探讨基于伦理决策的绿色供应链管理体系；4.3 节探讨伦理决策与绿色供应链管理实践的关系假设，分析伦理决策对绿色采购管理、内部绿色管理和环境伦理管理的影响；4.4 节对伦理决策与绿色供应链管理实践的关联进行分析，主要分析绿色供应链管理中的伦理规范、伦理决策与绿色供应链管理实践的原因及关联模型。

第 5 章：伦理决策对绿色供应链管理实践的影响。本章共分为 3 节，5.1 节通过数据收集、样本无偏性检验、共同方法偏差检验对数据质量进行评价；5.2 节对伦理决策与绿色供应链管理实践的效度及信度进行检验；5.3 节通过统计软件

SPSS 探讨伦理决策的主因素与绿色供应链管理实践的主因素之间是否存在显著的相关性，从而获得它们之间的相关系数，并通过回归分析探讨伦理决策主因素对绿色供应链管理实践主因素的影响，找出原因，并得出结论。

第 6 章：伦理决策下实施绿色供应链管理决策机制。本章共分为 3 节，主要研究伦理决策下企业实施绿色供应链管理中成员企业合作的风险程度、政府是如何通过补贴协调绿色供应链管理、伦理型领导和绿色供应链合作创新绩效的关系。6.1 节对伦理决策下绿色供应链风险评价机制进行分析；6.2 节对伦理决策下绿色供应链管理中政府协调机制进行分析；6.3 节对伦理决策下绿色供应链合作创新绩效进行分析。

第 7 章：伦理决策下实施绿色供应链管理的途径。本章共分为 4 节，主要是针对上述实证分析所得出的问题，提出在伦理决策下实施绿色供应链管理相应的对策与建议。7.1 节针对伦理决策对绿色供应链管理实践的影响，构建伦理决策下绿色供应链管理评价体系；7.2 节探讨绿色供应链企业伦理建设；7.3 节分析伦理决策下绿色供应链利益分配的保障措施；7.4 节从政府角度、企业角度和媒体角度探讨慈善伦理推进绿色供应链管理的实践路径。

第 8 章：伦理决策下绿色供应链管理典型案例。本章共分为 3 节，主要是通过 3 个案例来分析企业是如何实施绿色供应链管理。8.1 节从绿色供应链管理架构、建设分析武汉钢铁集团绿色供应链管理实践典型案例；8.2 节从绿色供应链管理顶层设计、绿色供应商管理、绿色生产、绿色回收、绿色供应链信息平台与数据平台，以及绿色供应链取得的成效等方面分析北京汽车股份有限公司绿色供应链管理实践典型案例；8.3 节从绿色供应链管理顶层设计、绿色供应商管理、绿色生产、绿色物流、绿色回收和绿色包装等方面分析联想（北京）有限公司绿色供应链管理实践典型案例。

第 9 章：伦理决策下绿色供应链管理现状及发展。本章共分为 2 节，主要是总结本书通过研究得出的结论，同时提出本书的局限性，为后续研究指明方向。9.1 节从重要性、主因素、相关性、影响关系、评价机制模式及途径等方面分析伦理决策下绿色供应链管理的现状；9.2 节从存在的问题、展望等方面分析伦理决策下绿色供应链管理的发展。

本书的研究框架如图 1-1 所示。

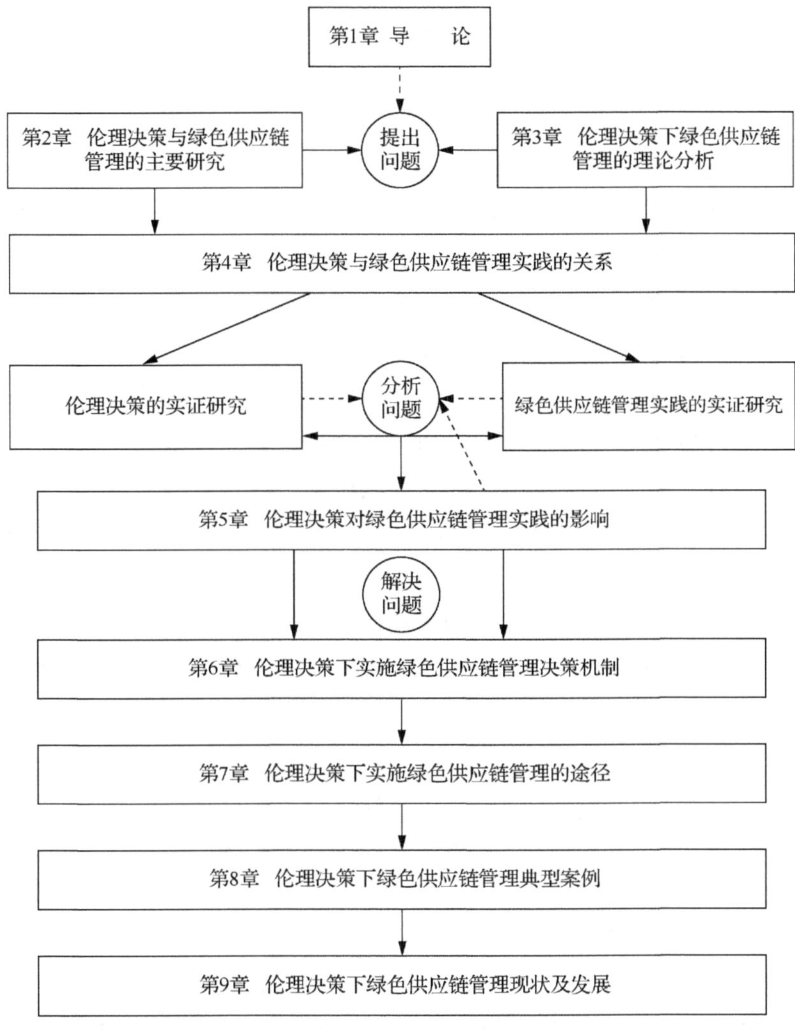

图 1-1　本书的研究框架

1.2.2　具体方法

（1）文献研究法

探讨伦理决策对绿色供应链管理实践的影响，相关理论文献虽然不多，但是单独的理论研究文献还是比较丰富的，即对伦理决策或绿色供应链管理单独进行研究的资料较为充分。因此，本书对伦理决策与绿色供应链管理的主要研究采用文献研究法，以发现相关问题，并为后续的研究提供依据并奠定基础。文献研究法采用的研究手段主要是文献评析，评析现有文献使用的概念、变量，并构建量表。对外文文献量表采用“倒译法”（back-translation），先由笔者将原量表翻译成中文，再请英语比较好的老师把中文倒译成英文，最后，笔者进行对比并确认最佳译法。

（2）实证调查法

通过发放问卷的形式对广州、深圳、长沙、张家界等地不同行业的企业进行深度访谈与调研，了解我国以生产制造业为主的不同行业的企业绿色供应链管理实践现状，分析供应链上各节点企业及其有关绿色供应链管理合作项目的运营，确定本书的主要研究内容，寻找伦理决策下绿色供应链管理理论与企业实践上的冲突或不足，从而为本书提供理论与实践上的支持。因此，主要采用实证调查法，即进行深度访谈和回收问卷进行研究。重点调查的企业包括广汽丰田汽车有限公司、广州羿力照明工程有限公司、广州市东大信五金有限公司、华为技术有限公司、华天实业控股集团有限公司、张家界汽车配件制造有限责任公司。采用的研究手段主要是访谈与实地调查。访谈，即对企业资深人士采用深度访谈法（depth interview），其目的是丰富从文献中获取的变量及量表，对访谈收集的定性数据与资料进行内容分析（content analysis）。实地调查，即在正式调查前通过预调查，检验各变量的结构并纯化因子。实地调查主要是面对面问卷调查，同时辅助网络在线调查。

（3）数理分析法

数理分析法是指利用样本的平均数、标准差、标准误、变异系数、均方、检验推断、相关分析、回归分析、聚类分析、判别分析等有关统计量的计算对理论模型所取得的数据和调查所获得的数据进行相关分析研究得到所需结果的一种科学方法。因此，本书对“伦理决策对绿色供应链管理实践的影响”采用数理分析法，即进行相关分析、因子分析与回归分析。数理分析法采用的研究手段主要是统计分析软件。本书在数据分析过程中，采用实证统计分析软件 SPSS 17.0。

（4）跨学科的研究方法

本书借助社会学、伦理学、人类学、管理学等多学科的思维方法和理论工具进行研究。研究手段主要是归纳与演绎，即对伦理决策、绿色供应链管理实践内容进行归纳，进而将其抽象为一般性规律与结论，对实证调查研究所得的数据进行演绎。

1.3 伦理决策下绿色供应链管理的实施要求

由于受到国际的影响，我国绿色供应链管理引起了学术界的广泛关注，在企业界也非常受重视。然而在现实中，绿色供应链管理的目标却很难实现，主要是绿色供应链上成员企业都是独立的经济实体，“利益悖反”问题比较严重，各自的社会道德观念不一样，这直接导致成员企业间整体意识不强，融合程度不高。同时，出于对商业机密泄露的担心，很多企业不愿意在链条上公开相关信息。这些都会导致绿色供应链管理中“绿色战略联盟、信息共享”理念难以实现。在绿色供应链中，表面上看，成员企业都是平等的、无区别的，但在实践中有一股倾斜“势力”贯穿其中，且每个企业的企业文化、企业价值观、伦理道德规范等都是不一样的，它们在绿色供应链管理过程中如何进行融合，应该承担什么责任，如何进行合作等都是需要解决的重要问题。

另外，我国大多数企业生产技术和管理水平有限，仍然处于国际供应链的末端，加之国际采购商的“工厂评价”和认证标准对环境要求和伦理要求越来越高，我国企业的成本控制也不占优势。我国企业怎样生存及在国际上占有一席之地，是迫切需要考虑的问题。

上述问题与绿色供应链管理有着直接关系，表明绿色供应链管理具有内在的伦理要求。目前我国对绿色供应链管理的研究主要是运用经济学、管理学原理探讨影响绿色供应链管理的因素，以及如何选择合作伙伴、建立信任关系、注重环境管理等，主要代表人物有马士华（2000）、朱庆华（2013）、王能民等（2005）。在国外，日本和美国对绿色供应链管理的研究居于世界领先水平。他们十分注重从伦理的角度探讨绿色供应链管理，如从诚实守信、信息共享、公平交易、相互合作、奉献经营、公共利益至上、履行社会责任等方面强调绿色供应链上成员企业是“端着同一个饭碗”，应提高物流、信息流、资金流，以实现供应链上企业的完美合作与统一。

总的来看，我国对绿色供应链管理的研究注重从经济效益的角度研究环境管理，有关企业合作、信任、公平交易、信息交流与共享等伦理道德的要求尚处于附属地位；注重从经济理性的角度研究伦理规范，对环境的重视度有待提高。

1.3.1 相关建议

本书主要根据国际上伦理决策和绿色供应链管理的最新研究成果，结合我国企业现状，以伦理决策对绿色供应链管理实践的影响为主线，以“文献回顾—企业访谈—调查问卷—因子分析—回归分析—相关建议”为逻辑线索展开研究。也就是说，从相关研究的基础出发，依据在供应链企业中的调查结果，利用统计分析中的因子分析法探讨伦理决策的主因子和绿色供应链管理实践的主因子，并对伦理决策主因子与绿色供应链管理实践主因子进行相关分析和回归分析，得出伦理决策对绿色供应链管理实践的影响，针对这些影响得出结论，并提出企业在伦理决策下实施绿色供应链管理的相关建议。

基于上述研究思路，本书的研究步骤可分为以下 3 个阶段。

1）第一阶段：通过文献回顾与评析的方法对伦理决策与绿色供应链管理现状进行分析，确定研究主题与目的，并探讨伦理决策和绿色供应链管理实践的内容，然后进行相关理论的准备，如伦理决策体系理论、绿色供应链管理相关理论等，最后确定研究的关键问题。

2）第二阶段：通过第一阶段的分析，咨询伦理专家和供应链专家意见设计本书的调查问卷。使用 Cronbach's α系数①、KMO 检验、Bartlett 检验、验证性因子分析进行信度与效度评价，再用描述性统计分析结果、探索性因子分析法确定伦理决策和绿色供应链管理实践的主因素。

3）第三阶段：在第二阶段相关数据分析的基础上，通过相关分析与回归分析探讨伦理决策对绿色供应链管理实践的影响，分析企业实施绿色供应链管理的方法与对策，最后得出结论和对未来研究进行展望，为我国企业在伦理决策下加强对绿色供应链管理提供理论依据。

具体研究步骤如图 1-2 所示。

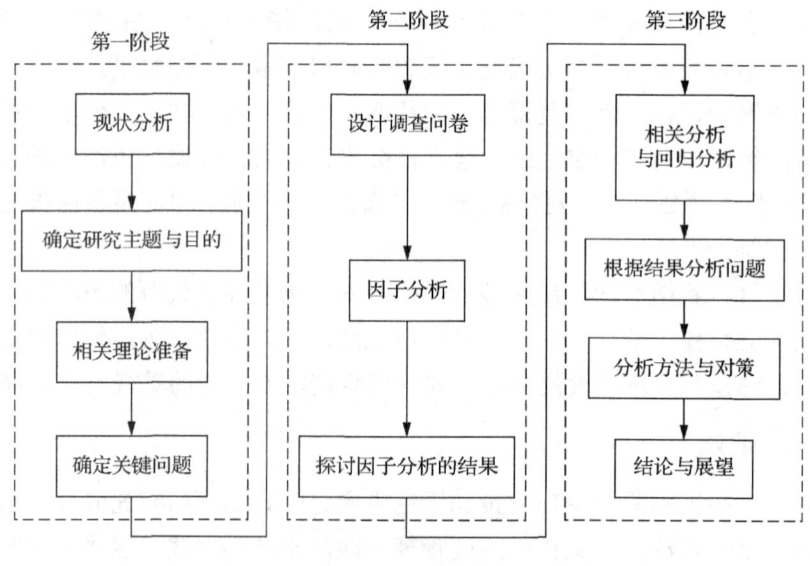

图 1-2　研究步骤

本书采用的是递进式研究结构，即前一章节为后续章节提供研究基础和依据，本书的研究技术结构如图 1-3 所示。

① Cronbach's α（克朗巴哈系数）或 Cronbach's Alpha，是李·克朗巴哈在 1951 年提出来的，用来检验信度的一种方法，目前社会科学研究中普遍使用这种方法来检验信度。

论文结构
研究方法
研究内容
理论研究
第1章
第2章
导论
主要研究
伦理问题
研究体系
实施要求
伦理决策相关研究
绿色供应链管理实践相关研究
绿色供应链管理影响因素相关研究
问题提出
研究基础
伦理决策下绿色供应链管理实践与影响因素研究
现状分析
第3章
伦理决策
绿色供应链管理
伦理决策分析
绿色供应链管理分析
伦理决策下实施绿色供应链管理的理论分析
实证剖析
第4章
关系分析
问题确定
样本选择
数据分析
绿色供应链管理实践因子识别
伦理决策因子识别
第5章
影响分析
伦理决策与绿色供应链管理实践的相关分析
伦理决策主因素对绿色供应链管理实践主因素的回归分析与假设检验
建议与结论
第6章
决策机制分析
伦理决策下绿色供应链风险评价机制分析
伦理决策下绿色供应链管理中政府协调机制分析
伦理决策下绿色供应链合作创新绩效机制分析
第7章
对策与建议
伦理决策下绿色供应链管理评价体系
绿色供应链企业伦理建设
伦理决策下绿色供应链利益分配的保障措施
慈善伦理推进绿色供应链管理的实践路径
第8章
相关案例
武汉钢铁集团绿色供应链管理实践典型案例
北京汽车股份有限公司绿色供应链管理实践典型案例
联想（北京）有限公司绿色供应链管理实践典型案例
第9章
结论与总结
伦理决策下绿色供应链管理现状
伦理决策下绿色供应链管理发展

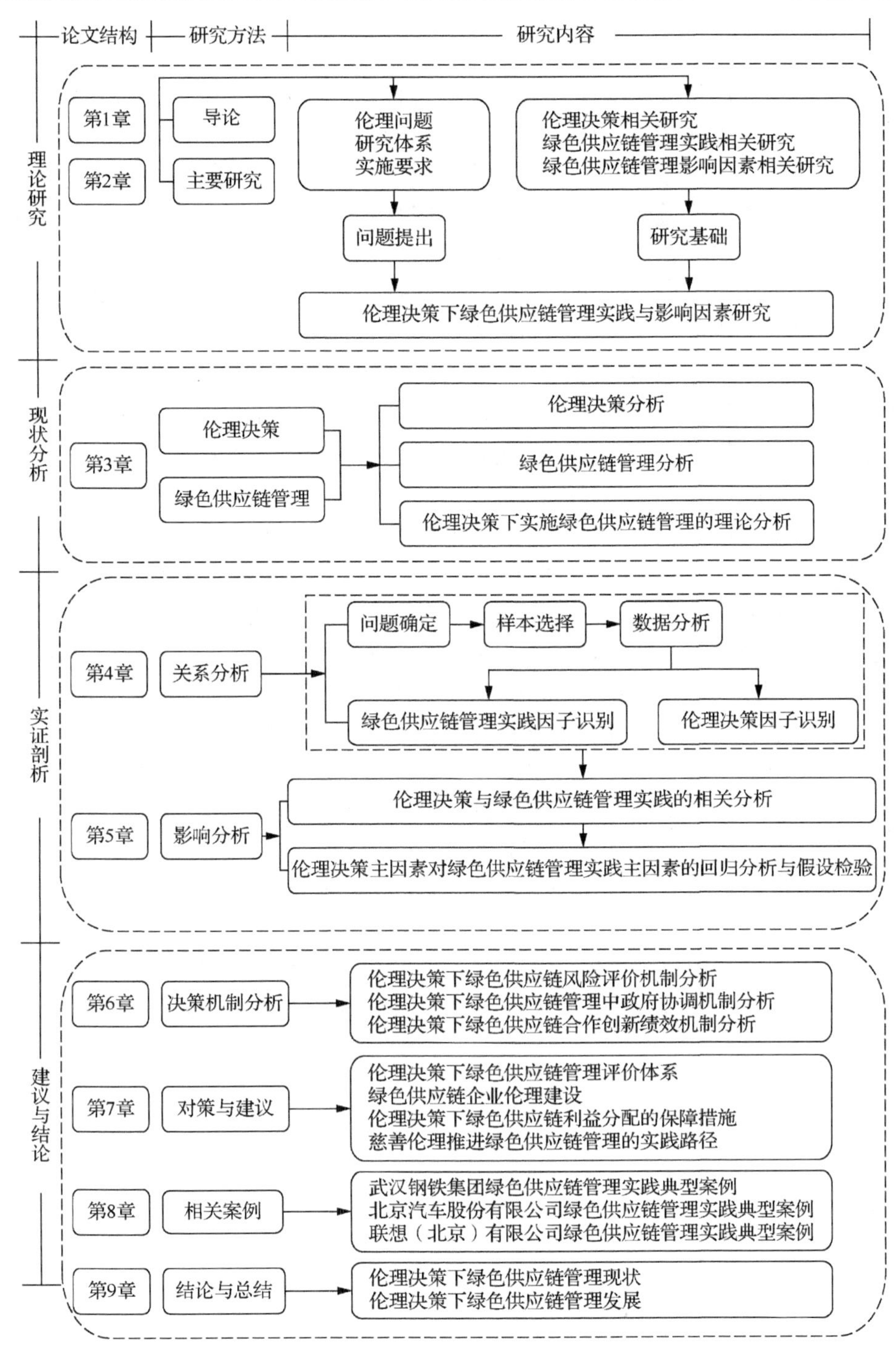

图 1-3　研究技术结构

1.3.2 理论依据

通过对伦理决策的相关研究分析，结合目前供应链企业频繁出现违背伦理事件这一热点，运用管理学、环境学、伦理学的一些重要概念，分析绿色供应链管理背后的伦理支持。本书着重讨论了伦理决策中伦理认知、伦理判断和伦理行为对企业实施绿色供应链管理实践所产生的影响，从而为相关学者探讨绿色供应链管理中的伦理决策问题提供理论依据与借鉴。本书的主要创新点如下：第一，新颖的研究视角。关于伦理决策与绿色供应链管理实践关系的实证研究相对较少，特别是在我国供应链上节点企业的社会问题不断爆发，很多问题涉及企业伦理决策，在伦理决策下加强实施绿色供应链管理实践，是提高我国企业竞争力的主要举措。因此，从伦理决策视角探讨绿色供应链管理实践是伦理学在实践应用中新兴的研究热点。第二，探讨了伦理决策对绿色供应链管理实践的影响。以前对绿色供应链管理的研究多是从其驱动力、影响因素、实践内容、核心企业主导等方面去探讨。随着市场经济的发展，企业的社会问题不断出现，这些社会问题出现的主要原因：一是，国外各种思潮涌入，我国传统伦理道德“失范”，加之在当前复杂的国际形势下尚未形成一种公认的价值观体系，企业在竞争中常处于伦理道德迷茫状态，经济的“非伦理化”观念还十分盛行；二是，我国很多企业注重成本优势，希望以低廉的价格在国际市场中获利，但这已经不符合供应链发展趋势，企业必须尽早适应各种伦理化的认证标准，特别是伦理化的公司评价标准，企业必须承担起伦理道德责任，实行伦理决策战略。绿色供应链管理模式，离不开伦理规范与绿色产品的支撑。尤其对我国企业而言，实施绿色供应链管理，其竞争是全面和全方位的，不仅需要尖端人才、大量资金、高科技和新的管理理念，而且需要伦理道德承担十分重要的责任，伦理决策已成为现代企业管理的必然趋势。本书提出的伦理决策中的伦理认知、伦理判断和伦理行为对绿色采购管理和内部绿色管理实践有着积极的影响；伦理决策中的伦理判断和伦理行为对环境伦理管理实践有着积极的影响，伦理认知对环境伦理管理实践影响作用不明显。

第 2 章　伦理决策与绿色供应链管理的主要研究

近年来，对伦理决策与绿色供应链管理相关的研究得到了学者的广泛关注与探讨，也取得了不少的理论成果。其中，与本书密切相关的研究主要有伦理决策过程研究、伦理决策主要理论模型研究、伦理决策影响因素研究、绿色采购管理研究、内部绿色管理研究、环境伦理管理研究、绿色供应链管理动力因素研究、绿色供应链管理障碍力因素研究，以及绿色供应链管理中相关伦理问题研究。

2.1　伦理决策研究

随着社会发展与文明进步，人们越来越关注企业的社会责任与诚信，有关企业伦理决策问题也成为管理研究热点。国外学术界与企业界对企业伦理相关问题早有研究与关注。Epstein（1987）、Nash（1990）从心理学角度探讨了伦理决策。Robin 和 Reidenbach（1988）探讨了伦理决策的自利性、功利性、公正性、相对性和奉献性。Flory 等（1992）进一步研究了伦理决策的公正性、相对性和契约性。Richardson（1997）对 1994 年之前有关伦理决策研究的文献进行了综述。Trevino（1986）、Jones（1991）等认为伦理决策始于伦理困境中伦理问题的认知，提出个体认知道德水平、传统文化、群体规范等因素影响伦理决策，个体认知道德水平等因素决定与影响伦理认知与判断，而传统文化、群体规范等因素又会缓解伦理认知、伦理判断和伦理行为之间的关系。"烂苹果"学派代表人物 Oliveira 等（1990）提出伦理决策主要受决策者个人认知道德发展水平（cognitive moral development）的影响。"烂木桶"学派代表人物 Jones（1991）强调影响伦理决策的因素主要是群体规范、组织文化等外部环境。Loe（1996）对 1996 年之前的有关伦理决策实证研究的文献进行了回顾。Chau 和 Siu（2000）认为，伦理决策除了受个人认知道德发展影响，还与性别、年龄、价值观、世界观等个体特征有关。Worden（2008）、Kaptein 等（2005）等从企业诚信角度探讨了伦理决策的公平性与公正性。Kingshott 等（2004）和 Spicer 等（2006）认为，影响企业家伦理决策与行为的因素很大程度上与传统文化、行业竞争、盈利能力和参照群体等有关。O' Fallon 和 Butterfield（2005）对 2003 年之前相关伦理决策实证研究的文献进行了综述，比较详细地介绍了当时的研究动态。Svensson（2008）认为，伦理决策的决定与领导、股东、员工、供应商、客户及竞争对手有着重要的关系。Valentine 和 Hollingworth（2012）确定了基于数据的道德决策、横向关系和组织承诺在组织中的相互关系，为有关在伦理决策和组织结构横向形式中使用数据分析来改善工作态度的决策提供了信息。Valentine 和 Godkin（2017）探讨了道德强度、道德决策和举报意图之间的关系，他们认为后果的严重性和社会共识，与道德决策的组成部分，即对道德问题的认识和感知重要性、道德判断，都是正相关的；对道德问题和道德判断的认识和感知重要性与举报意图呈正相关；后果的严重性与检举意图呈正相关。

21世纪以来，我国对伦理决策也进行了一些研究。王中原（2003）认为，伦理决策的问题涉及利润、利他、诚信和腐败问题。赵丽琼（2006）提出，企业宏观上要加强法律法规和道德教育建设，微观上要成立道德伦理委员会，设立伦理主管。王克岭和姚建文（2008）认为，企业伦理决策包括3个层次，即守法经营、互惠经营（诚实守信、公平交易、履行责任）和奉献经营。金杨华和吕福新（2008）提出，影响企业家伦理决策与行为的因素主要有诚信经营、盈利能力、传统文化和群体规范，认为"求利关系"不会对伦理决策产生明显的影响，"寻租关系"会对伦理决策产生一定的负面影响。罗平莉（2008）将伦理决策问题分为微观、中观和宏观3个层次。许淑萍（2014）提出，组织体制、组织文化、组织结构、组织目标对伦理决策会产生一定的影响，并制约着伦理决策的伦理水平；田虹（2015）提出，在市场营销领域很容易导致伦理困境，从而探讨了营销伦理决策的理论模型。富琳珊等（2015）以食品供应链为例，基于供应链分析，根据相关研究成果，在个人与情境交互作用模型基础上对企业的伦理提出了相应的建设意见。金杨华等（2016）认为，道德解脱和惩罚知觉是管理者伦理决策中的脱离机制和约束机制。杨建锋和明晓东（2017）对团队伦理决策的过程机制模型构建进行了分析，主要从成员和领导两个方面分析信息加工和团队冲突的成员多样性对团队伦理决策的影响机制。王站杰等（2017）研究了利益相关者理论与商业伦理理论，探讨了企业社会责任对战略风险的影响，检验了伦理决策的调节作用。何景涛（2018）将自然决策理论引入企业伦理决策研究领域，建构了企业伦理决策研究体系，认为企业伦理决策是伦理决策主体与客体进行方案与情境匹配的过程。亓迪（2018）提出了程序模式（processor rational model）是一种相对线性、程序化的思考模式，与原则为本的伦理理论基础相呼应，社会工作是理性的，处理伦理问题应当有通用的、普遍化的伦理决策程序模式及流程。张迪（2018）对伦理型领导、供应链合作创新绩效进行了界定，分析了基于价值共创理论探究核心企业伦理型领导对供应链合作创新绩效的影响，认为核心企业伦理型领导对合作创新绩效有正向促进作用。

2.1.1 伦理决策过程研究

Rest（1986）提出，当决策者做出伦理决策时，一般会经历4个阶段：①伦理认知阶段，即决策者对某些情景处于两难的境地；②伦理判断阶段，即决策者通过自身因素与外部环境因素从道德的角度来判断行为是否正确；③伦理意向阶段，即决策者对伦理判断所做出的一种意向；④伦理行为阶段，即对伦理行为的具体实施。

需要指出的是，Rest（1986）提出的伦理决策过程并不是说每次伦理决策都要经历这 4 个阶段，而只是综合来看，它呈现这 4 个阶段特征。Whitney（1989）在 Rest 研究的基础上提出伦理决策只经历 3 个阶段，即伦理认知阶段、伦理判断阶段和伦理行为阶段。本节主要从这 3 个阶段来进行文献回顾，为后面章节的研究奠定基础。

（1）伦理认知

Ferrell 等（1989）、Jones（1991）认为，个体首先是认知伦理问题，然后才能进行伦理决策。虽然很多决策与伦理有关，但是决策者在做决策时不会都认知伦理问题。如果决策者没有认知伦理问题，那么他就不会从伦理角度思考问题，而是依据其他模式做决策，如经济模式（Rest，1986；Jone，1991）。不同的模式给决策者带来不同的决策。

Messick（1999）认为，个体的决策认知都会遵循自身的模式。在伦理决策模式下，他们首先想到的是伦理道德；在商业模式下，个体的决策认知就会更复杂，会考虑方方面面，但是最重要的还是考虑利润。O' Fallon 和 Butterfield（2000）认为，当个体感知到伦理问题存在时，该行为就会产生一定的消极后果。Barnett 和 Valentine（2002）、May（2004）通过实证研究表明后果的严重程度与伦理认知呈正相关关系，其中后果严重程度是指这种行为对受害方造成各种伤害的程度，同时指出有时个体也会曲解消极影响，从而影响伦理认知。例如，如果企业所有人员都被引导且相信他们生产的伪劣产品是无害的，那么在他们看来，就没有伦理困境。

决策与情景、模式有着密切关系。Vidya 和 Awasthi（2008）认为，个体面对不同的情境时会以不同的模式进行决策，不同的模式又会影响个体在伦理决策中对伦理问题的描述。Moore（2008）认为，道德解脱会影响伦理认知，并且很容易使决策者做出非伦理行为的决策，对组织的可持续发展起着一定的消极作用。

我国相关学者对伦理认知也进行了比较系统的研究。郑江艳和类延村（2010）提出，个体对于他人的主观意向和价值秉持，一般会渗透着责任维度以自我为中心向外扩展；分析了图书馆管理员伦理认知的良性效应对提高国民素质、传达知识等方面有重大意义；认为图书馆能够发挥媒介的作用，图书馆管理员的个体伦理会直接影响图书馆业发展的社会效果，因此，图书馆管理员的伦理认知应从人性、德性、诚实性、知识性和责任性等方面进行善性的构建。王群等（2014）认为，大部分学生对网络信息存在盲区，对网络信息隐私的认识不够，很容易受到不健康信息的侵害，因此，加强网络信息伦理认知度，能够提高对自己隐私的保护。朱平（2016）认为，环境伦理学与传统伦理学在道德主体上的差异，催生了环境伦理学中人类中心主义与非人类中心主义关于“内在价值”的争论。争论双方仍是以传统伦理的效用观来界定“人类与自然”的价值，而非从人类与自然存在的维度来看待它们的价值，认为“内在价值”存在两种形态：一是自在性价值；

二是关联性价值。郭斯萍和柳林（2017）认为，在儒家伦理本位思想的影响下，中国人的传统生活方式以伦理关系和伦理情感为主，与西方人的制度认知存在差异，企业的经营与管理也与儒家伦理认知有着一定的联系。吕青（2019）谈到了人与人之间的人文关怀及伦理认知，这种关怀与认知可从心理社会评估、情绪评估及管理、社会系统评估及支持、临终教育评估及关怀等方面进行。企业在从事绿色供应链管理方面也可借鉴这种伦理认知。

通过以往学者的研究可知，只有认知伦理问题的存在，才能做出合理的伦理行为；否则，伦理决策将不会发生。

（2）伦理判断

进行伦理认知后，不同的群体会有不同的伦理判断。Rest（1986）、Dubinsky 和 Loken（1989）、Ferrell（1989）、Jones（1991）都在其研究成果中提出，伦理判断的形成是伦理决策过程的重要阶段。Morris（1973）提出的理性行为理论认为，伦理判断对伦理行为的影响是通过伦理意向起作用的。行为意向是指从各种备选的方案中选择发生概率最大的方案（Hunt and Vasquez-Parraga，1993）。Icek（1991）认为，行为意向是个体伦理行为的起始环节，也是结束环节。Roberts（2003）认为，伦理判断与伦理认知正相关。Sarkis（1998）认为，结果发生的可能性、效率的公平性与后果的严重程度等对伦理判断影响明显。Weber 和 Bissell（1996）认为，影响伦理判断与后果严重程度的水平有关。Barnett 和 Valentine（2002）认为，伦理判断与后果的严重程度正相关。Anonymous（2014）认为，推卸责任、否定伤害、给伦理情境贴错“标签”等方面很容易导致决策者做出非伦理行为。袁媛和张佰明（2018）探讨了网络伦理是一个引起公民教育关注的问题，他们将社会认知理论的基础与伦理决策模型（Ethical Decision Model，EDM）相结合，研究了两种情境下网络自我效能感、网络伦理判断和网络伦理行为意向之间的中介效应。Abraham 和 Pea（2018）认为，腐败的心理过程整合了道德情感倾向和道德判断的作用，通过对 100 名在印度尼西亚苏拉威西岛中部担任领导职务的公职人员进行研究，得知道德情感倾向（包括负罪行为评价和羞耻消极自我评价）可能检测腐败的观点。

我国学者对伦理判断也进行了一定的探讨。李林波（2007）认为，随着我国经济的快速发展、消费者的需求不断提高、企业间的竞争不断加剧，以及社会商业问题的不断发生，越来越多的企业认识到良好的营销道德水平对于企业的稳定健康发展具有十分重要的作用。作为营销人员要从营销决策伦理判断的角度去思考问题，有助于提高企业营销道德水平。陈银飞和茅宁（2014）以解释水平理论的观点探讨了核心企业与供应商的心理距离、伦理判断、伦理管理程度等方面的关系，对不符合伦理规范的行为进行高水平的解释，发现只有提高伦理判断的正确性，才能有效地对供应商进行管理。赵宝春和钟立文（2016）认为，在非伦理消费情景下，伦理判断显著抑制行为意愿，且作用力因自变量组合不同而异；伦理判断的作用受伦理情景和直接经验的影响。与界定模糊情景相比，界定清晰情景下的伦理判断抑制作用更强；但受直接经验影响，伦理判断转而对行为意愿有促进作用。

（3）伦理行为

有学者对伦理决策过程第 3 阶段实施行为作了划分。Trevino（1986）、Ferrell 等（1989）将个体实施的行为划分为非伦理行为与伦理行为。进入 21 世纪，学者通过实地调查与访谈资料发现，决策者除了实施非伦理行为与伦理行为外，还存在第 3 种行为，即保持中立，不实施任何行为，又称为决策回避行为。决策回避行为是指对行为不做出任何决策，保持现状和原样的现象（Ian et al.，2003）。例如，通常以无行动（Ritov and Baron，1992）、选择延迟（Dhar，1997）、保持现状（Hoglund et al.，1998）和放弃此前行为（Kposowq et al.，2002）等形式来回避决策。这种回避行为被学者认为是伦理决策的第 3 种行为，但学者对这种特殊行为关注很少。

Bandura 等（1996）、Hersh（2005）认为，自我约束对实施非伦理行为会造成一定的阻碍，然而道德解脱则相反。Bandura 等（1996）发现，道德解脱常常使少年实行非伦理行为，即违法或损害他人行为。陈红兵（2004）通过对企业伦理行为进行研究，提出不仅要从伦理行为的经济价值、市场基础、社会效益等方面有深刻的理论认识，还要在实践中为企业提供更完善、更系统、更适合企业持续发展的评价体系，真正地规范企业伦理行为。也就是说，企业经济学在实践中也要重视对企业伦理行为的规范与审视。付维会（2013）通过实地调查与访谈获得伦理行为的量表，运用探索性因子分析法对样本进行主成分提取，确定我国企业伦理行为量表主要包括 3 个方面，即诚信、组织利益和组织内外部环境，并且通过效度与信度检验，发现量表非常适合我国企业伦理行为研究。刘雨桐和刘丽红（2018）认为，道德判断源于个体快速、自动的评价。由于道德判断的自动性、直觉性，自我利益偏差会影响个体对他人不道德行为的道德认知，即个体在对他人行为的道德判断中易产生自利偏差。亲组织的非伦理行为就是个体为了组织故意违反法律法规、相关伦理习俗及社会主义核心价值观的行为。由于是在不道德的情况下进行的相关活动，容易提高组织成员工作效率、积极性或促使组织有效运作，但是对社会、公众会造成一定的不良影响。颜爱民和曾莎莎（2018）认为，亲组织的员工在很多情况下会为了组织的整体利益和快速发展做出一些不道德行为；亲组织的员工也可能会为了领导的利益及快速提升做出一些不道德行为，这种行为叫作亲领导非伦理行为。同时，变革型领导对个体亲领导非伦理行为具有积极影响，在变革型领导与亲领导非伦理行为的个体之间起作用的是“领导—成员交换”；马基雅维利主义在“领导—成员交换”与亲领导非伦理行为的关系中起正向调节作用，且正向调节了变革型领导与亲领导非伦理行为之间经由“领导—成员交换”的间接效应。蔡双立和高阳（2019）认为，面对企业的非伦理问题，归己因的道德解脱在自利型伦理氛围与员工沉默中起到完全中介作用，归他因的道德解脱在自利型伦理氛围与员工沉默之间起到部分中介作用。权力距离在道德解脱与员工沉默之间起负向调节作用。研究表明，员工面对企业的非伦理问题是否选择沉默，主要取决于企业的自利型伦理氛围和个体道德解脱的意义建构。

2.1.2 伦理决策主要理论模型研究

通过对相关文献的回顾与梳理，国内外学术界对伦理决策模型的研究主要概括如下。

（1）“九问式”模型

1983 年，美国营销学教授 Laczniak 提出了“九问式”模型。该模型包括的 9 个问题是按“义务检验—责任检验—目的检验—结果检验—过程检验—权利检验—公正检验”的思路设计的。如果决策者对这 9 个问题的回答全部是否定的，那么该决策在伦理道德上可接受。具体的问题是：①该行为违法吗；②该行为违反普遍道德吗（如诚实守信、公平公正、仁慈友好、平等共享等）；③该行为侵犯组织义务吗；④该行为的动机不良吗；⑤该行为会产生某种严重的后果吗；⑥否定过其他更好的行为吗；⑦该行为侵犯了消费者权利吗；⑧该行为侵犯了其他组织的权利吗；⑨个人或组织是否已经没有相关权利了。

（2）个体-情境影响模型

个体-情境影响模型由 Ferrell 和 Gresham 于 1985 年提出，如图 2-1 所示。该模型主要包括 4 个过程，即伦理环境、个体决策、实际行为、行为评估。每个人所做的伦理决策都是不同的，个体在做伦理决策时会受到自身及其他因素的影响。例如，决策结果会受到当时的情绪或利益等方面的影响，决策者依据这些因素决定实施某种行为的可能性。

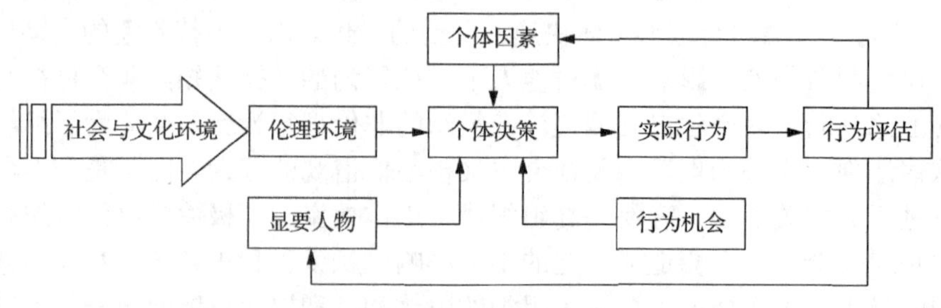

图 2-1 个体-情境影响模型

（3）伦理决策过程模型

Rest 教授于 1986 提出了伦理决策过程模型，如图 2-2 所示。Rest 认为，个体在实施某种伦理行为时，大体上会经历 4 个阶段，即伦理意识、伦理判断、行为意图和实施行为。

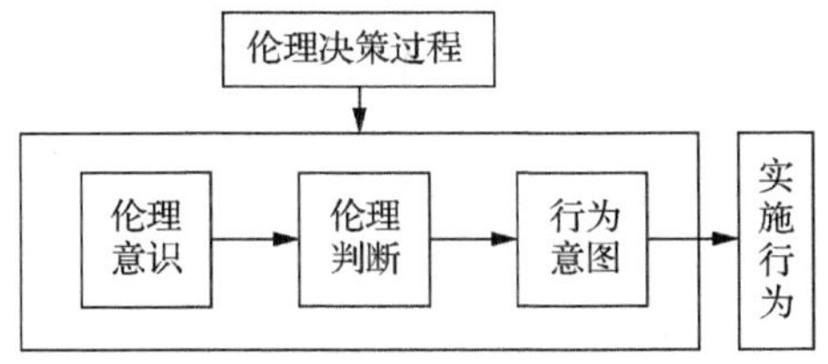

图 2-2 伦理决策过程模型

（4）个体-环境交互模型

Trevino（1986）对个体-情境影响模型进行了调整，如图 2-3 所示。当决策者遇到伦理困境时，个体的判断能力主要受认知道德发展水平的影响，同时能够意识到某种行为是对还是错，但是究竟如何付诸行动还不能确定，还要受个人因素与环境因素的共同作用，从而决定采取伦理行为还是非伦理行为。

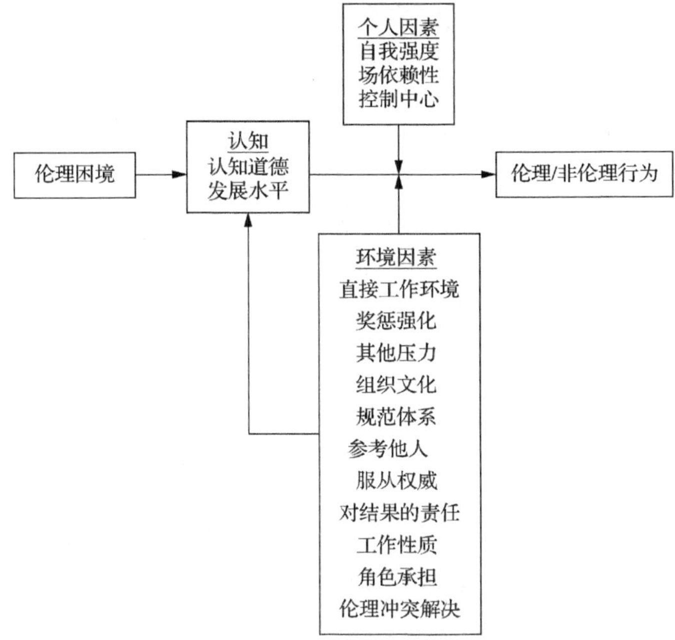

图 2-3 个体-环境交互作用模型

（5）认知加工决策模型

Hunt（1986）在伦理决策过程模型的基础上，建立起看似复杂但并不复杂的模型，即认知加工决策模型如图 2-4 所示。他们认为，个体具有不同的伦理信念，因此在伦理决策上存在较大差异。然而在这些信念下，各自又会做出不同的伦理判断，有可能会实施相反的伦理行为。除了受信念影响外，个体的教育、职业、年龄、素养、组织内外部环境等因素也会影响个体对伦理问题的认知和伦理行为的实施。

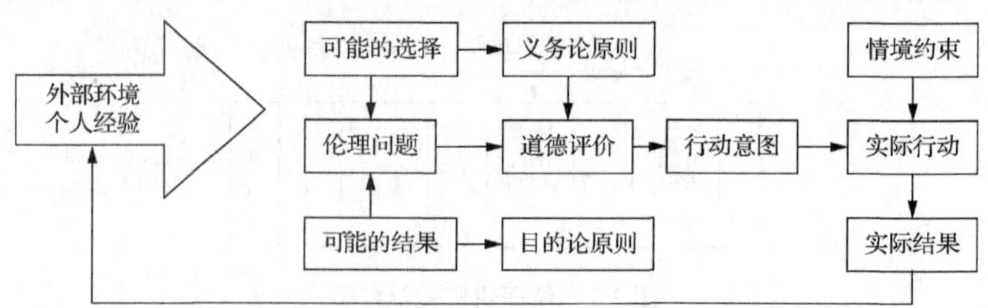

图 2-4　认知加工决策模型

（6）合理行为决策模型

合理行为决策模型由 Bommer 等于 1987 年提出，他们把伦理决策看作一个由外部环境影响而进行信息搜寻与处理的过程，如图 2-5 所示。他们认为，通过伦理的角度所做出的决策而得到的结果为伦理行为，普通决策所得到的结果没有伦理上的评判。伦理决策过程会受到政治/法律环境、社会环境、工作环境、职业环境、个人环境和个人因素等因素的影响。

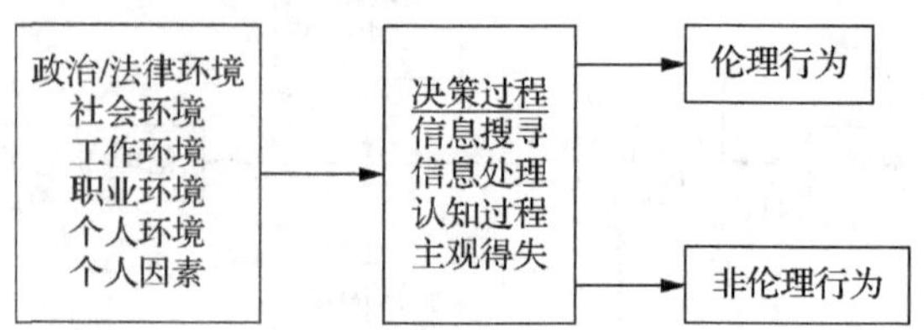

图 2-5　合理行为决策模型

（7）问题权变模型

1991 年，Jones 提出了问题权变模型，如图 2-6 所示。他认为，道德强度或多或少地都会对伦理决策的几个阶段产生一定的影响。这个模型最大的亮点就是 Jones 把道德强度的 6 个变量对伦理决策会产生怎样的影响进行了论证，这 6 个变量是结果大小、社会舆论、结果可能性、结果集中度、时间间隔、亲密度。他认为，结果大小和社会舆论对伦理决策过程的影响最大。

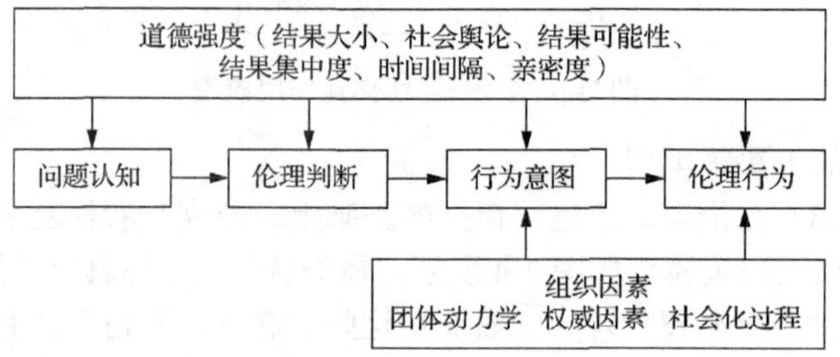

图 2-6　问题权变模型

（8）神经认知决策模型

Reynolds（2003）通过对相关文献的综述，认为人在做决策的时候不完全是理性思考，有时还会凭直觉，大多数模型缺乏直觉性特征。因此，Reynolds 在脑神经认知学科的基础上，提出了神经认知决策模型，如图 2-7 所示。

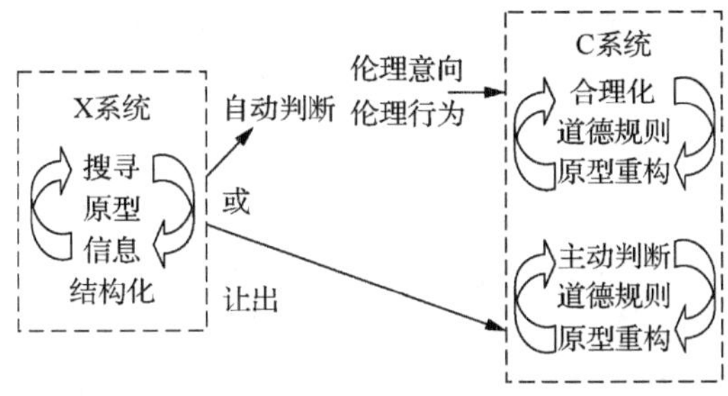

图 2-7　神经认知决策模型

2.1.3　伦理决策影响因素研究

通过对相关文献的回顾，目前对伦理决策影响因素的研究主要有 5 个方面：个体因素、组织因素、关系因素、声誉因素和道德强度因素。

（1）个体因素

个体因素是指决策者在做伦理决策时受到个体特征方面的影响，包括性别、价值观、职业、受教育水平、国籍、年龄、个体认知发展水平、心理控制源、宗教等。

O' Fallon 和 Butterfield（2005）在对伦理决策研究进行综述的一篇文章中提到 49 篇文献与性别有关。对性别的研究，不同的学者有不同的结果，Browning 和 Zabriskie（1983）、Mcnichols 和 Zimmerer（1985）、Dubinsky 和 Loken（1989）认为，性别对伦理决策没有影响；Loe 和 Ferrell（2001）在对文献进行综述时，发现有 12 篇文献认为女性在某些情况下比男性更有道德；吴红梅、焦凌佳（2010）认为，女性更容易揭发一些不道德的行为。

Hunt 和 Vasquez-Parraga（1993）研究发现，有信仰的人比没有信仰的人更倾向做出合理的伦理行为；Fraedrich（1993）发现，有信仰的人更易做出合理的伦理行为；大多数学者认为，信仰宗教与伦理决策呈正相关；Sankaran 和 Alex（2017）发现，经济类专业的学生比非经济类专业的学生在道德方面要欠缺一些。另外，有些文献还发现，职业、教育、工作满意度与伦理决策呈正相关。

不同国家的文化对伦理决策也会产生一定的影响。Hegarty（1990）通过对学生的研究发现，美国的学生比其他国家的学生更容易做出不符合伦理的行为；Alam（1993）发现，新西兰 CEO 的伦理价值观较低。

Morrell 和 Jayawardhena（2010）认为，年龄与伦理决策呈正相关；Nsamenang

（2010）认为，年龄与伦理决策呈负相关；（Harris and Williamson，1993）认为，年龄与伦理决策不相关。

大部分学者认为个体认知道德发展水平与伦理决策呈正相关，极少数（Singhapakdi et al.，2000）认为呈负相关。Sridhar（2011）认为，组织的道德认知发展水平在很大程度上取决于个体的道德认知发展水平。Nosek（2002）认为心理控制源对伦理决策有着直接或间接的影响，但也有学者（Hegarty，1990）认为心理控制源与伦理决策过程无关。

其他方面因素，如偏见、冲突、意图、需要、组织承诺等，虽然研究的比较少，但是会对伦理决策或多或少地产生一些影响。

通过对相关文献的回顾，可以发现学术界对个体因素与伦理决策之间的关系研究已经比较完善，其中对性别、年龄、国籍、教育程度、工作满意度等方面的研究较多。

（2）组织因素

组织因素是指影响伦理决策者所处的组织具备的一些组织特征，如组织文化、组织风气、组织制度等。

Trevino（1986）通过对 MBA 学生的研究发现，规范化的准则能提高伦理认知和使人实施合理化的伦理行为。但是 Martin 等（1995）认为只从伦理角度来说，道德准则对伦理决策过程并不产生作用。在以往的研究中，虽然说法有些不一致，但大多数学者认为道德准则与伦理决策呈正相关。

在以往的研究中，多数学者认为组织风气与道德文化对伦理决策过程产生重要影响。Kaye（1992）认为，组织氛围对伦理决策过程有显著影响，但是 Elm 认为这种影响是呈负相关的。Weber 和 Bissell（2003）、Weaver（2004）等认为，组织文化的内容也会影响伦理决策。

据相关文献研究，组织的类型与规模也与伦理决策有着直接的关系。Keen（2013）认为，服务行业与伦理决策过程有显著的正相关关系；Chavez 等（2001）也认为，组织规模与伦理决策过程呈正相关关系。但是也有极少数学者（Salleh，2012）认为，公司规模与伦理决策没有关系。吕灿灿（2013）认为，对履行相关责任的人给予一定奖励能使其增加合理伦理行为；赵明（2015）认为，对合理伦理行为进行奖励能使这种行为在以后决策过程中出现的频率更高；有效的惩罚（周怀峰和谢长虎，2015）也能减少不合理的伦理行为。

另外，还有其他因素，如企业合并与重组、企业竞争、人员培训、晋升机会、重要他人、主观标准、工作环境等对伦理决策也有一定的影响。

通过对相关文献的回顾，可以发现，学术界对组织因素与伦理决策之间的关系研究比较多，并且各有不同的看法；从研究内容来看，主要是从组织文化、组织规模、道德准则、奖励与处罚方面进行研究。

（3）关系因素

关系因素是我国企业社会行为规范及管理方式的重要理念，也是企业伦理行为与道德秩序的重要影响因素（金杨华和吕福新，2008）。Wong（2000）通过对相关人员的研究发现，关系因素会对伦理判断产生重要影响，从而导致一些不合理的伦理行为。金杨华和吕福新（2008）提出，关系取向会对伦理决策产生一定的影响，认为“寻租关系”与决策者的伦理行为呈负相关，“求利关系”对决策者的伦理行为没有明显的影响；同时，他还指出：①在对待关系时要注意区分哪些是有害关系，哪些是有利关系；②还要区分“求利”与“寻租”，“求利”可能会促进企业的可持续发展，但是“寻租”很可能导致道德败坏、腐败现象及不合理伦理行为的产生。鲁良明（2011）研究了关系对企业家伦理决策的影响，主要从 3 个方面进行了探讨：①关系导向与非伦理行为是否呈正相关；②关系使用度与非伦理行为是否呈正相关；③关系压力与非伦理行为是否呈正相关。同时，对第①和第③两个方面进行了有效验证。王静怡（2012）通过实地研究发现，个人的伦理决策与关系有着显著的影响。王永跃（2015）探讨了伦理型领导与员工之间的关系、上下级之间的关系，认为伦理型领导与员工之间有着正相关关系，能够增加员工实施合理伦理行为的频率。

（4）声誉因素

Paul 和 Golden（1993）认为，声誉是人们对企业的行为、产品、服务等整体的认知判断，是人们对企业的一种综合性评价，并指出声誉与企业的伦理决策有着显著关系。Chenot 和 Heidenreich（2004）认为，声誉是企业稳定可持续发展的基石，企业越重视声誉，决策就会越趋向于伦理化。福诺西龙和范里尔（2004）探讨了声誉的重要性，并指出声誉对利益相关者的决策有一定影响，而决策又会影响企业的发展。刘辉煌和李峰峰（2004）通过博弈论模型研究了声誉与伦理决策之间的关系，提出诚实信任是企业声誉形成的基础，是企业的无形资产。企业通过公开、公平、公正、平等与互惠交易产生信任，反过来信任又有利于企业良好声誉的形成，从而形成一种良性循环，有了良好的声誉与信任，企业便会做出更符合伦理的决策。胡敏（2014）认为，银行的声誉风险事件绝大多数是因为缺乏伦理决策，要控制好银行的声誉风险就必须从根本抓起，即伦理问题。李玲芳和洪占卿（2015）通过博弈论分析法探讨了同步与非同步声誉机制在现实生活中对诚实评价的有效性，主张企业实施伦理化决策。田虹和姜雨峰（2015）认为企业声誉关系到企业的战略管理，并分析了道德滑坡与利益相关者对企业声誉的调节作用。建立企业声誉需要漫长的过程，但是毁掉企业声誉可以说是轻而易举。例如，2008 年的三鹿奶粉事件。很多百年老店及老品牌为什么屹立不倒，其中一个原因就是这些企业很少采取非伦理决策。

（5）道德强度因素

Jones（1991）认为，道德本身也会对伦理决策有一定的影响，道德强度包括

6 个维度，即结果大小、社会舆论、结果可能性、结果集中度、时间间隔、亲密度，他具体分析了各个维度与伦理决策之间的关系。Singhapakdi 等（1996）通过调查研究发现，道德强度对伦理决策过程有显著影响。后面很多文献的研究是以这两篇文章为基础展开探讨的（张娜等，2014）。1996～2014 年，共有 69 篇文献对道德强度进行了比较深入的研究。Leitsch（2004）发现，道德敏感性会对伦理决策造成一定的影响；McMahon 和 Harvey（2007）认为，道德情境的相似性与伦理判断没有明显的关系；Sweeney 和 Costello（2009）对道德强度的各个维度进行了细致的研究，发现各个维度密切相关；Shafer 和 Simmons（2011）研究发现，道德强度在较低的程度下，对不道德行为不是惩罚而是奖励时，道德强度与伦理行为有显著的关系。

通过对以往研究发现，Jones 道德强度的 6 个维度与伦理决策过程的 4 个阶段有着密切的关系，并且这种关系还得到了多位专家学者的验证。

2.2 绿色供应链管理实践研究

2.2.1 绿色采购管理研究

绿色采购是绿色供应链管理的重要环节，其关键问题是在采购的过程中融入绿色要素，即核心企业采购的原材料或半成品必须要符合核心企业和国际上的绿色标准。以往学者对绿色采购的研究比较多。

对绿色供应链的研究是从绿色采购开始的，Webb（1994）提出在材料采购上应注重环境标准，注重材料的回收利用，使材料对环境的负影响达到最小，但是没有从生产与管理角度探讨材料对环境的影响。Min 与 Galle（1997）探讨了供应商进行采购与做出购买决策时要充分考虑环境因素，使原材料达到绿色标准，但是他们没有从整体上分析绿色采购管理，只是要求供应商提供标准化的绿色材料。Legarth（2001）以丹麦的一家制造企业为例，从电子商务的角度分析了绿色采购系统，重点讨论了如何降低绿色采购成本和提高绿色采购绩效，从而提高整条绿色供应链上的环保。Sarkis（2003）探讨了企业绿色采购的技能，在选择与评价供应商上分 3 步走：首先，将采购产品按时间排出重要程度；然后，对与供应商的合作关系进行分类；最后，从时间、成本、质量等方面进行策略性矩阵分类，评价和选择最合适的供应商。Abdallah 等（2012）通过建立模型，从绿色采购控制环节分析了如何减少碳排放量，从而使整条碳供应链对环境产生最小的影响，并从 3 个方面讨论了如何减少成本。Hancock 等（2018）认为，实验室用品的伦理道德采购是一个被忽视的问题，企业在进行绿色采购时应将重点放在存在道德风险的材料上，包括“冲突矿物”和“关键材料”等类似用品。这些材料可能存在供应安全问题或引发社会冲突、违背伦理道德和破坏环境问题，进而侵犯人权

（Ralph and Hancock，2019）。Liu 等（2019）认为，大型环保零售商通常将资源分配计划纳入长期采购合同，以改善供应商的绿色采购。他们认为，在订单数量均等的情况下，积极合作的供应商更加注重环保，然而恰恰相反，这些供应商的利润也较低。因此，如果订单平均分配，那么资源分配计划在协调供应商的绿色努力方面就不会有很好的效果。最佳的采购策略是将资源与不相等分配的订单数量相结合。Manimay Ghosh（2019）分析了影响印度企业采用绿色采购实践的决定因素，其中内部环境问题、供应商协作、客户压力、竞争压力和管理支持对绿色采购有积极影响。

21 世纪以来，我国学者也越来越重视对绿色采购管理的研究，朱庆华（2004）探讨了在不同环境下，中、美两国是如何对供应商进行绿色采购的，主要分析了各自选择供应商的标准及这些因素在选择与评价供应商时的重要程度。随后在认证方面，刘彬和朱庆华（2005）探讨了从 ISO 14001 认证、产品绿色设计等 4 项评价体系指标对供应商进行绿色采购。

近几年，关于绿色采购的相关研究成果比较丰富。曹柬等（2013）分析了绿色供应链采购环节中原材料的绿色度问题，提出供应链企业在信息不对称情况下，如何建立激励契约去购买绿色度高的原材料。毛帅（2014）从绿色采购角度提出了选择供应商的评价指标，并运用层次分析法求出权重，验证了评价指标的有效性与可行性。韩玉玲（2015）从生态文明建设角度研究了政府绿色采购的重要性，认为政府绿色采购能够解决环境保护、资源节约的“市场失灵”问题，同时在我国生态文明建设中起到了示范作用。李欣（2018）从传递绿色企业理念、促进行业可持续发展，构建产业链食品安全机制、提升企业的绿色竞争力、建立和谐的零供关系、降低产品采购成本等方面探讨了企业绿色采购的战略价值。贾文军（2018）认为，绿色采购的绩效评价要充分体现绿色原则，节约物资、降低能耗和减少污染物的排放，以及分析了制约绿色采购实践的因素。

2.2.2　内部绿色管理研究

内部绿色管理是企业管理的一个重要方面。Carter（1998）等认为，企业内部环境管理比外部环境管理更有利于改善环境，内部环境管理是提高企业绩效的关键，并且认为中层管理者的重视与支持是实施内部环境管理的重要条件。Stevens（1999）通过对具体企业进行分析，认为企业内部实施绿色环境管理最重要的条件是该行业领先企业的经验教训、决策层对环境的重视度、有效的环境管理计划、全员的意识等。Diabat 和 Govindn（2011）以印度的一家制造企业为例，在前人研究的基础上，运用数学模型分析了企业内部应该如何实施绿色供应链管理，发现实施绿色供应链管理能够使企业保护环境、节约资源。Giovanni 和 Vinzi（2011）通过实地调查研究发现，要想使绿色供应链管理发挥最大的作用，首先是企业内部实行绿色管理，并且认为企业内部绿色管理更有利于保护环境和节约资源。但是单独从企业内部绿色管理来看，不能提高企业的经济效益。

发挥内部绿色管理的作用主要在于高层管理者是如何看待的。Zsidisin 和 Ellram（2001）指出，为了确保内部环境管理的实施，高层管理者对环境的重视至关重要，并且高层管理者还要全面负责内部环境优化事务。他认为，环境管理体系（environmental management system，EMS）能为企业提供一系列环境管理信息资源和指导高层管理者实施与环境相关的业务，从而提高企业经济绩效和社会绩效。Yuan Ma 等（2018）提出，绿色管理创新主要由外部知识供给推动，而内部效率需求并没有发挥重要作用。另外，绿色管理创新对企业的经济绩效有积极的影响，内部效率需求对企业绩效也有一定的调节作用。Kusdi Raharjo（2019）分析了利益相关者的需求、资源、知识和产品独特性之间关系对绿色营销和可持续发展绩效的影响。Yubing Yu 和 Baofeng Huo（2019）分析了环境导向对供应商绿色管理和财务绩效的影响，认为供应商绿色管理在环境导向与财务绩效的积极关系中充分发挥了中介作用，关系资本缓和了环境导向与供应商绿色管理之间的关系，关系资本水平越高，积极关系越强。

同时，内部绿色管理与企业的实力、规模等也有着密切关系。Krause 等（2019）通过对实施环境管理的制造企业进行调查研究发现，企业规模越大、实力越雄厚，就越能够全面实施环境质量管理，就越有能力和信心实施环境管理体系；同时，指出环境管理体系是处理企业利益相关者、社区和政府之间关于环境管理问题的有效工具，并有利于降低企业内外风险和社区环境管理成本与环境恶化风险。杨桂侠（2010）从企业可持续发展、企业节能降耗、企业形象和声誉等方面探讨了企业实施内部绿色管理的必要性，并提出从文化、生产、经营、组织机构和理财等方面构建企业内部绿色管理模式。孙宝连和闫秀霞（2018）提出，企业实施全面的绿色管理，不仅可以创造绿色文化、绿色技术、绿色知识、绿色信息、绿色产品、绿色人力、绿色企业等绿色价值，还可以使企业构建微系统生态文明等生态效应，从而促进工业和区域生态文明建设，促进人类社会生态文明建设，改善自然环境生态文明；同时，倡导政府要积极支持企业的创新和实践。

2.2.3　环境伦理管理研究

环境伦理管理是绿色供应链企业长期生存和可持续发展的重要条件。供应链企业在履行经济责任与法律责任的同时，在社会活动中扮演重要角色，要极力维护社会大众的利益，以及满足环境本身的存在价值和存在要求、满足企业较高层次的文明需要。但是，目前我国很多绿色供应链管理企业由于激烈的市场竞争，一味地在追求经济利益而置社会大众利益和环境要求不顾，许多不负责任的社会商业问题和环境问题层出不穷，如假冒伪劣产品、不讲诚信、虚假广告、不遵守契约、环境污染、资源浪费等。

Beamon（2005）在前人研究基础上增加了绿色供应链管理实践内容，认为绿色供应链管理还应该包括材料回收率（material recovery rate）、废弃物比例（waste ratio）、生态效益（eco-efficiency）、社会契约（social contract）等。其中，社会契约就涉及环境伦理问题。Sarkis（2003）认为，环境问题不仅影响企业自身，还会给合作伙伴（包括供应商、中间商、消费者等）带来一系列的社会问题（如信任问题、契约问题等）。因此，企业在实施绿色供应链管理时，要从整体上将经济因素、环境因素和社会因素融合到供应链管理的各个环节中。

Yeh 和 Chuang（2011）提出，制定恰当的环境定价策略是提高绿色供应链企业社会责任感的有效途径，并认为政府应该随着社会的发展和科技的进步不断提高环境检测指标，协调企业之间的关系，这样才能够使企业提高对环境的认识，增强环境价值观，提高环境责任感，最终提高企业社会责任感。Ciliberti 和 Haan（2011）对经济合作与发展组织（简称经合组织）7 个国家的 4000 多家制造企业进行研究，发现绿色供应链管理对其他先进管理体系有着重要作用，绿色供应链管理可以使其他先进管理体系更加完善和科学，并且能够为企业带来良好的环境效益与社会效益，如企业应当注重环境的价值观和在环境意义上的道德规范，但是他没有对绿色供应链管理是否能提高经济效益进行研究。de Wet 和 Odume（2019）分析了绿色供应链管理中环境伦理学的系统关系方法，提出社会生态系统（social-ecological system，SES）的价值位于一个综合单元的管理层面，在绿色供应链管理中起着“领头羊”的作用。

近 10 年来，我国学者对环境伦理管理进行了大量的研究。刘长明和苏宝梅（2005）认为，人类中心主义是在可持续发展观上构建的环境伦理，环境伦理也称为双向不对称伦理，而和谐伦理是双向不对称伦理的升级，实现所有存在的互动。宣兆凯（2005）提出，环境伦理观的主要内容包括生态整体利益观、生态平衡观和道德主体观。佘正荣（2006）认为，环境伦理学与传统伦理学的不同之处在于，环境伦理学认为人类道德规范的主体不仅包括人与人之间、企业与企业之间、企业与社会之间，还包括人类与自然界所有的共同体。包庆德（2007）提出，环境伦理不是人与自然、人与其他生物之间的伦理关系，而是人与人在社会交往中所形成的利益关系，其实质就是规范人类主体间各种利益的关系。

杨光勇、计国君（2011）按照“三重底线”标准将绿色供应链划分为两大类：一是以注重生态环境效益为核心的环境底线供应链；二是以注重消费者健康收益为核心的社会底线供应链。在综合比较欧盟与美国的绿色供应链管理策略后，他们提出构建社会底线供应链需要进一步完善协同合作机制和内部揭发机制；构建环境底线供应链需要进一步完善绿色产品的研发设计和回收网络体系。李培超（2012）认为，我国环境伦理学以我国的本土化为背景，是环境伦理学在中国的理性认识，是以处理我国环境的现实与未来的关系为目标的综合性学科。田虹（2015）从自然资源的视角，建立了企业环境伦理与绿色创新绩效模型，认为环境伦理能积累绿色人力资本、绿色关系资本和绿色结构资本，从而提高绿色创新绩效。杨栩和廖姗（2018）提出，环境伦理与新创企业绿色成长绩效具有倒U型关系，绿色关系资本在环境伦理与新创企业绿色成长绩效的倒U型关系中起到了间接中介传导作用，环境扫描在环境伦理与新创企业绿色成长绩效的倒U型关系间发挥调节作用，环境扫描的调节作用是通过绿色关系资本的中介实现的。刘李琨等（2019）建议，企业在绿色供应链管理实践中秉承自然为本、和谐共生、公正共享的环境伦理观，以肩负起我国企业社会责任的建设使命。

2.3 绿色供应链管理影响因素研究

在实践中实施绿色供应链管理的企业越来越多，但是做得非常好的企业不多，这就说明企业在实施绿色供应链管理实践过程中会遇到多种障碍。因此，许多学者对绿色供应链管理的动力（压力）和障碍力进行了探讨。最具代表性的是朱庆华，他（2009）提出正常化的压力和强制性的压力等外部因素可以使企业部分地实施绿色供应链管理实践。更为重要的是，目前我国企业对环境管理非常重视，但受社会伦理、法规和市场等压力还不是很强，因此，有一些资源、人脉和创造力很强的企业，在受到外部压力时，完全能够应对，但开展绿色供应链管理实践的积极性不是很高。在这里将有关学者对绿色供应链管理实践的动力（压力）因素和障碍力因素的研究成果进行梳理。

2.3.1 绿色供应链管理动力因素研究

Jeremy Hall 等（2000）运用系统研究法对英国的航空航天业和日本的食品零售业研究，发现当供应商处在一定环境驱动力和下游企业对其强制性压力下时，其节点企业便会产生绿色供应链管理。Lutz Preuss（2005）通过对一些制造企业的调查研究发现，环境法规不是驱动供应链企业实施绿色管理的关键因素，关键因素是信息流管理、物流管理和节点企业间的关系管理。Dagmara Nawroeka 等（2008）研究发现，客户需求和 ISO 14001 认证是企业实施绿色供应链管理的主要驱动力。Walker 等（2008）通过对英国 7 家国有、私有企业的调查研究，探讨了企业绿色供应链管理的动力因素与障碍力因素，认为动力因素大于障碍力因素，还指出动力因素主要包括法律法规、顾客、竞争者、社会机构和组织特征等。Lo 等（2018）分析了关系质量（高层管理支持和关系治理）如何通过供应商开发影响上游绿色供应链整合（Green Supply Chain Integration，GSCI），检查了绿色驱动因素（客户和成本驱动因素）是否缓和了供应商开发和上游绿色供应链整合之间的关系。Sibel Yildiz Cankaya 和 Bulent Sezen（2019）探讨了绿色供应链管理的 8 个维度，即绿色采购、绿色制造、绿色分销、绿色包装、绿色营销、环境教育、内部环境管理和投资回收对经济、环境和社会绩效的影响。除绿色采购外，所有绿色供应链管理维度至少与一个性能维度相关。Green 等（2019）分析了精准管理（precise management，PM）、全面质量管理（total quality management，TQM）和绿色供应链实践对环境绩效的互补影响。

曹景山和曹国志（2007）认为，企业实施绿色供应链管理的驱动力主要包括市场需求、法律法规要求、相关利益者协调和企业社会责任，他发现这 4 种驱动力对应着不同的绿色度，并在此基础上提出了绿色供应链管理概念模型。赵一平等（2008）从实证的角度分析了绿色供应链管理的驱动因素和一般规律，从环境压力、核心企业影响力、环境意识和经济技术等方面构建了绿色供应链环境压力响应机制模型。雷翔虎和孙功苗（2008）从建立信息平台、构建绿色联盟、加大技术改造等方面探讨了供应链的纵向绿色化动力机制，从而构建环境和谐社会。叶飞和张婕（2010）从绿色设计与绩效关系的角度探讨了绿色供应链管理的驱动因素，认为绿色设计对提高企业经济与环境绩效有显著影响，政策与市场竞争力对绿色设计有显著影响，但是供应商、消费者、管理者对绿色设计的影响并不显著。朱庆华和田一辉（2010）运用系统动力学原理，分析了绿色供应链管理过程中动力、绩效、实践三者的关系，将运营过程分为动力系统、营运系统和反馈系统 3 部分。

2.3.2　绿色供应链管理障碍力因素研究

Ras 等（2007）提出，国际绿色供应链管理的主要障碍是信息成本、信息有效性和市场沟通，这三者的协调问题是企业实施绿色供应链管理的焦点问题，并通过案例分析提出了解决这些障碍的对策与方法。Walker 等（2008）通过实证研究提出绿色供应链管理的外在障碍因素，主要有环境政策法规制定不合理、社会调控力度不够和政府监管缺失等。Mont 和 Plepys（2007）阐述了产品生命周期不同阶段供应链企业对环境的不同要求，分析了供应链节点企业实现可持续健康稳定发展所面临的障碍、应注意的方面和可实施的行动，同时提出了一些消除这些障碍的方法。王能民等（2005）探讨了绿色供应链管理实施过程中存在的组织障碍、技术障碍和市场障碍，从组织变革、技术平台创新和市场环境等方面提出了绿色供应链管理的实施对策。徐学军等（2008）分析了绿色供应链管理战略中存在的主要障碍是消费者环保意识不强、绿色技术欠缺、政策法规执行不到位、实施绿色成本高等，并针对这些障碍提出了相应的对策与建议。张晨云（2011）从组织特征、企业家和政府等方面探讨了影响绿色供应链管理的障碍因素，叙述了绿色供应管理的实施过程及相对应的对策措施。范瑾（2014）以利益相关者理论为基础，从认知、资金、技术、制度等 17 个方面分析了实施绿色供应链管理的障碍因素，在前人研究的基础上，通过对影响因素之间的关系进行推理和计算，得到了影响因素体系的 ISM 模型。该模型分为 3 个层次，即直接因素、间接因素和深层因素。直接因素主要和企业有关，包括企业技术水平、企业获得资金支持、经济绩效和产品销售价格；间接因素关系到中介组织、农户和消费者 3 个主体的行为，包括对中介组织的制度支持、其他行为主体对中介组织的认知、社会环境对中介组织的支持、农户认知及环保意识、农户获得技术途径与成本、农户获取市场信息能力及渠道、制度与法律法规、消费者对绿色产品的认知；深层因素主要包括地方财政收入、政府人员素质及决策能力。吴建材（2015）从政府政策层面、企业管理层面和技术层面 3 个方面探讨了低碳产业集群实施绿色供应链管理模式存在的障碍，并提出了发展对策。黄湘萌等（2018）认为，中小型企业在我国企业中占的比重很大，是实施绿色供应链管理的主力军。但是与大型企业相比，中小型企业由于受到人员素质、人员技能、生产要素、资源条件、经营理念、生产规模、治理结构、资金限制和社会影响等因素的制约，履行社会责任的积极性和能力普遍不足。

2.4 绿色供应链管理中的伦理决策研究

绿色供应链管理的理论研究与应用在我国还处于初步发展阶段，仍然存在许多问题，如观念问题、技术问题、成本问题、伙伴问题、信息共享问题、诚信问题等。在当前全球化竞争背景下，企业间的竞争已经转向供应链之间的竞争，我国企业通过实施绿色供应链管理与国际市场接轨，其竞争是全面的、激烈的，不仅要让人才、技术、资金参与其中，还要遵守企业伦理道德，以适应企业国际化趋势，因为供应链成员企业的合作与交往都离不开伦理道德这条纽带。供应链企业伦理管理越来越重要，有必要将学者从伦理角度探讨绿色供应链管理的研究成果进行梳理。

伦理被认为是管理组织间交易的调节机制之一（Gundlach and Achrol，1993；McNeil and Gorman，1993）。虽然许多研究人员认为，组织间的交易受到法律契约的规范和控制，但也有一些学者强调个人纽带或社会规范（Mialet，1980）的作用。与法律契约不同的是，社会规范要求个人引导、控制或规范适当的、可接受的行为，从而为个人寻求实现目标的其他途径设置限制（MacNeil，1980）。同样，伦理根据道德哲学的规则影响行为（Gundlach and Murphy，1993）。随着合同法的作用变得不是很突出，伦理被认为是交流发展的重要基础（Gundlach and Murphy，1993）。

合作伙伴之间的道德规范一直是绿色供应链管理中的一个关键问题。企业努力平衡利益相关者的权利和义务，包括社会、员工、客户、投资者和供应商（Boone et al.，2010）。然而，在考虑所有利益相关者的立场时，很难为平衡决策而建立清晰的判断标准（Boone et al.，2010）。负责管理组织内部和组织间问题的绿色供应链管理人员往往会做出不道德的决定，只是使个人或公司的利益最大化，而不是为绿色供应链中的所有企业追求互利。Drake 和 Schlachter（2008）发现组织之间的不道德行为损害了组织间的信任，而这种信任对于买方和供应商之间的关系至关重要。管理者的道德直觉在组织间关系中影响伦理行为（Schokkaert and Overlaet，1989），因此伦理决策过程应该由组织来管理，以发展和加强与合作伙伴公司的合作。

许多研究伦理判断、伦理意图和伦理行为等问题的尝试都基于伦理决策框架（Schwepker et al.，2013）。例如，市场研究采用了道德判断或行为意图的观点，这两种观点都被认为是道德决策的关键因素（Jones，1991）。在绿色供应链管理的研究中，伦理决策被认为是提高绩效的重要前提。Tmepia（2009）提出，道德采购是指从保护或考虑社会弱势群体（包括中小企业）的公司购买产品，供应链的可持续性与环境问题、社会责任和财务业绩有关。Lumer（2010）强调供应商选择和道德决策的伦理标准、采购经理的权利和责任、与供应商的关系、供应商管理中的社会价值和可持续性。Woiceshyn（2011）认为，道德行为和决策对增强买方与供应商关系中的信任具有十分重要的作用。Banasik 等（2010）强调，企业应该为管理者和员工提供学习企业伦理标准的机会，从而进一步鼓励他们在决策和行为上接受伦理标准。虽然之前的研究已经表明道德决策在供应链中的重要性，但是关于道德决策过程的详细实证研究仍然很少。

为了理解供应链的伦理判断，我们需要讨论供应链管理者的一些伦理哲学。Reidenbach（1991）认为，个体会从正义、相对主义、义务论、功利主义和利己主义等伦理视角做出伦理判断。同样，一些学者认为，没有一种道德哲学能够清楚地解释为什么要进行道德评价，而事实上，个人倾向基于几种道德哲学做出道德判断（Reidenbach and Robin，1988）。当企业注重相对主义或功利主义而忽视道德的价值时，不道德行为就会发生在绿色供应链中。相对主义认为，普遍接受的伦理规则并不存在；相反，当规范信仰成为标准时，实践上或文化上被接受的行为就会被认为是正确的。功利主义认为，道德上正确的行为包括根据成本效益分析具有高效用的行为（McMahon and Harvey，2007；Reidenbach，1991）。经理人的道德判断基于相对主义，即在买方与供应商关系中的不道德行为违反了通过成员之间默契共享的道德标准。此外，经理人的道德判断也基于功利主义，因为他们相信，当他们的行为被认为能为公司带来可以感知到的效益时，他们的行为就是正确的（Velasquez and Rostankowsk，1985）。因此，用来衡量道德水平的伦理哲学是评价管理者道德的哲学基础。

绿色供应链管理中的信任和协作被认为是提高供应链绩效的重要因素（Acquaye et al.，2012；Shah and Joshi，2015）。在市场营销和供应链管理的文献中，信任被认为是成功的组织间交易中必不可少的关系因素（Woiceshyn，2011；Siguaw et al.，2003）。一些研究人员将信任定义为基于信心的对合作伙伴公司的依赖（Mayer et al.，1995；Williams，2001）。也就是说，信任是一种脆弱的心理状态，在这种心理状态下，一个人基于对伴侣意图或行为的积极预期，而准备好承担和接受潜在的风险。Andres（2016）认为，当关系由相互重复的互动构成时，接受脆弱的意愿就会发展。Doney 和 Cannon（1997）、Zacharia（2009）将信任定义为期望或相信合作伙伴不会从事机会主义行为，但会表现得良好、胜任和诚实。根据这一观点，合作伙伴之间的信任反映了一个公司的期望，即尽管存在潜在的风险，但它还是将从事公平的商业交易。

绿色供应链协作被定义为两个或两个以上的独立参与者通过共同规划和执行供应链操作来产生更好性能的联合工作（Simatupang and Sridharan，2002）。也就是说，绿色供应链协作寻求通过密切合作以低成本有效满足最终用户的需求。通过这种协作，绿色供应链参与者共享信息和资源，并承担风险，以实现共同的、互利的目标。绿色供应链管理的研究也认为，供应链协作构成了共同的努力，重新设计供应链运作的方式，会产生更好的客户服务和低成本。联合决策、联合解决问题、收益（成本、风险分担）、目标一致性和信息共享是绿色供应链管理文献中最常讨论的因素（Biggemann，2012；Vereecke and Muylle，2006）。

Twiss（2005）认为，伦理研究应该在伦理意识、伦理关系和伦理实践的基本理念下，结合企业合作伙伴发展理论和实践需要全面展开。Manning 和 Baines（2006）提出，公众最关注的问题是供应链企业能否兑现它们对伦理问题的承诺，并建立企业社会责任和道德风险评估模型来探讨企业的伦理道德。Anonymous（2014）认为，供应链管理要从伦理角度思考，通过实证研究从诚信、平等、公开等方面提出了伦理评价维度，认为伦理管理在绿色供应链管理中起着更为重要的作用。DeLaurentis（2009）认为，我国企业不能在整个供应链上保证产品的质量，商业问题不断发生，这是企业缺乏社会责任和道德的表现，并提出我国企业要在供应链上加强伦理管理。Chalotra（2012）通过实证研究对供应链中的伦理问题和环境问题进行了委托-代理关系分析，提出了规避风险的对策。Ferrell 等（2013）通过对制造企业的调查与研究，认为企业在进行供应链管理时要注重环境保护、社会责任、道德行为、伦理决策和可持续发展，使企业真正构建核心竞争力。Chen 等（2015）指出，供应链企业间要重视信息共享、资源共享、保护环境，在相互沟通的基础上进行合作与平等交易，在采购供应商原材料时要遵守信用与契约，并提出了相应的对策与建议。Anonymous（2014）通过对美国与英国的 2000 名消费者调查发现，80%的人要求公司行为要符合伦理道德，5%的人说不关心公司道德与可持续发展问题，从而提出应加强伦理管理，以提高公司知名度和消费者满意度。

Chen 等（2015）探讨了公共资源背景下伦理与供应链之间的关系，认为供应链上的企业一般会注重经济、社会与环境问题。不重视公司的人道主义、伦理规范可能导致市场份额减少和成本增加。Pearson（2015）指出，大多数公司认为道德供应链——对社会负责，生态友好的运营——对人有好处，对环境有好处，还可能对公共关系有好处，但对生意可能没什么好处。但是这种心态正在改变，大多数人认为道德行为（特别是可持续性）是生活的一部分，并将这些信念延伸到商业联系中。供应链企业竞争要遵循伦理道德，供应商所提供的符合绿色要求的产品，核心企业要与供应商联盟加强道德建议与伦理管理。Lebaron 和 Lister（2015）探讨了全球供应链基准——道德审计制度的权力，批判地研究了道德合规审计制度，认为越来越多的公众和政府对审计指标缺乏信任，掩盖了全球供应链中的真正问题。

Simangunsong 等（2016）通过大量案例研究，发现绿色供应链管理中最具有不确定性的问题就是伦理问题，供应链的全球化意味着许多商品的生产、服务会受到各种基础设施、气候和文化的影响，并且它们之间相互作用，有可能增加供应链的不确定性、风险性和复杂性（Wiengarten et al.，2016），其中伦理道德问题最为复杂。Menachof 等（2018）分析了物流和供应链中的道德问题，提出在绿色供应链方面，遵守伦理道德是一个显而易见的正确选择。Hancock 等（2018）探索了伦理道德在绿色供应链中企业之间协作及其和谐的关系。Van Bockstael（2018）分析了矿产交易的无冲突、公平、道德原则及其绿色供应链动态。Khan 等（2018）探讨了道德领导、绿色培训、绿色供应商选择和绿色制造在可持续供应链中的作用。他们以印度 367 家制造业企业的数据为样本，运用结构方程建模技术对研究假设进行评估，认为道德领导对采用可持续供应链具有重要作用，通过不同的决定因素，包括提供给员工的绿色培训、环境友好的供应商选择和绿色制造等，建议企业领导层在商业运营中实施绿色供应链管理实践时采取道德行为。Ha 和 Nam（2016）实证分析了管理者在绿色供应链管理中的伦理判断，通过调查了解到管理者在投标（承包）、信息管理和库存管理方面的道德判断会显著增强信任，进而增加供应链协作。在伦理判断中，信任和供应链协作为供应商关系的管理提供了有效的方法。Gold 等（2010）认为，随着人们对与绿色供应链管理相关的道德问题的关注，许多公司自愿制定道德规范并培养与商业伙伴有益共存的道德文化。尽管如此，一些公司因为没有深信绿色供应链中的商业道德会影响企业间长期的关系，可能不会充分努力地将商业道德作为全公司的战略实践。

顾逊里（2006）阐述了供应链管理中的伦理问题，分析了供应链管理的伦理特点，探讨了绿色认证标准，认为“整体最佳”是供应链企业的管理目标，较多“势力”一方应当承担更多的伦理责任，并且运用“企业社会责任”与“效率超规范”理论对供应链管理模式做了整体性的伦理评价，即供应链企业应当注重“义利和谐”。他还提出了我国企业实施供应链管理、参与国际竞争所遇到的问题在伦理上体现为哪些方面及其相关对策。刘景光（2007）从宏观、中观与微观 3 个方面提出我国企业在供应链管理中存在的伦理问题，主要是社会伦理问题、环境伦理问题、诚信问题、公开公平问题、人本问题、观念问题等，并分析了这些问题产生的原因；运用营销管理理论中“推”“拉”两个方面的策略解决伦理管理问题。高玥（2010）认为，随着消费者个性需求的日益提高和互联网的快速发展，旅游供应链中的诚信管理成为一个非常重要的问题，提高旅游企业的诚信已刻不容缓；

运用伦理管理中的理论，分析了旅游供应链企业中有悖商业的伦理问题，建立了伦理管理模型，并提出了相应的伦理管理对策。汪鸿（2012）从旅行社供应链与外部社会、旅行社企业之间、旅行社企业本身 3 个方面分析了旅行社对利益相关者的伦理缺失，探讨了伦理问题的原因及其相应对策。

2.5　研究的关键问题

通过对伦理决策学术史进行梳理，发现国内外对伦理决策的研究不断丰富与拓展。总的来说，国外的研究比较深入，国内的研究尚处于理论的引进和探讨阶段。首先，作为应用心理学新兴的研究热点，以往的研究主要集中于伦理决策过程和影响因素分析，多数文献进行的是定性分析，至于这些影响因素对伦理决策的影响程度，以及是否存在某些因素能够增强或减弱伦理决策的决定的研究比较少。其次，把理论知识置于社会实践中的重要性在组织管理研究领域中越来越受到关注与重视。国外学术界有关伦理决策的实证研究对伦理决策过程的测量多采用量表形式，而我国对伦理决策的研究迄今为止还没有成熟的量表。最后，对伦理决策的理论模型的研究较多，大多数伦理决策模型的研究又以 Rest 于 1986 提出的伦理决策过程模型为基础，并且伦理决策模型中对道德强度的研究较多。

对绿色供应链管理学术史的梳理，发现近十几年来国内外在绿色供应链管理方面进行了大量的探索性研究，主要是绿色供应链的内涵、特点、基础理论、管理模式、影响因素、机制决策及绩效评价等。我国对绿色供应链管理的研究还属于起步阶段，文献数量虽然较多，但多是纯概念、理论、内容、模型、必要性的定性文章，实证文章的研究还需加强。首先，相当一部分文献的研究方法与手段主要依赖案例研究和问卷调查，对绿色供应链管理实践内容的研究主要是定性分析。其次，现有文献主要是对绿色供应链管理的影响因素及实践内容进行研究，对绿色供应链决策机制研究的比较少。再次，已有学者认为供应链成员企业间的合作、信任、平等交易是绿色供应链管理高效运营与开展的基础与关键，但对如何建立相互信任、公开平等交易的激励机制的研究比较缺乏。最后，对政府、企业声誉、消费者和认证标准伦理化在推动绿色供应链管理所起的积极作用及相关对策的研究也比较少。

通过对绿色供应链管理中伦理问题学术史的梳理，发现国外有少数学者对此进行了研究，国内只有极个别的学者进行了探讨。国外学者认为，在当前环境问题、社会商业问题不断爆发的情况下，实施绿色供应链管理除了要重视环境保护外，伦理管理也起着非常重要的作用。国外学者对伦理视角下绿色供应链管理进行了一定的研究，主要研究了伦理在绿色供应链管理中的重要性，企业要加强伦理观念、伦理评价指标体系、认证标准伦理化等问题。国内学者对伦理视角下绿色供应链管理的研究不多，主要研究了供应链管理中的主要伦理问题、伦理问题产生的原因及对策。

通过对上述文献的分析，发现当今学术界和企业界已经认识到了伦理决策在绿色供应链管理中的重要作用，一些学者还进行了比较系统的研究，并且在企业界也进行了实践。因此，从伦理决策角度探讨企业实施绿色供应链管理是当今及以后的研究发展方向。同时，还存在一些不足之处，主要表现在以下 3 个方面：一是伦理决策对绿色供应链管理实践的影响研究探讨得还不够深入；二是绿色供应链管理的影响因素主要有动力（压力）因素和障碍力因素，国内外学者对这方面的研究较多，但是研究对象不同致使结论不具有可比性；三是虽然有少数学者尝试探讨伦理决策对供应链管理实践的影响，但是基本上都是定性描述，国内在伦理决策对绿色供应链管理实践实证方面的影响的研究非常少。

本书在综合相关学者观点的基础上，根据伦理决策过程 3 个阶段特点，设计了伦理决策测量维度，借助分析软件，着重探讨了以下 5 个方面的问题。

（1）绿色供应链外部主要存在的伦理管理问题

1）社会伦理问题。谋取长期的良性经营与发展对于一个供应链企业来说是最为重要的目标。因此，企业在承担相应的经济和法律责任时，还要能够保护普通民众的利益，在社会活动的改善中发挥一定的积极影响。但是，一部分绿色供应链企业一味地为了追求自身利益，从而产生了很多社会问题，如在运输途中货物超载。

2）生态伦理问题。当今社会面临的主要问题之一就是生态问题。绿色供应链企业在经营过程中所表现出来的生态伦理问题：第一，由于不合理的物流模式出现严重的环境问题和资源的过度浪费；第二，大多数供应链企业以牺牲环境为代价进行高投入、高消耗的经营活动来换取自身的经济效益。

（2）绿色供应链内部企业间主要存在的伦理管理问题

1）诚信问题。就目前来看，影响我国绿色供应链发展的因素多种多样，其中最重要的问题是缺乏诚信。商业欺诈、假冒伪劣产品、欺骗消费者等不道德行为在生活中时常发生。同时，大多数供应链企业参与不同类型的组织中，维持企业的忠诚度和保密行为成为一个企业在伦理管理中面临的重要伦理问题。

2）公平、公正等问题。企业一般借助企业间的联合供应链获得共同效益，因而需要在联合供应链中做到利益共享，同时合作中产生的风险也要由双方共同承担。在绿色供应链管理中还需要企业在承担风险和利益共享方面做到公平、公正。也就是说，如果管理成功，同为合作伙伴的各公司将同时分享利益；风险也由双方共同承担。然而，在实践过程中，往往处于核心地位的主导企业采用的都是利益独享，风险则由对方承担的方式。这样，供应链中其他公司的利益就会受到损害，而通过合作实现利益最大化的目标就无法实现。

（3）绿色供应链内各企业管理中主要存在的伦理管理问题

1）人本问题。人文道德要求企业必须以员工为出发点，给予员工更多的尊重和发展机会，正确地认识人与人之间的差异，让员工在适合自己的工作岗位上积极工作，做到各司其职。另外，企业不仅要尊重组织内部的员工，还要尊重与企业相关联的利益相关者。目前，在我国绿色供应链企业中部分企业在人本问题方面出现了问题，表现为对员工的不尊重，忽视人的尊严、权利和价值。

2）观念问题。企业内的部分领导者和员工对伦理管理重要性的认识还不够，他们在做出有关管理决策的时候只分析了经济和法律方面的因素，不重视或者直接忽视了对管理伦理的分析。

（4）伦理决策对绿色供应链管理实践的影响问题

学术界与企业界对绿色供应链管理实践的研究非常多，有理论的也有应用的，有定性的也有定量的，有案例的也有实证的，也有少数学者对供应链管理伦理问题进行了研究，而专门针对伦理决策对绿色供应链管理实践的实证研究在国内几乎没有，只是在国外的文献中发现几篇定性研究的论文。近几年来，国外在企业伦理建设下探讨绿色供应链管理的文章越来越多，但主要是从定性及企业案例方面进行研究。本书通过因子分析法提取伦理决策下绿色供应链管理实践的主要活动，并用 SPSS 17.0 统计软件剖析伦理决策下绿色供应链管理实践中的薄弱环节，进而有针对性地提出提升伦理决策下绿色供应链管理实践水平的对策。

（5）伦理决策视角下绿色供应链风险评价机制问题

通过查阅相关文献，发现国内对供应链风险进行研究的文献较多，但是对绿色供应链风险进行研究的文献较少。对供应链风险的研究主要是从识别与管理方面进行探讨，并且主要是从定性方面进行研究的，对于基于伦理决策视角下探讨绿色供应链风险评价机制的文章在国内还未发现。本书通过设计基于伦理决策视角的绿色供应链风险评价指标体系，运用风险评价流程，结合层次分析法与模糊综合得分法，分析伦理决策下的绿色供应链风险度，从而确定企业与合作伙伴合作的风险程度。

第 3 章　伦理决策下绿色供应链管理的理论分析

21 世纪以来，全球经济一体化进程加快、市场竞争程度加剧，尤其是中国，随着社会财富与经济财富的增加，消耗的自然资源与社会资源也越来越多，资源浪费、环境破坏、社会道德问题频繁发生。伴随而来的是国家对生态环境与企业社会责任的重视、企业对绿色管理与经济发展的关注、消费者对绿色产品与社会道德的关心。围绕生态环境问题，我国提出了可持续发展战略——既满足了当代人的需求，又不会对子孙后代造成危害；围绕社会道德问题，提出了企业社会责任——企业要超越以营利为目标的传统理念，强调对消费者、环境、社会的贡献，强调在生产过程中的经济责任、法律责任、道德责任和慈善责任。生态环境与社会道德问题是企业生存与发展的两大基石，两者缺一不可。因此，在伦理决策下实施绿色供应链管理是一种将社会道德、环保意识与企业盈利并重的可持续发展途径。

3.1　伦理决策概述

3.1.1　伦理决策内涵

20 世纪 50 年代末 60 年代初以来，企业在利润的驱使下，商业贿赂、虚假广告、背信弃义等不正当行为泛滥，严重危害了公众利益和社会和谐，在这种情况下，西方企业开始关注伦理决策。1962 年，美国政府向社会公布了《关于企业伦理及相应行为的声明》，促使企业把伦理应用于实践。1974 年，美国堪萨斯大学商学院和哲学系联合召开了第一届企业伦理学研讨会，这次参会论文与讨论记录被汇编成书并出版，标志着“企业伦理学”作为一门学科正式诞生，从此引起了社会的广泛关注。在接下来的 40 年，学术界对伦理的研究不仅仅局限于企业，更是把它延伸到了整个社会经济生活领域。1986 年，美国本特利学院企业伦理中心对美国前 1000 强企业（按《财富》杂志排名）进行调查发现，85%的企业将企业伦理与企业各项经营决策相结合，75%的企业制定了企业伦理准则；美国服务业与制造业前 100 强企业中，超过 20%的企业成立了伦理委员会，并设立了伦理主管或经理（Lee，1986）。随后，欧洲国家对企业伦理也越来越关注与重视。

诺贝尔经济学奖获得者赫伯特·亚历山大·西蒙曾有一句名言“管理就是决策”。不管这句话是否具有片面性，我们都能够从中明白一个道理，决策是管理的一项重要职能。企业管理者每天都要做大大小小不同的决策。从传统观念来看，评价一项决策是否合理，主要看它是否符合企业的发展和国家的相关法规，但是随着企业商业问题的不断发生，评价企业决策是否合理、企业伦理道德是否符合社会价值观就显得越来越重要。从本书所掌握的文献资料来看，学者对伦理决策的定义还没有形成统一的意见。目前，学术界对伦理决策的定义主要有两个观点：一种观点认为，企业的决策或多或少都与伦理有关，决策行为都属于伦理决策。例如，Jones（1991）认为，管理者绝大多数的决策都是伦理决策，只是管理者没有主观地体会伦理因素而已；Anonymous（2014）认为，在商业活动中的问题或多或少都与伦理有关，对这些问题所做出的决策都可以称为伦理决策。另一种观点认为，企业的决策并不都与伦理有关。例如，Gandz 和 Bird（1996）认为，只要决策者将他们的价值观、道德规范、社会原则用于决策，就可以改善企业；如果决策过程中能考虑伦理因素，那么对企业和社会都是有利的；伦理评价指标应该与经济、政治、社会等指标一同参与决策，即有些决策与伦理没有关系。伦理决策与普通决策相比，伦理决策是一个涉及情感、公正、公平的决策，这种观念会贯穿决策的始终。学术界和企业界对第二种观点持赞同态度的占多数。

本书认为，企业伦理决策是企业自己的伦理道德规范，企业在追求利润的同时，不仅要满足利益相关者的利益、消费者的需求，遵守政策规定与法律法规，也要满足公众对企业的期望，为社会做出贡献及追求更高层次的伦理规范。企业所做出的决策要经历伦理认知、伦理判断和伦理行为三阶段。具体的企业伦理决策框架如图 3-1 所示。

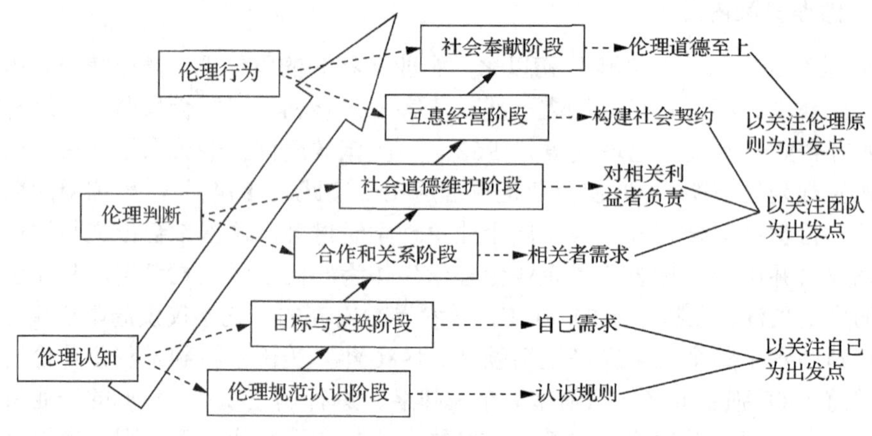

图 3-1　企业伦理决策框架

从企业伦理决策框架图来看，伦理决策的涵主要体现在以下几个方面。

（1）决策人性化

《资本论：政治经济学批判》中提到社会发展理论的本质要求是以人为本。伦理决策的最终目的是实现人与人的和谐、人与社会的和谐。现代企业要以人性化进行伦理决策，以人本关怀的“柔性管理”取代以制度为手段的“刚性管理”。也就是说，伦理决策是心理学、伦理学与管理学的融合，是以人为本的管理，即充分尊重人、弘扬人、发挥人，让人有自由展示才华的空间。通过相关文献发现，西方的伦理决策理论基本上是建立在对人的认识、对人的理解及其人的动机基础上。因此，只有以人为本，才能发挥人的最大潜能。就企业的最终目标来说，现代企业决策必须从经济效益最大化向社会效益与环境效益全面发展转变。

（2）决策责任化

随着现代社会经济的发展、人的不断进步，企业决策责任不再是一种理念，更是一种对伦理高度的追求。作为民主社会的一种价值理念，决策责任必须要满足消费者的需求、利益相关者的利益，承担决策之外的法理方面、伦理方面的责任，为社会做贡献。责任是指任何决策活动，除了遵守必要的法律、原则，还要以一种社会观念、道德行为为准则，即我们的决策行为要考虑可能发生的后果和对社会造成的影响，行为主体要为后果承担责任。在现实生活中，由于伦理观念和伦理意识的缺乏，决策者往往是把法理责任放在首位，常常忽视伦理责任，这就是缺乏责任的表现。实际上，决策责任是法理责任和伦理责任的结合，是对这两种责任的高度概括。现代商业问题的不断涌现，更需要管理者具备高度的决策责任。

（3）公共利益至上

伦理决策的目标是实现共同化发展，即在决策的过程中必须兼顾消费者利益、企业利益和公共利益，以达到个人、企业和社会三赢效果。公共利益至上是指企业在决策的过程中当其他利益与社会利益发生冲突时，能够把社会利益放在首位，而不是指把所有人的利益加在一起总和至上。在实践中，公共利益不会指向任何具体的目标，而是提供最佳渠道，使决策客体的意志与行为伦理化并服务于社会。公共利益至上并非权宜之计，决策者要把公共利益至上的理念内生化与永固化，使决策活动在为民谋利的基础上真正实现决策目标，同时彰显企业的伦理精神。

（4）社会公平与公正

社会公平与公正是对社会交往活动双方的一种评价，属于社会意识范畴。英国学者约翰·穆勒认为："每个人自认为得到了他应得到的东西为公道；每个人没有得到他应得到的东西或遭受了不应遭受的祸害为不公道。"评价伦理决策是否公平与公正既有主观性又有客观性，同时还要看利益双方的主观态度。也就是说，当利益双方都认为决策效果符合各自的目标时，则认为伦理决策是公平与公正的。社会公平与公正引申为伦理决策的内涵，就包括 3 方面的内容：一是有一种社会公平公正准则能被伦理决策主体与客体双方共同接受；二是决策客体愿意根据社会公平公正的准则采取行动，并由此形成一种伦理感，使伦理感过渡为普遍的社会公平与公正；三是伦理决策效果必须符合法律法规与道德规范，符合社会发展规律。

3.1.2 伦理决策理论基础

企业决策在考虑伦理维度时，采用何种伦理标准来判断决策是否合理就成为十分现实的问题。在实践中，由于企业特点、价值观的不同和所面对的消费者、公众价值观的不同，企业在进行伦理决策时就会采取不同的伦理理论。一般来说，企业伦理决策的理论基础有以下几个方面。

1. 伦理利己论

伦理利己论的代表人物有爱尔维修、洛克、费尔巴哈等，该理论主张的是一个行为的对错，并从后果判断决策是否合理。伦理利己论认为，企业有追求自身利益的正当性，但不能损害他人的利益，主张互惠。伦理利己论考虑利益的顺序是首先满足自身利益，然后考虑交易各方的利益，同时也要求当事人不损害他人利益，最后才会考虑广泛的利益相关者，这是一种既符合伦理道德要求的交易，又符合市场经济活动的逐利性和社会性的特点。在伦理规范上，伦理利己论强调法律与伦理同等重要，企业利益的获得是在法律规范与合乎良心的前提下进行的，避免了极端利己主义只顾自己利益不管他人利益的缺陷。伦理利己论是西方企业伦理决策的主要理论基础。

2. 功利论

功利论产生于霍布斯、洛克关于人的本性是利己还是利他的讨论，由威廉•葛德文和杰里米建立思想体系，由约翰•穆勒进一步完善而形成（Mill，1979）。功利论是以行为结果来判断决策是否符合道德，认为一种行为是否道德，完全取决于行为目的及结果的好坏。例如，一个非常饥饿的人偷面包吃是合乎道德的，因为这个面包维持了他的生存。功利论认为“善”可以用“效用”来描述，实行行为所造成的结果比不实行行为所造成的结果更具有效用，这就是符合道德的。功利论的不足之处就是结果重于一切，而如何获得结果则是第二位的。

3. 义务论

义务论是英国哲学家罗斯于 1938 年出版的《“对”与“善”》一书中提出的。罗斯总结了决策者需要履行的 6 条最基本、最重要的义务，即诚实、公正、行善、不作恶、感恩、自我完善，违背任何一条都是不道德的。义务论认为行为的对错，不完全是由行为造成的后果来判断，而是由行为本身的特点来决定。义务论是基于行为本身是否遵守某些义务来判断决策是否符合伦理。例如，一个非常饥饿的人之所以不去偷面包，是因为他认为偷盗行为是可耻的，他宁愿饿死也不去偷。

4. 德性论

德性论强调的是决策主体内在品质的善与恶，代表人物有亚里士多德、阿拉斯代尔·麦金太尔、罗伯特·C 等。德性论的特征是以行为者为中心，关心的是“我该成为什么人”，而不是“我该做什么”；注重的是人的德性概念，而不是义务概念；注重人的“在”的状态，而不是“行”的约束。德性论对企业伦理决策起着一定的作用，如使公众正确理解企业行为、使经济交易降低成本、使企业活动有良好声誉。

5. 公平公正论

公平公正论于 1971 年由美国哈佛大学教授约翰·罗尔斯提出。它的核心原则是自由原则与差异原则，如果伦理决策满足了这两大原则，就是合理的伦理决策（Rawls，1971）。自由原则是指在不侵犯他人权利的基础上，社会成员尽可能享受属于他们的自由。自由原则强调每个成员是平等的，都有自己的决定权，这就意味着伦理决策的制定要尊重决策客体的权利与自由，否则就是不合理的伦理决策。差异原则是指如果社会、经济中存在不平等，弱势群体应该获得最大利益。差异原则意味着“势力”企业不能依仗其优势损害他人利益进行不平等交易，这是不合道德的。

6. 相关利益者论

相关利益者论产生于 20 世纪 60 年代，代表人物有伊戈尔·安索夫、弗里曼等。该理论认为，企业追求的是相关者的整体利益，因此伦理决策是否合理，主要看决策是否违背了相关利益者的利益，如果违背了就是不合理的伦理决策。具体而言，相关利益者包括股东、员工、消费者、社区、政府、合作者、竞争者、资源、环境等。

7. 相称论

相称论于 1966 年由美国学者加勒特提出，是一种综合性伦理理论。相称论认为，评估某种行为或决定是否符合伦理，应该从行为动机、手段与后果 3 个方面综合考虑（Garrett，1966），该理论克服了功利论、利己论和义务论的一些缺陷，能使企业决策者较为全面地评估一项行为是否符合伦理规范。相称论认为企业伦理决策从手段、目的和动机上都不能给他人造成恶果或副作用，否则就是不合理的伦理决策。

3.1.3　伦理决策过程体系

在现代企业制度下，企业的决策机制除了要满足企业内在动力、提高企业运作效率、增强企业协调功能等要求，还应充分认识企业的社会责任，并以此为基础在决策内容上加入伦理的因素。这就要求企业在制定决策时不但要考虑经济利益，还要考虑给社会、环境、顾客等相关者可能带来的道德方面的问题。

通过对以往研究的分析，本书将伦理决策过程定义为伦理认知、伦理判断、伦理行为 3 个阶段。其中，伦理认知，即决策者对某些情景处于两难的境地；伦理判断，即决策者通过自身因素与外部环境因素从道德角度来判断其行为是否正确；伦理行为，即决策者决定以伦理还是非伦理的形式来行动。企业伦理决策过程体系如图 3-2 所示。

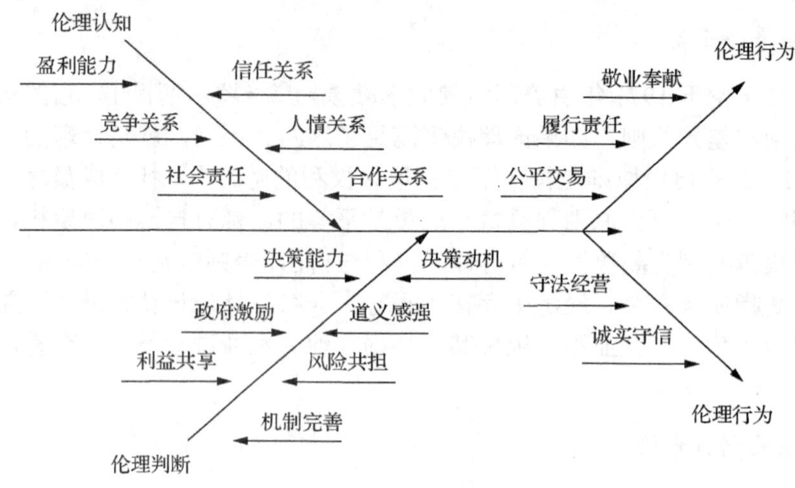

图 3-2　企业伦理决策过程体系

（1）伦理认知

伦理认知是伦理决策的第一步，在这个阶段决策者意识到所做的决策遇到了伦理问题，从而陷入了一个伦理困境。产生伦理认知一般要具备两个条件：第一，认识到其行为会影响他人；第二，有多种可选择的行为。Hunt（1986）认为，伦理认知是伦理决策过程的“催化剂”。例如，一般人们认为拿公司的贵重物品是一种伦理问题，与个人品德有关；但是有人却认为拿公司的易耗品不是伦理问题。这是对问题的一个认识，具体如何做，就要从个人的判断入手。

（2）伦理判断

决策者认知到伦理问题后，就会进入一个逻辑思考与推理阶段，他们会对伦理问题进行功利评估、义务评估、德性评估和相称论评估等，不同的决策者会选择不同的伦理决策理论。Hunt（1986）主张功利论和道义论，他们会把这两种理论融入伦理决策中，会把备选方案从价值观、道义准则和行为规范上进行评估与判断。对备选方案的评估主要从以下几个方面进行：第一，备选方案会对各利益相关者有什么影响或后果；第二，各种后果的可能性；第三，对各种后果的期望；第四，各利益相关者对自己的重要程度。评估的结果是对每种备选方案做出好与坏的评价。Jones（1991）主张相称论，认为道德的推论会因为问题的不同、社会看法的不同而有所改变。因为从理论上来说，社会认知、人的感知对道德强度与伦理决策的关联性提供了一定的支持与认同感。例如，拿公司的易耗品有可能是一个伦理问题，问题的关键在于对这种做法的判断。如果公司员工发现大家都这么做，那么就会认为是一种普遍行为，大家都有了一种共同认同感，共同的问题就不是伦理问题；反之，如果只有个别人这么做，那么就会被认为是伦理问题。

通过上面的分析可知，伦理判断是利用对自己有用的信息，并对这些信息进行处理，然后考虑这些行为究竟是该做还是不该做，最后决定是否执行某一行为。也就是说，这个阶段是一个充分思考与推理的阶段。

（3）伦理行为

伦理行为是指完成伦理判断后，根据认知的道德决定实施哪种行为及如何做、怎样做。决策者实施的行为一般包括伦理行为、非伦理行为和规避行为 3 种情况。伦理行为是指所做决策符合伦理道德规范；非伦理行为是指不符合伦理道德，并对他人造成一定伤害的行为；规避行为是一种特殊行为，即不实施任何行为，保持原状。规避行为在伦理上的判断不等同于付诸行动，而是建立意向，如前例，员工对拿公司的易耗品做出伦理判断，如果判断这是伦理问题，于是就决定不去拿；反之，则去拿。

需要注意的是，这 3 个阶段描述了决策者的伦理决策过程，在实际决策过程中这 3 个阶段可能不是依次出现，但是整个伦理决策过程总的来说表现为这 3 个阶段，而且它们之间相互关联、相互影响。

3.2　绿色供应链管理概述

3.2.1　绿色供应链管理的内涵

20 世纪 50 年代末以来，西方国家频频发生环境公害事件，使人们逐渐意识到制造业和生产业的发展对自然环境的破坏极其严重，于是开始寻找改善环境、保护资源及保障人类可持续发展的理论与方法。1962 年，《寂静的春天》一书的出版，标志着人类正式步入保护环境时代。随着学术界、企业界和政界对环境保护理论与实践研究的不断深入（图 3-3），可持续发展理论的相继产生，环境管理理论得到了前所未有的发展，先后经历了治理—预防—控制—完善等阶段。

20 世纪 80 年代，随着经济全球化的发展和越来越激烈的市场竞争，市场竞争已经慢慢由企业间的竞争转向供应链间的竞争，供应链管理备受学术界和企业界的关注。但当时对供应链管理的研究主要是针对供应链上的采购、生产、仓储、配送、营销等问题的如何协调与优化，忽略了实施供应链管理对环境的负面影响，如生态环境污染、资源浪费等问题，而这些问题反过来又制约着供应链管理的发展。20 世纪 80 年代中后期，西方国家的学术界和企业界对绿色供应链管理进行了研究，期待可以有效地解决这些问题。1996 年，美国密歇根州大学的制造研究协会首次系统地对绿色供应链管理进行了定义。在实践中，一些知名的大型公司积极实施绿色供应链管理实践，把“与环境相容”的理念深深地融入企业管理中。国内外对绿色供应链管理概念具有代表性的观点概括，见表 3-1。

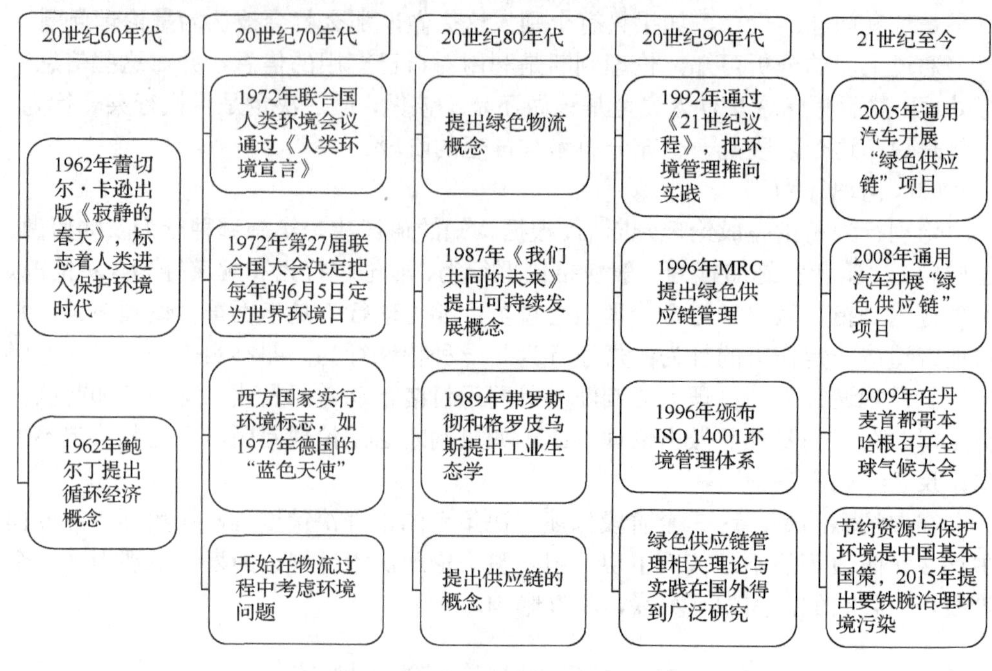

图 3-3　绿色供应链管理的发展与实践

表 3-1　具有代表性的绿色供应链管理观点

学者	年份	定义
Lamming 和 Hampson	1996	绿色供应链管理是指将环境保护意识、资源节约运用到供应链上各个环节上
Nagel	2000	绿色供应链管理是指供应链上各环节，包括设计、采购、营销等业务流程实现绿色管理，同时在供应链上与合作伙伴保持一种长期的绿色战略关系，注重环保技术在企业经营管理中的运用
Zsidisin 和 Ellram	2001	绿色供应链管理是指将设计、采购、生产、分销、使用及回收等业务流程与环境相容，注重环境保护、绿色评价和环保合作的关系
Srivastava	2003	绿色供应链管理是指监督供应商的环境绩效、供应链企业间进行绿色技术合作、给客户灌输绿色意识、对员工进行环保观念培训
Johnson	2006	绿色供应链管理的主要思想在于从设计开始就贯穿绿色思想，尽量从源头上降低企业对环境的负面影响，并提倡使用可再生材料
Wolf	2011	绿色供应链管理是指对整个产品的生命周期进行环境友好设计、构建绿色联盟、注重社会伦理，为整条供应链营造绿色、道德氛围
Swami 和 Shah	2013	绿色供应链管理是指把环境要求、社会道德要求强加到整条供应链上，使各企业在环境与道德两个方面都实行绿色化

续表

学者	年份	定义
Anonymous	2014	绿色供应链管理是指人与自然的环境和谐、人与人的社会和谐，供应链上的企业在注重环保的同时，也要注重伦理道德建设
但斌和刘飞	2000	绿色供应链管理是指运用绿色生产理论和供应链管理理论，通过供应链上各个相关者相互合作，在整条供应链上注重节约资源和保护环境的一种现代管理模式
朱庆华和耿勇	2004	绿色供应链管理是指在供应链管理中强化环境因素，从产品研发到废品回收的整条供应链上考虑“三大效益”的最优化，从而达到在保护环境的基础上实现“三重底线”的目标
王能民等	2005	绿色供应链管理是指由制造商、销售商、消费者、环境、制度及文化等要素组成的系统，以资源最优配置、增进福利、实现与环境相容为目标进行物流、资金流、信息流等活动集成于一体的现代企业管理模式
曹海英	2012	绿色供应链管理是指在供应链系统内重视环境保护和资源节约等问题，通过有效管理使产品在整条供应链上提高资源利用率，减少对环境的负面影响
赵永全和孙宝安	2015	绿色供应链管理是指把环保的思想融入供应链中，提倡“循环经济”的观点，强调“没有污染　没有废品”“节约资源”的理念，注重企业之间的信用与合作，以实现经济效益、社会效益与环境效益的统一

从以上观点可以看出，不同学者对绿色供应链管理内涵的理解有所不同，但其主要观点是相同的。共同之处主要体现在以下几个方面。

1）强调在供应链管理中融入环境因素，即绿色供应链管理在各个环节中要更加注重环境保护，要求绿色供应链上各节点企业建立绿色联盟。

2）强调供应链上各节点间的绿色合作与协调，即整条供应链上利益相关者注重的是节约资源与保护环境。

3）体现系统工程的思想。绿色供应链管理是在原材料采购、生产、消费到回收处理这样一个闭式循环过程中进行的，供应链节点企业进行物流、信息流、资金流、知识流共享，力求在供应链系统体现“三大效益”的最优化。系统工程要求产品在整个生命周期注重企业内外动态控制和各种信息数据的集成与优化，以进一步提高企业环境管理效率和社会伦理度，增强市场竞争优势。

综上所述，本书将绿色供应链管理界定为以供应链管理技术为基础，以生态经济学、环境伦理学等理论为支撑，以社会和企业的可持续发展为宗旨，从环保与节能的角度出发，树立企业环保意识，注重企业伦理管理、重视绿色技术，采取环境评价指标体系，利用现代网络技术，通过有效管理，使产品从设计、物料获取、生产加工、物流、营销、消费到废弃物回收处理的整个过程中提高资源利用率，减少对环境的负面影响，整合供应链主体之间物流、信息流、资金流、知识流，最终实现供应链环境绩效、社会伦理和经济效益的协调优化。

3.2.2 绿色供应链管理的特点

1. *充分考虑环境问题，强调社会整体效益*

一般来说，供应链管理是以消费者需求为中心，将供应链上设计、材料获取、生产、消费等环节联系起来，在正确的时间与地点把正确数量与质量的产品以正确的方式送达消费者的全过程管理。一般的供应链管理只考虑企业内部资源的充分利用，没有考虑在供应链过程中会对周边环境和社会产生影响，追求的是经济利益最大化。而绿色供应链管理的最终目标是实现社会及企业自身的可持续发展，既要充分考虑资源的整合和利用、环境保护问题，又要充分重视对社会的影响，提升企业的环境责任意识和社会责任强度，运作涉及面广，综合考虑内容多，牵涉的利益相关者也多，最终达到经济效益、环境保护、社会和谐 3 个目标的协调统一，强调的是社会整体效益。

2. *充分利用网络媒体、信息共享优化组合*

现代网络媒体（如 QQ、电子邮件、微信等）的发展为绿色供应链管理模式的发展提供了保障。共享是指在供应链上各节点间各种资源、数据、人力、物力等有用信息的相互利用，主要包括供应商、生产商、销售商（批发商、零售商）、顾客、废弃物回收商、社区和政府部门相关信息数据的相互利用。这些相关信息数据主要是通过网络媒体进行联系，实现双向互动。同时，供应链上各节点信息数据（如市场份额、人才技术、流动资金、形象声誉、伦理道德）的共享，可以使各节点之间有更充分的了解，进而找到合适的合作伙伴，实现最优化的组合与利用。供应链节点之间只有保持良好的沟通、信息的相互分享，才能提高经营的可视性和透明性，加深彼此的了解与认同。如果相互之间信息不充分或不对称，那么就可能导致各节点的逆向选择和道德风险。例如，你可以在耐克网站上选择定制鞋的鞋底、鞋带等各部分的颜色，还可以在鞋子上标上自己的名字或提供的图案，最后定制的鞋子会直接送到你的手上。可以想象，这一过程需要对传统的生产配送和运营提出什么样的挑战。这就充分说明信息共享在绿色供应链管理中的重要性。

3. *实行循环运作模式*

一般来说，供应链管理只有供应商、生产商、销售商和消费者 4 个节点，是典型的开环结构。绿色供应链管理增加了“回收商”这个角色，运行的是循环运作模式，即回收商把可再生材料或产品回馈给供应商和生产商，使其重新进入供应链系统，同时对一些不可再生或不能利用的报废品进行回收处理，减少其对环境的污染，使供应链系统成为闭环结构。对回收流程的管理，是实施绿色供应链管理的重点，应该受到每个生产商的关注。所以说，绿色供应链管理是从起点到终点，再由终点到起点这样一个循环往返的过程。

4. 跨越部门、行业、地域、国家界限的合作

绿色供应链管理是供应链企业在充分注重环境保护、资源节约和社会道德的情况下，进行节点之间的充分合作。通常情况下，每个企业进入绿色供应链时都要通过环境评估，即达到国家绿色产品标准，如核心企业会对供应商的环境、社会伦理等方面进行长期的综合考核与评价，直到供应商完全达到环境和社会治理管理要求。绿色供应链管理节点间的沟通、交流是跨越部门、行业、地域，甚至国界的合作，有利于企业了解自己的地位、处境、环境目标和社会目标，尤其有助于推动整个社会树立环保意识和社会伦理道德。

5. 体现系统工程思想

绿色供应链管理是将企业从原材料采购、生产、消费到回收处理的循环过程看作一个整体，在供应链节点间进行物流、信息流、资金流、知识流共享，力求在供应链系统综合考虑环境、资源、社会伦理等问题，实现全过程的最优化。系统工程要求产品在整个生命周期注重企业内外动态控制和各种信息数据的集成与优化，进一步提高企业环境管理效率和社会伦理度，增强市场竞争优势。因此，绿色供应链管理是充分考虑供应链系统各因素，应用系统工程思想，使整个供应链系统有效和有序发展。

由此可以看出，绿色供应链管理是在供应链管理的基础上融入了对环境问题和社会问题的关注，因此，两者之间既有联系又有区别，具体分析见表 3-2。

表 3-2　绿色供应链管理与一般供应链管理比较分析

项目		绿色供应链管理	一般供应链管理
区别	经济背景	资源—产品—再生资源—回收	资源—产品—废物排放
	构成要素	供应商、生产商、销售商、顾客、规制、文化、价值观、道德观、环境系统等	供应商、生产商、销售商、顾客等
	管理目标	6R（正确产品、正确时间、正确数量、正确质量、正确状态、正确地点）；资源优化配置；活动过程与环境相容性；社会绩效（社会伦理、社会责任）、环境绩效与经济绩效协调性	6R：正确产品、正确时间、正确数量、正确质量、正确状态、正确地点
	管理内容	产品生产、配送、销售、售后服务、回收和废弃等整个产品生命周期的物流、信息流、资金流和知识流	产品生产、配送、销售、售后服务的物流、信息流与资金流
	合作伙伴选择	注重绿色意识、绿色技术、绿色设备、绿色能力、诚信、遵守契约、平等交易等	注重产品结构、价格、供应能力、生产规模、售后设施等
联系		注重管理系统性 注重整体最佳性 注重成员协调性	

3.2.3　绿色供应链管理体系结构

通过对相关文献的分析，绿色供应链管理体系主要包括管理对象、管理目标、管理内容、理论支撑 4 个方面。绿色供应链管理体系结构如图 3-4 所示。

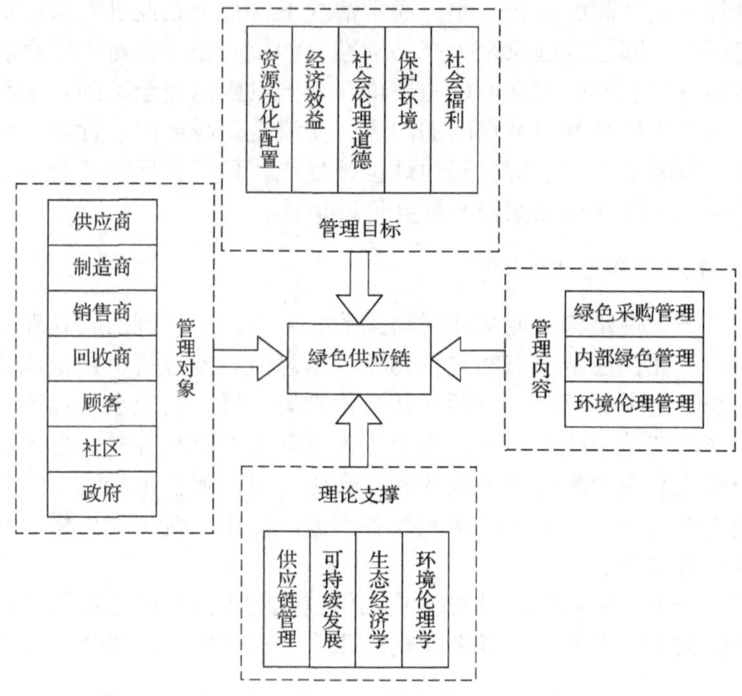

图 3-4　绿色供应链管理体系结构

1. 绿色供应链管理对象

绿色供应链管理的对象主要包括供应商、制造商、销售商、回收商、顾客、社区和政府。供应商是指能为下一环节提供原材料、半成品等产品或服务的企业；制造商是指对各种资源（包括原材料、半成品、能源等）通过生产过程制造成生产产品或消费产品的企业，它是绿色供应链的核心，对供应链上的企业实施绿色管理起着非常重要的作用；销售商把制造商的产品销售给顾客；回收商主要是对废旧产品进行回收和再利用，它在绿色供应链管理中起着关键性作用，使绿色供应链管理实现了闭式循环；顾客是绿色产品的购买者，即绿色产品的最终消费者；社区是社会有机体的最基本单位，环境污染对社区的影响最大；政府是社会系统的集中代表，它在企业实施绿色供应链管理中起着非常重要的作用，通过政策、法律、补贴等方面进行管理和支持，有效推动绿色供应链管理的实施。

2. 绿色供应链管理目标

一般供应链的管理目标是通过节点企业之间的合作与优化来最大限度地增加利润。但是绿色供应链系统不但包括生产系统，还包括物流、消费、环境与社会等子系统，因此绿色供应链管理的目标就是使这 5 个子系统协调统一，实现资源优化配置（生产系统），保护环境（环境系统），增加经济效益（物流系统），提高企业间诚信、平等交易、公平竞争等社会伦理道德（消费系统），最终实现企业的可持续发展。

3. 绿色供应链管理内容

根据第 2 章对绿色供应链管理实践内容的文献综述和本书研究的主要问题，确定绿色供应链管理内容主要包括 3 个方面，分别为绿色采购管理、内部绿色管理和环境伦理管理。

1）绿色采购管理。绿色采购主要是指对原材料（半成品）的选择和供应商的选择，它是绿色供应链管理的一个子集，而且根据组织机构和采购重要性的不同，它还有可能是一个主子集。对原材料进行选择主要是选择可更新材料、低能源成分材料、再生材料、可再循环材料、高级材料和生物可降解材料。对供应商进行选择是绿色采购的关键内容，对供应商的选择与评价包括生产能力、技术水平、产品质量、售后服务、可靠度、诚信及柔性等，主要工作是与核心供应商建立长期战略合作伙伴关系，为关键供应商提供环境帮助，对一般供应商进行环境监督。

2）内部绿色管理。企业内部绿色管理是绿色供应链管理成功的前提与基础，本书中主要介绍从高层领导到员工树立绿色观念、获得 ISO 14001 认证、生产废物排放符合国家标准、实施重要的环保和节能项目、为改善环境而进行企业内各部门合作、允许其他企业参与自身的绿色决策或管理、与其他企业保持步调一致的绿色行动。

3）环境伦理管理。目前，学术界对环境伦理管理的内涵主要是从关系学与义务学两个方面进行研究，即关系学认为环境伦理管理是研究人与自然界的关系，并在此基础上产生相互之间的道德关系，义务学则认为环境伦理管理是研究人与自然界中所有生物之间的行为规范。综合这两种观点，环境伦理管理是在环境价值观的基础上，对人类整个环境的道德规范进行关注，从而形成的一种具有权利、义务、责任和公正范畴的伦理思想。本书主要是从环境价值观、认证标准伦理化、环境意义上的道德行为准则、社会信任体系、对环境伦理行为的激励与惩罚等方面进行探讨。

4. 绿色供应链管理理论基础

绿色供应链管理作为一种现代企业管理模式，在追求经济利益最大化的同时，注重环境保护、重视伦理道德，力求真正做到企业可持续发展。绿色供应链管理的支撑理论主要包括供应链管理理论、可持续发展理论、生态经济学理论、环境伦理学理论。

1）供应链管理理论。供应链管理理论执行的是核心企业及其上下游、消费者的物流计划、协调、反馈和控制等职能，是一种集成的管理思想与方法。供应链管理在满足客户需求的基础上追求利益最大化，使整个供应链系统提高效率、保护环境。近年来的实践表明，融入了环境保护和社会伦理的供应链管理不仅实现了企业利润最大化，而且创造了整个供应链的价值，如客户价值和社会价值。价值创造的核心原理是通过节点之间的协同合作和信息共享减少供应链上所发生的成本。实践中，成功的企业离不开融入了绿色供应链管理策略的支持，如沃尔玛的市场战略就是围绕“降低成本 节约资源”建立起来的，因此，当人们提到沃尔玛自然就会想到价格低廉。

2）可持续发展理论。可持续发展理论主要研究资源、环境、人口和社会的相互关系，从而使生态、经济和社会有机统一和共同发展，即生态可持续是支撑、经济可持续是关键、社会可持续是目的。同时，可持续发展理论强调在公平性、共同性、可持续性原则下避免污染，节约资源，实现社会和谐，并在生产经营管理中实施绿色管理，进而体现资源节约观、环境友好观、科技进步观、人口教育观和制度约束观。绿色供应链管理的目标与可持续发展理论的宗旨一致，也正是依据可持续发展理论，才形成了企业与环境、社会的协调与制约关系，进而促进了企业与社会的发展，达到环境、社会与企业的共生。

3）生态经济学理论。生态经济学理论是从经济学的角度，通过生态问题来讨论环境保护、经济发展和企业社会伦理运动规律的一门学科。生态经济学理论思想用于指导绿色供应链，从中探索生态、经济和社会复合系统的相互协调和可持续发展规律，寻找绿色供应链体系中经济发展、社会和谐与生态保护的最佳组合方式。同时，其理论思想强调生态经济的平衡，要求生态、经济和社会系统具有相对的稳定性和适应性，而严格的环境法律法规、市场绿色需求迫使企业追求更加环保的经营管理模式，从而更加有效地利用资源、节约成本、提高市场竞争力。因此，我们在对环境管理和生态系统进行改善的同时，也要建立相应的社会保障体系、树立伦理道德观念，即建立更科学、更合理、更全面的平衡系统，实现“三大效益”的协调与发展。根据上述分析，生态经济学所要解决的关键问题为绿色供应链管理提供了重要的理论基础。

4）环境伦理学理论。环境伦理学迫使企业对自己造成的环境问题进行深刻反思，从而产生一种强烈的社会责任感与义务感。为了自身更健康和安全地生存与发展，为了后代的切身利益，人类应自觉维护生态平衡、保护环境，这是时代赋予我们的不可推卸的责任，也是人类对自然应尽的权利与义务。绿色供应链管理正是从环境伦理学中得到了道义上的支持。

3.2.4　绿色供应链管理发展战略

随着我国经济的不断发展，环境问题越来越受到关注。顾客不仅希望购买绿色产品，还关注产品的整个生产过程对环境的影响，要求企业承担更大的社会责任，保护环境免受污染，包括对上游供应商和下游分销商环境安全的管理。随着保护环境的理念不断深入人心，保持环境的可持续性正逐渐成为许多企业文化的一部分，反过来也会重塑企业的发展策略。企业环境管理也从传统的污染控制和风险管理转变为产品生命周期的管理。

绿色供应链管理概念从提出到现在不过 20 多年，由于具体的绿色供应链管理实践至今仍在发展之中，没有统一的定义，只是理论与实务界有一些基本共识，他们认为绿色供应链管理是整个供应链对环境的关注，强调供应链之间的长期战略合作。根据生产、销售和使用阶段，绿色供应链管理实践活动可以分为内部绿色制造活动、绿色采购、生态设计、绿色零售和个体的绿色消费 4 种（Sarkar，2012）。总之，绿色供应链管理活动贯穿产品的整个生命周期，从制造、消费直到生命的终端（Nagel，2003）。

已有的研究不少涉及绿色供应链管理活动的决定性因素。大多数研究认为，制度压力是绿色供应链管理活动的决定性因素，如刘笑（2008）用珠江三角洲制造企业的数据，证明制度压力对最高管理层对待逆向物流的态度的影响，以及逆向物流对经济与环境绩效的作用；Simpson 等（2012）用美国制造业数据提出，消减废弃物的资源投资是制度压力与降低污染与成本的中介变量；Simpson（2012）基于自然资源基础观认为，制度压力直接驱动组织内与组织间环境措施，以及各绩效指标之间的关系；Hoeimose 等（2014）提出 4 种制度压力，即法规、顾客、竞争者与社会文化责任是企业实施绿色供应链管理的驱动力；Zhu 等（2007）则认为，制度压力调节绿色供应链管理实践与组织绩效。但这些研究均未探索内部驱动力对绿色供应链管理实践的作用。

涉及内部驱动力的影响，已有研究关注内部驱动力的某一个或某几个方面。如 Zu 等（2011）将员工参与作为精益生产的一个维度，考察后者对环境管理实践及绩效的作用；Zhu 等（2007）提出内部与外部因素共同决定绿色供应链管理实践，其内部因素关注的是企业环境使命、跨国企业内部政策、潜在责任与成本等方面，且并未阐明外部压力如何影响内部因素；Chan 等（2012）提出企业内部与外部的环境导向直接正向影响绿色供应链管理活动；Hoejmose 等（2012）证明最高管理层的支持直接影响绿色供应链管理；Gavronski 等（2011）提出工厂资源，包括内部与外部知识交换、最高管理层承诺及环境投资直接影响绿色流程管理的有效性；Huang 等（2012）认为，绿色供应链管理驱动力包括组织内部驱动力与外部驱动力，其中内部驱动力为组织支持；Yang 和 Ho（2012）认为，内部因素是外部压力与绿色供应链管理实践的中介，内部因素包括最高管理层的支持与企业的学习能力；Gimenez 等（2012）提出，企业内部可持续计划对三重底线的影响，由于绿色供应链管理实践是全面的组织变革，它涉及企业的各个层次，本书认为应探索全面的内部因素对绿色供应链管理实践的影响，而且绿色供应链管理的实施不仅是外界的要求，也取决于企业内部的支持，必须依赖企业内部和外部的资源才能实现，因此本书认为制度压力与内部驱动力共同决定绿色供应链管理实践。

在组织绩效方面，已有许多研究关注环境绩效与经济绩效（Zhu et al.，2007；Chan et al.，2012）。根据三重底线理论，本部分研究了绿色供应链管理实践对经济绩效、社会绩效、环境绩效及运营绩效的影响。传统的经济学理论认为环境问题属于社会与私人福利的不一致，需要通过政府干预来解决。如果实施绿色供应链管理活动与组织绩效正相关，则企业才会在强制义务之外，有内在激励地最小化经营活动的环境影响。一般认为，由于中小型企业缺乏资源，实施绿色供应链管理活动的难度较大（Lee，2008），来自发展程度不同地区的企业管理文化可能也会影响绿色供应链管理的实施，如发达国家绿色环保观念已成为社会共识，企业实施绿色供应链管理也有深厚的文化基础，而在我国还是相对较新的概念。绿色供应链管理发展战略总体框架如图 3-5 所示。

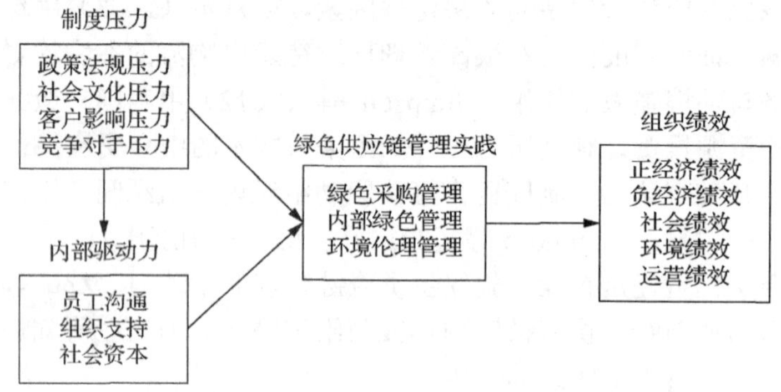

图 3-5　绿色供应链管理发展战略总体框架

（1）制度压力

制度理论认为存在 3 种形式的外部驱动力，即强制、规范和模仿（DiMaggio and Powell，1983）影响企业的组织实践行为。Jennings 和 Zandbergen（1995）引进了制度理论，解释企业如何就环境可持续性获得共识并采取相关组织实践。强制驱动力主要来自政府机构，可以通过法规、罚款等强制手段影响组织行为。企业规范驱动力促使组织行为得到市场认可。Binmore（2010）认为，社会规范的压力可以解释企业间的环境管理措施。模仿驱动力是指企业为了复制竞争对手成功的路径，以标杆企业作为学习对象，模仿竞争者的行为。企业在这些外部压力的共同作用下，增强环境意识，从而践行绿色供应链管理行动（Sarkis，1998）。一般认为，不同类型的外部驱动力对环境管理活动影响的重要性水平不同，强制压力通常被认为是具有最大影响的外部驱动力，规范压力则是影响最小的外部驱动力（Holt and Ghobadian，2009），但也有研究认为顾客的期望是最重要的外部压力（Lo et al.，2005）。

Jennings 和 Zandbergen（1995）认为，强制性力量通过法规和管制的执行，构成采取环境管理措施的主要压力，使同行业的企业实施类似的措施。强制性压力对于不同行业的影响是异质性的，因此组织间环境策略存在差异（Levy and Newell 2002）。政府是推动自愿环境管理实践的关键团体（Rivera and Heady，2004）。欧美等发达国家已经实施了一系列的法律法规规定生产者的环境责任。例如，在家电行业，1998 年日本规定家电再商品化，欧盟 2003 年颁布《废电子电机设备指令》（Waste Electrical and Electronic Equipment Directive，WEEE），随后美国、韩国、澳大利亚等也相继制定有关废弃电器电子产品的相关环境标准制度。这些环境标准制度的核心内容是生产者的责任延伸，生产者的责任不仅限于产品设计、制造，而且延伸到产品的整个生命周期。产品的可再生利用率和可回收利用率是这些发达国家管理废旧家用电器回收处理的关键指标之一。发达国家的法规也增大了发展中国家企业改善环境管理的制度压力。例如，欧盟的 WEEE 就要求产品必须达到一定的材料再循环比例，对于以欧美等发达国家为市场的国内生产者来说，为了满足这一规定，需要改进产品设计，替代有害物质，随着生产者的责任延伸，还要投资建立绿色产业链，承担废旧电子产品的运输、管理、拆解、回收等费用。同时，发展中国家也开始实施严格的环境法规，驱动制造商实施绿色供应链管理（Zhu and Sarkis，2007）。2002 年第九届全国人民代表大会常务委员会第二十八次会议通过的《中华人民共和国清洁生产促进法》规定，本法所称清洁生产，是指不断采取改进设计、使用清洁的能源和原料、采用先进的工艺技术与设备、改善管理、综合利用等措施，从源头削减污染，提高资源利用效率，减少或者避免生产、服务和产品使用过程中污染物的产生和排放，以减轻或者消除对人类健康和环境的危害。《废弃电器电子产品回收处理管理条例》第七条规定：“国家建立废弃电器电子产品处理基金，用于废弃电器电子产品回收处理费用的补贴。电器电子产品生产者、进口电器电子产品的收货人或者其代理人应当按照规定履行废弃电器电子产品处理基金的缴纳义务”。法规的压力迫使制造产商采取措施改善环境绩效。尽管为此必须额外准备资金，但可能会在短期内降低经济绩效（Sarkis and Cordeiro，2001；Earnhart and Lizal，2010）。

规范压力来自消费者和市场的社会文化规范。消费者和社会越来越高的环境期望等要求构成使厂商实施绿色供应链管理的核心规范压力。来自客户的压力会促使生产商实施环境措施，做出改善实质性绩效的措施。如果没有来自客户的压力，生产商在可以获得利润的情况下，可能不会主动采取措施，提高效益。无论是发达国家还是发展中国家，消费者的环境意识都越来越强烈。Binmore（2010）

发现在英国、加拿大等发达国家规范性的社会压力主要源自消费者的伦理价值观和生态理念。Harris（2006）研究发现，发展中国家消费者的环境意识越来越强，并开始选择绿色产品。Preuss（2005）认为，企业的社会责任对绿色采购及逆向物流等绿色供应链行为有显著影响。许多跨国企业为了树立正面的企业形象，出于社会责任目标的要求在所在国实施绿色供应链管理（Murphy et al.，2003）。企业的社会责任规范压力除了来自本国的消费者，向国外市场的出口也是重要的驱动力。例如，在美国有75%的消费者做购买决策时会考虑企业的环境声誉，80%的消费者有意愿为环境友好型产品花更多的钱（Carter et al.，2000）。Christmann和 Taylor（2001）通过对中国企业的调查，发现发达国家的出口推动制造商在中国实施绿色供应链管理，在法规不完善的环境中提高环境自律水平。因此，本书的规范压力包括客户压力和社会文化责任两个维度。

模仿压力则发生于企业要跟随或模仿市场中的成功者时。人们通常认为学习成功者的行为可以复制他们成功的路径，企业会通过学习对自然环境事宜做出反应，其中影响最大的因素不是他们自身的经验或法律法规的强制性压力，而是来自对竞争企业的密切关注。加拿大、法国和德国等发达国家的企业，模仿压力在实施绿色供应链管理的过程中也起到了相当重要的作用（Aerts et al.，2006）。随着全球供应链的发展，模仿压力为鼓励来自不同国家的企业在共同供应链中的合作提供了机会（Daniels et al.，2013）。全球化使中国等发展中国家的制造商有机会向发达国家的竞争者学习，特别是向那些在中国经营的竞争者学习实行环境管理（Christmann and Taylor，2001）。在发展中国家的合资企业还可以通过模仿其母公司实施生态设计等绿色措施，将他们的经验推广到发展中国家的其他企业。随着中国市场和贸易的进一步全球化，特别是中国加入世界贸易组织后，国际竞争的不断加剧，电子行业等具有长期国际经验的组织已经明显感觉到来自竞争者的巨大压力，因此它们会更频繁地推进环境管理措施。

已有的许多研究认为，上述外部压力是影响企业绿色供应链管理实践的重要因素（Sarkis，1998；Hall，2000）。

（2）内部驱动力

外部压力和内部资源共同推动环境管理实践（Clemens and Papadakis，2008）。面临同样水平外部压力的企业可能有不同的表现，由此可见企业的策略受到外部利益相关方的影响。Chandra 和 Tumanyan（2005）用系统理论解释供应链管理的概念，用系统组成的 7 个部分，即输入、输出、流程、机制、代理、功能和环境对供应链进行归类，对系统某一部分施加的影响可能在其他地方产生反应。Holt和 Ghobadian（2009）在前者基础上提出基于系统的供应链管理模型，认为供应链管理实践活动的范围和类型受外部与内部因素的共同影响。也就是说，系统的总产出（即供应链管理实践活动的深度与广度）是外部与组织内部环境的函数，对产出的测量须考虑系统的总体。企业的自然资源基础观认为，企业可持续的竞争优势取决于企业与其环境的关系，强调在衡量企业内部能力时，如果希望获得完全可持续的竞争优势，那么环境因素的影响是非常重要的。Vachon 和 Klassen（2006）认为，可以带来竞争优势的资源应该是因果模糊的、社会复合的并且为企业所专有的，绿色供应链管理实践很大程度上取决于企业的隐性技能，要通过员工参与、组织支持等方式实现。

实施绿色供应链管理的组织必须克服组织内部障碍，如缺少最高管理层的支持、缺乏环境专业知识、缺乏信息与技术系统，以及花费不菲的人力和财务资源等。绿色供应链管理是一项需要广泛组织基础的活动，必须得到最高管理层的支持，可以促进员工的参与，推动企业文化的转变，从而影响绿色供应链管理活动的成功与否。绿色供应链管理是跨职能的行动，Carter（1998）认为跨职能行动需要高级管理层的支持，并指出最高管理层的支持与环境合意采购的成功是相关的。最高管理层的支持对于企业引入并实施创新，尤其在实施环境管理系统方面是非常关键的。绿色供应链管理通常与组织的战略流程再造相关，组织的绿色供应链管理准备越充分，实施绿色供应链管理的意愿就越强烈（Lee，2008）。管理支持与承诺是绿色供应链管理成功实施的关键因素，其中高层管理人员对绿色供应链管理的承诺使组织应用适当的环境管理系统（Ramus and Steger，2000），中层管理人员对绿色供应链管理的支持可以协调跨部门的环境运营，提高实施环境管理的整体组织意识。管理人员缺乏环境专业知识和组织缺乏专业能力是绿色供应链管理进入实践的最常见障碍。环境专业知识可以降低不确定性，减少绿色供应链管理实施风险，从而提高企业实施绿色供应链管理的意愿（Lee，2008）。环境管理系统是一种组织学习机制，它不仅可以建立环境标准，防止污染，还可以增强企业持续改进的能力。绿色生产流程和创新技术的发展需要对技术进行长期投资，而投资成本通常是实施绿色供应链管理的典型障碍。组织实施污染防治或环境管理计划等措施需要员工的全力投入（Boiral，2005）。因此，只有具备卓越的人力和财务资源的企业，才可以成功地进行绿色供应链管理（Lee，2008）。

绿色供应链管理牵涉许多环境管理实践，为了实施绿色供应链管理，公司需要与他们的供应链伙伴合作。绿色供应链管理不是一对一的商业关系，而是多对多的社会网络。社会资本是基于社会网络的收益，有助于组织实现知识分享和相互协作。供应链管理是一种跨组织活动，与供应链伙伴有良好社会关系的企业会更倾向分享知识和协作（Tsai and Ghoshal，1998）。当供应链成员企业实施这些行为时，社会资本带来的收益会提高供应链的协作（Lawson et al.，2008）。社会复合性对绿色供应链管理实践有显著影响。为了降低信息不对称性，企业必须建立与供应链伙伴相关的社会网络，确立与合作伙伴的长期关系并不断完善彼此的协作。

绿色供应链是一项组织变革行为，只有每个员工理解组织目标及各自任务并积极参与，才能顺利实施。无边界的沟通可以提高跨部门的环境协作（Apsan，2000；

Zhu et al.，2008）。Spreitzer（1995）提出非层级的灵活组织结构对于鼓励员工创造性有重要作用。主管对员工沟通的支持与员工支持环保的意愿存在正相关关系，因此企业对环保政策的有效沟通会鼓励员工的环保行为（Ramus and Steger，2000）。员工评价的沟通氛围越好，对组织的认同越高，也越有利于绿色供应链管理的实施。

总的来说，驱动绿色物流的除了外部环境因素外，还有内部驱动力因素（Carter，1998）。在组织内部，员工沟通、组织支持、社会资本等内部驱动力因素都有可能影响组织的环境实践行为。

（3）供应链的网络结构

关于供应链的内涵，国内外学者持有不同观点，虽然还没有达成一致，但是其主要内容是差不多的。在对相关文献进行研究的基础上，本书认为供应链是围绕核心企业，通过对物流、服务流、资金流、信息流的控制，从供应商开始，制成中间产品和最终产品，最后由销售渠道把产品送到需求者手中的将供应商、生产商、中间商、零售商、直接客户和间接客户连成一个系统的、完整的功能网链结构模式，如图 3-6 所示。它不仅是一条连接供应商到客户的物料链、信息链、资金链，而且是一条增值链。供应链管理就是对从供应商到直接、间接客户的整条网链结构上发生的物流、信息流和资金流进行计划、控制、协调和反馈的现代企业的管理模式。供应链管理作为一种集成创新的理念，指导供应链参与者在目标和行为统一的基础上，将企业间的资源进行整合，形成一种独特的供应链资源和能力，使企业获得可持续的、稳定的竞争优势。

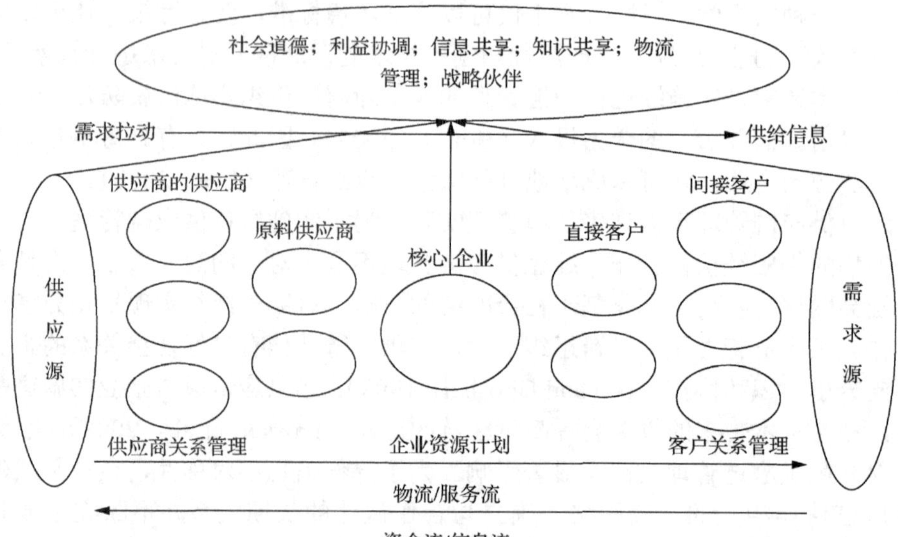

图 3-6　供应链的网络结构模型

（4）绿色供应链管理实践

由于绿色供应链管理还是较新的概念，有关实施绿色供应链管理的实践活动也层出不穷，在不同的研究中有不同的维度。例如，Zhu 等（2007）使用 5 个维度，即内部环境管理、绿色采购、与顾客的环境合作、生态设计及投资收回，并且他们在 2008 年将这 5 个维度确认为绿色供应链管理实践的测量模型；而 Chan 等（2012）则使用绿色采购、顾客合作及投资收回 3 个因子测量绿色供应链管理实践；Green 等（2012）认为，内部环境管理与绿色信息系统是绿色采购、顾客合作、生态设计、投资收回等绿色供应链管理实践活动的前因。Hajmohammad 等（2013）用 ISO 14001 认证、污染预防、物料回收 3 项代表绿色环境实践。

早期的研究主要以绿色采购和绿色物流为中心，但随着绿色供应链管理实践的不断发展，不同组织采取的运营实践不尽相同，研究的趋势是更广阔、更全面地考察绿色供应链管理实践（Holt and Ghobadian，2009）。本书在前述研究的基础上，将绿色供应链管理实践分为 3 类，即绿色采购管理、内部绿色管理、环境伦理管理。

（5）组织绩效

绩效用于衡量一家企业完成设定目标的程度。利益相关方理论认为，企业运营会产生外部性，影响内部或外部的相关方利益。现代企业除了追求利润最大化，还要面对各种利益相关方，如政府、社会、顾客、员工、股东等，这些利益相关方的压力都可能直接或间接地影响企业的行为乃至绩效。例如，一家企业为了应对客户对绿色产品的需求，积极地应对环境问题，它会在利益相关方获得关于企业和产品形象的正面评价，并因此扩大市场份额。如果这家企业无视环境法规的要求，造成污染事故，则它不仅要在经济上面临罚款，还可能损失市场声誉，甚至受到消费者的抵制。实际上，利益相关方理论和制度理论在对公司以外的其他相关方的分组是类似的，包括供应商和产品消费者、公司投入与产出的环境、竞争对手、管制机构等。本书的组织绩效除了考虑传统的环境绩效和经济绩效外，还考虑了研究较少的运营绩效和社会绩效。

实施绿色供应链的首要出发点就是减少废物排放，提高环境绩效。环境绩效，即企业活动对自然环境的影响（Sharma and Vredenburg，1998）。有效的绿色供应链管理可以促进原材料的循环和再利用，同时可以减少废弃物和有害物质的产生，而且采用可持续方式产生的废物较少，可利用的循环物料较多，能够有效地利用能源、水和副产品（Tsoulfas and Pappis，2008）。

对绿色供应链管理是否能带来经济绩效的观点不一。实施绿色供应链管理，一方面可以获得收益，如降低物料采购和能源消耗的成本，减少废物排放和处理费用，避免因环境事故而被罚款的风险；另一方面也会新增设施、运营、培训和采购的投资和成本。因此，Zhu 和 Sarkis（2004）将经济绩效分为正、负两个方面，认为绿色供应链管理与正的经济绩效和负的经济绩效均正相关。

随着消费者环境意识的兴起，绿色供应链管理正成为企业竞争力的来源。为完成绿色供应链而实施的精益生产、持续改进和全面质量管理等管理措施，可以提高企业的竞争力、生产效率和客户的满意度等。Gunasekaran 等（2003）提出，供应链绩效的测量应分为战略、战术及运营 3 个层次。Zhu 和 Sarkis（2006）认为，中国汽车制造业调查的绩效指标除环境与经济外，还包含运营绩效。

20 世纪 90 年代兴起的“三重底线”理念认为，组织绩效不仅要关注传统的底线，还要考虑社会领域的影响（Markley and Davis，2007）。Tate 等（2010）基于“三重底线”理念提出环境绩效、经济绩效和社会绩效是支持可持续供应链管理平衡的主要支柱。除经济与环境绩效外，对社会是否有积极贡献也极大地影响绿色供应链管理的成功与否。Carter 等（2008）提出，企业应当从社会角度重新审视组织绩效的影响，供应链管理是组织的社会、环境与经济目标的整合与实现。

（6）绿色供应链管理实践与组织绩效

许多研究证实，绿色供应链管理确实会改善环境绩效。绿色供应链管理实践活动是由提高制造企业的环境绩效而发展起来的。内部环境管理、绿色物流、供应商评估、绿色采购、物流政策、供应商教育，以及行业网络等活动的目的都是减轻对自然环境的影响，改善环境绩效。Min 和 Galle（1997）认为，绿色采购对从源头削减污染和减少废弃物有重大贡献。绿色市场、环境友好型包装、环境友好型分销都可以提高组织及其供应链的环境绩效。Fisk（1998）描述了“绿色乘数效应”出自绿色采购活动的扩展，从直接供应商到二级甚至三级供应商的供应商。Rao 和 Holt（2005）确认，绿色化内向物流可以促进环保原材料的使用，而绿色化外向物流会进行环境友好的废弃物处置，降低污染效应和减少排放。这些措施不仅可以提高环境绩效，而且可以降低不达标的风险导致的环境罚款及企业关停的威胁。Geffen 和 Rothenberg（2000）发现，与供应商的牢固关系和紧密协作会改善环境绩效。Zhu 和 Sarkis（2004）发现，采取绿色供应链管理实践活动和环境与改善经济效益呈正相关关系。

对于发展中国家的企业而言，经济绩效仍是企业实施绿色供应链管理最重要的驱动因素（Zhu and Sarkis，2004）。绿色供应链管理活动的出发点是消减不利于环境可持续性的废弃物，当有害或无害的废弃物通过环境管理实现最小化时，其结果就是可以更好地利用自然资源，节约成本，提高效率，从而提高经济绩效。Rao 和 Holt（2005）认为，绿色供应链管理活动会带来竞争力和更好的经济绩效。环境绩效的改善可以带来市场优势，从而增加市场份额和新的市场机会，提高企业收入。Bowen 等（2001）认为，只有在确定绿色供应链管理措施可以带来财务与运营利益的情况下，企业才会实施绿色供应链管理。

阻碍绿色供应链管理活动实践的关键因素之一是经济原因，即出于投资及成本方面的考虑。企业实施绿色供应链需要大量的投资，需要对员工和供应商进行培训，尽管这些措施有利于保护环境，但并不一定具有直接经济效益。同样，

Cordeiro 和 Sarkis（1997）认为，企业环境保护对财务绩效都会产生短期和长期的消极、负面影响。Bowen 等（2001）认为，经济绩效表示为短期的盈利能力和销售量，它并不会受到环境措施的积极影响。Zhu 和 Sarkis（2004）则将经济绩效区分为正、负两个方面，正的经济绩效是通过绿色供应链管理获得的收益，而负的经济绩效是增加的投资和成本，他们认为绿色供应链管理与正的经济绩效和负的经济绩效均正相关。

绿色供应链管理是嵌入在企业运营中的，可以给企业带来经济绩效以外的其他收益。Sroufe（2003）认为，战略性环境友好型采购等环境措施可以降低企业风险，改善组织的竞争地位。绿色供应链有助于组织降低成本，而成本的节约使组织有能力满足客户对环境可持续产品的要求，从而改善企业的营销环境与客户满意度。组织通过改善环境绩效，遵守严格的环境法规，向顾客表明对于环境的关切及对可持续发展的承诺，减少其生产和服务活动的环境影响，增强企业的竞争力。为了顺利实施绿色供应链管理而进行的精益生产、及时生产等管理措施也会提高组织的效率和整体生产率。

社会可持续性已成为商业运营的关键。企业应该整合“三重底线”，考虑短期与长期目标。绿色供应链管理可以推进业务伙伴间的协同效应，这一协同效应不仅可以节约成本，还可以提升企业的社会形象和产品形象。企业应当管理自身的社会形象和产品形象，使利益相关方和供应商认同其价值。随着可持续发展的实施，企业可以达成一些社会目标，如顾客保护、环境保护等。在协作采取环境措施时，企业在公众面前展示其社会责任，从而树立起企业的声誉和形象，因此企业的绿色供应链管理对社会有积极的贡献。

3.2.5　实施绿色供应链管理的条件

（1）绿色供应链管理的基础——契约管理

本书所分析的绿色供应链管理的契约管理，是指组织契约管理和交易契约管理。组织契约是指组织内部组织与员工（包括管理者）的签约，组织要求所有员工在绿色供应链管理思想下对产品进行原材料采购、生产、包装、仓储、物流、营销所建立的一种约束关系。对一些绿色技术、绿色知识和绿色能力强的员工，要通过加大激励与约束力度的方式，力求留住人才，促进绿色供应链管理的可持续发展。本书重点分析交易契约，交易契约是指供应链上企业在交易、交往的活动过程中签订的一些约束条款。例如，如果供应商提供的原材料达不到绿色标准，则按契约中的条款进行处理。但需要说明的是，由于契约具有自由权，在对执行过程或结果进行处理的时候，企业间可以进行协商，如果协商成功，那么就考虑继续保持合作；如果协商不成功，那么就考虑依赖程度。如果依赖性不高，则可结束合作；如果依赖性较高，则可重新谈判与协商，直到达成一致意见，若实在达不成，则可结束合作。具体流程如图 3-7 所示。

从图 3-7 中可以看出，激励机制和协调机制在绿色供应链管理的契约管理过程中起着关键作用，它贯穿绿色契约签订、绿色契约调整或实施惩罚、合作后评价和重新谈判整个过程。就交易契约管理的激励机制来说，它主要包括供应链节点间的合作时间、合作内容、合作范围、合作程度，或者通过调整交易契约内容，如产品质量、产品价格、提交时间、付款方式等，契约双方共同遵守。就交易契约管理的协调机制来说，它包括法律协调和非法律协调。法律协调是指一方违约，通过法律途径去解决纠纷，如诉讼、仲裁等。非法律协调是指法律协调之外的协调，主要是指一方违约，通过双方商量或第三方去解决纠纷，如减少订货量或取消合作，或通过第三方对不道德的行为进行劝说与谴责，迫使对方执行契约。当然，在实际情况中契约双方会根据相互之间的依赖度，采取不同的激励措施与协调措施。

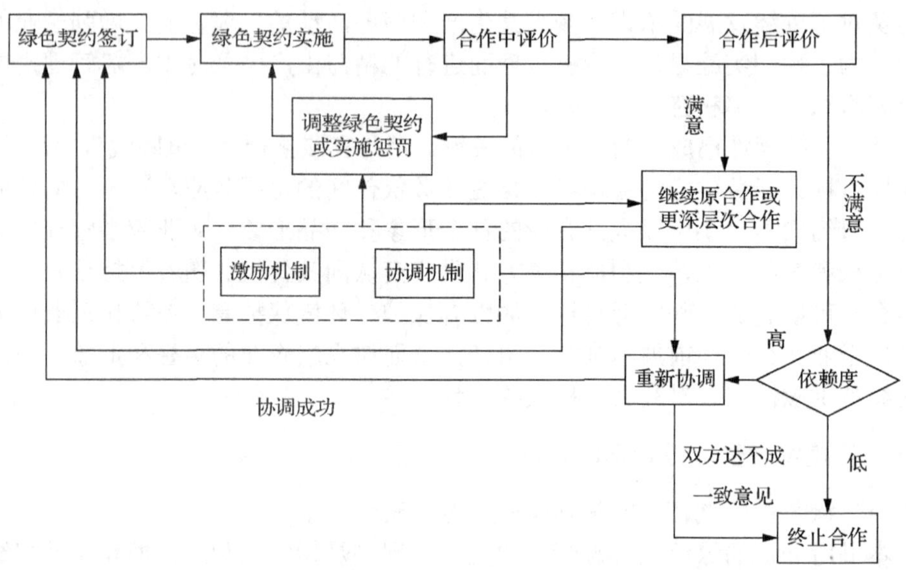

图 3-7　绿色供应链管理之契约管理过程

通过上述分析，无论是组织契约，还是交易契约，绿色供应链管理主要是通过契约管理去激励和协调双方，激励措施和协调措施又根据双方的依赖程度不同而不同。

（2）绿色供应链管理的核心——信任管理

绿色供应链成员企业间的信任管理是指与合作伙伴在合作之前与合作之后彼此遵守契约的一种预期管理。一般来说，绿色供应链企业选择伙伴可分为 3 个阶段，即选择阶段、建立和维持阶段、终止阶段。选择阶段的信任管理主要是根据伙伴的声誉、知名度、产品质量、社会认知等方面对其进行评价；建立和维持阶段是关键阶段，由于时间长，相互之间需进行信任建设与监督；终止阶段也需继续跟踪，防止合作后造成不良的影响。

为了加强供应链节点企业间的长期合作，核心企业可根据契约执行情况、对方的声誉、合作时间的长短、信息共享情况、交易情况等对对方的信任度进行评价与分级。然后，根据信任度的级别采取不同的信任管理措施，对信任度较高的合作伙伴可以维持现状或扩展合作的广度与深度；对信任度较低的合作伙伴，可根据依赖性的大小采取措施提高信任度或终止合作。绿色供应链成员企业间的信任管理过程，如图 3-8 所示。

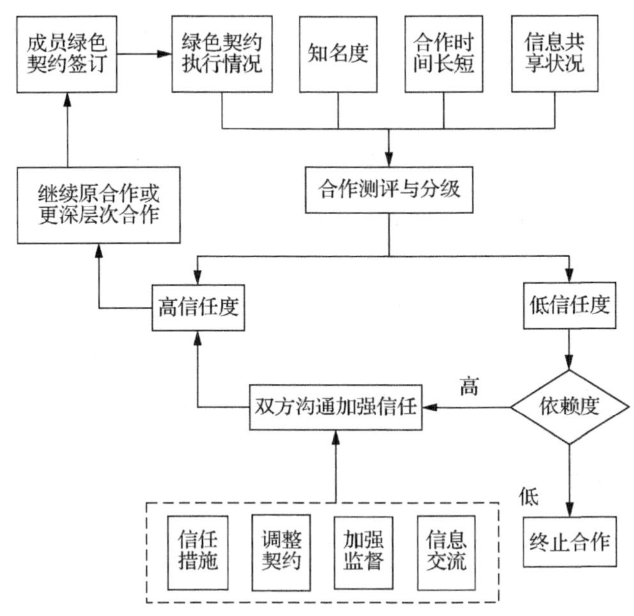

图 3-8 绿色供应链成员企业间信任管理过程

（3）绿色供应链管理的技术手段——系列认证

在经济全球化的今天，供应链上的企业如何成为长期的战略性合作伙伴，除了一些基本的条件外，低廉的价格已不再起决定性作用，更多的是看重质量、责任、伦理和环境等因素。这些要求不再是抽象的，而是成为双方具体的评价标准，甚至是国际认证标准。例如，ISO 14000 系列标准是一套环境管理的国际标准，汇集先进的环境管理经验，提炼了标准化的、可操作化的管理方法，是可持续发展观的体现。1997 年，社会责任国际组织（Social Accountability International，SCI）制定了 SA8 000 社会责任国际标准，2010 年 11 月颁布了 ISO 26000 社会责任指南，要求企业必须具有强烈的社会责任感。ISO 26000 是企业全面管理体系的组成部分，其运行模式与 ISO 9000 质量管理体系、OHSAS 18001 职业健康安全管理体系和 ISO 14001 环境管理体系认证等国际认证标准的运行模式相似。沃尔玛的工厂评价方法是上述国际认证体系最好的例子。

因此，实施绿色供应链管理的企业，都有必要取得 ISO 9000、ISO 14001、

SA8000 和 OHSAS 18001 等国际认证，这对整条供应链的绿色化发展具有重要作用，同时也是公众、消费者信任和实现绿色供应链管理的重要技术手段。

（4）绿色供应链管理的运营方式——循环经济

循环经济是指在可持续发展观的指导下，通过人和现代科学技术在资源投入、企业生产、产品消费及其回收处理的全过程中，把依靠资源消耗来增长经济的线性经济发展模式转变为依靠生态资源可再生利用的循环经济发展模式。循环经济要求把经济活动形成一个“资源—产品—再生资源”的循环式流程，强调的是低开采、低排放、高利用、再循环。循环经济模式是一种人与自然协调与和谐的经济发展模式，减量化（reduce）原则、再使用（reuse）原则和再循环（recycle）原则（以下简称“3R”原则）是其行为准则。其中，减量化原则是指用尽可能少的资源来满足生产与消费；再使用原则是指产品及其附属物能够反复使用；再循环原则是指产品用完后再变成可利用资源。总之，循环经济是尽量使产品在企业内部、生产基地、企业之间、产业之间，乃至整个生产和生活领域循环往复使用。“3R”原则不是并列关系，而是递进关系，递进顺序为减量化—再使用—再循环。

绿色供应链管理过程包括绿色设计、绿色采购、绿色生产、绿色营销、绿色消费和废弃物回收处理，管理的对象有供应商、制造商、销售商、用户、回收商、社区和政府。管理对象与管理过程形成的是一种闭环结构，资源在绿色供应链各子系统内是一种循环往返过程，其运营方式符合循环经济理论。

3.3　绿色供应链管理中的伦理分析

想要成功地运行绿色供应链管理，将一个个松散的企业形成一个统一行动、和谐有序的共同体。除了制度设计（包括约束、激励、分配等机制），整体最佳的利益观和互信的成员关系也是不可或缺的。

3.3.1　绿色供应链中伦理管理的理论基础

（1）利益相关者的角度

Freeman 和 Reed（1983）认为，利益相关者对一个组织目标的实现至关重要。对于处于绿色供应链中的企业来说，最重要的利益相关者就是链条上的相关企业。消费者是绿色供应链上的最终接受者，是链条集群发展的源泉和动力，对绿色供应链的发展和完善起决定性作用。

处于绿色供应链上游的企业为了赢得自身短期利益最大化而损害利益相关者的利益，是一种极其不明智的选择。从利益相关者理论中可以得知，基于长远利益的考虑，利益相关者之间应该公平、合理地分配利润。利益相关者共赢有助于利益相关者之间的长期协作。各个利益相关者相互依存、相互作用的关系，决定了任何以牺牲长远利益为代价的行为都会遭到其他利益相关者的反对。

（2）美德的角度

利益相关者强调是什么、做什么、如何做，关心的是事件。德性伦理强调与什么人交往、怎样与人沟通、什么组织值得交流、怎样与组织来往，人与组织追求的是高尚品质。德性伦理学把人的品格作为遵守法律法规和社会责任的基础。在德性伦理的框架下，一个正确的行为，只要有道德的人就能够做到。但这种正确行为的标准不具备统一性，也很难操作。如果我们把绿色供应链中的企业看作一个整体良性的有机体，那么企业在实施绿色供应链管理过程中涉及伦理时，我们就可以说，一个企业只有当一个良性的有机体（即一个人或一个组织）能够执行它的行为时，才是正确的。

（3）重复博弈的角度

绿色供应链上的企业存在一种重复博弈的关系。绿色供应链上的企业要面对来来往往的购买商。前一个购买商的感受体验会在很大程度上影响后一个购买商的选择，尤其是在互联网时代，负面影响很容易被传播。购买商可能会在互联网中发布自己在购买过程中遭受的伤害或损失，而潜在购买商可以通过网络获得这些负面信息，进而影响他们的决策。所以，绿色供应链上的企业之间的博弈是多阶段、无限次的。在重复博弈下，有利于企业良好声誉的建立，催生购买商口碑，产生购买商的信任，形成一个良性循环。因此，绿色供应链上的企业在相互交往后，如果对提供的产品或服务感到失望、不满，从消费心理学的视角来看，绿色供应链上企业提供的该项产品或服务就是失败的，也就难有回头客。

3.3.2　绿色供应链中伦理管理的特征

为了实现整体最佳，需要绿色供应链内各个成员企业尽可能地为彼此间的合作关系做出最大努力，而这份努力建立在每个企业对绿色供应链内成员企业绝对信任的基础上。但是绿色供应链上企业的综合势力并不是均等的，由于势力的不平衡，在链条上“讨价还价”的能力也是不一样的。在合作过程中，究竟哪个企业承担的责任更多？

（1）市场势力与势力经济

在现代商业市场经营管理中，势力和垄断有一种不可分割的联系。大多数人认为，垄断企业在市场的发展过程中不仅是为了追求更高的利润，而且通过减少产品供给获得更高的价格，这表现为占有绝对优势的企业对市场的控制权。另外，垄断力量在非市场的经营过程中存在一些规制方式，主要表现为在产品定价和产品决策时，垄断企业会产生一种相互依赖和默契，或者产生一种公开性的共谋和限制竞争的行为，这种垄断力量与市场管制模式完全不同。我们所了解的这种控制行为其实掌握在各行业少数企业的手中，它们把权力聚集在一起，然后对产品的产出实现共同的控制权，同时对产品的价格及产出按商量好的价格进行自由决策。这些企业之所以要拥有这种控制权，是因为它们要改变市场的约束条件，以追求更多的经济利润。但是，有些企业并不具备垄断企业的条件，却拥有一定的势力。美国经济学家 J. M. 克拉克（Clark，1940）把这一类型的企业看作“有效竞争”的企业，即在技术方面和产品质量方面占有优势的企业，这些企业在拥有良好组织行为和经济绩效的同时，在市场上也获得了一定的控制权和决策权，即拥有了市场势力。

市场势力是指利用差异化标准来获得市场控制的企业。这类企业的产品占有独特优势，因而能够在一定程度上摆脱市场的各种制约，达到经济效益和社会效益最大化目标。市场势力和垄断势力虽然有着密切的联系，但是也存在一些差异。市场势力的企业在市场竞争中具有一种能力，这种能力就是企业的自由决策权或者可以扩大企业在市场中所占的份额，这些能力是优于基于销售条件或买方偏好特征的讨价还价能力与反应能力。如果卖方可以在生产产品和销售产品上占据有利优势，那么这个行业内的其他企业就会做出相应的让步，一旦其他企业让步，这一类型的企业就会很快拥有自己的市场势力。市场势力使很多企业走向成功，但是这种优势往往都是指企业在议价过程中的主动权，这种主动权可以帮助企业更好地面对可能出现的向下倾斜的需求曲线，并获得一定程度上的市场控制权。

一般来说，大多数企业在正常生产经营过程中会有两个比较重要的环节，一个来自企业内部的生产，另一个来自企业外部的经营。其中，企业的内部生产过程很大程度上需要企业对产品的质量、数量、生产成本有一个非常明确的划分标准，以单位产品成本中最低成本为划分标志，从而获得更多的经济规模效益。另外，企业的外部经营过程很大程度上需要企业对消费者的不同类别、企业在市场中所占的地位，以及消费者的偏好等影响因素有一个明确的划分标准。例如，企业市场权利中的最大标记，获得势力经济的结果，在形成竞争优势的条件下获得市场控制力。

势力经济参数主要是指企业在控制市场能力上的指标，具体表现在企业控制某一地区、某一领域或某一产品的能力，这种能力被称为“市场权力”。市场权力可以用若干指标来表示，如消费者层次、消费者类别、客源市场、商品或品牌的市场份额、企业在该行业中的影响力、产品技术在该行业中的领导力、企业在社会上的信誉等。如今市场竞争愈发激烈，企业面临着两种不同的市场压力，一方面，同类型企业的数量呈翻倍式增长，挤压有限的市场份额，压缩各企业有限的生存与发展空间，进一步加强被淘汰的危机感；另一方面，消费者的个性化需求强度不断增长，同质性的产品需求数量大大降低，市场容量也相对减小，危机加剧。因此，产品的整体化大规模生产受到一定的限制，或者说慢慢地趋向于消失，在实际操作中难以实现规模经济输出。企业关注的焦点也逐渐转向了市场力量、供应链竞争。企业对规模生产、规模经济的理解有了更深一层的认知，理解视角也发生了转变，越来越注重对势力经济的追求。

经济学中的势力主要是指控制市场的权力。由于技术和产品的优势，一些企业突破了市场的约束，获得了企业在市场上比较占有优势的能力，这种能力源于企业自身产品的价格优势、企业在产出过程中可以进行的自由决策，以及企业市场份额的不断扩大。随着经济的不断发展，大量产品流入市场，许多产品供过于求，加之消费者对个性化产品需求的不断提高和同类型产品之间竞争的不断加剧，势力经济优势效应主要体现在企业的外部经营过程中。

（2）绿色供应链中的“势力”倾斜

绿色供应链是由多个企业汇集形成的一个群体。当谈到“势力”这个问题时，就很明显地表现出势力其实与企业在绿色供应链中所处的地位、所承担的责任有非常大的关系。这些特权包括合作伙伴的选择、优越的谈判能力和全面的贸易优惠，绿色供应链中的势力倾斜与市场权力有很大的相似之处，对于绿色供应链中相互联系的各个企业来说，承认并尊重绿色供应链中具有明显优势的成员，那么这个成员企业的领导地位就会得到相应地提高，这一类型的成员企业为绿色供应链中的核心企业。

许多研究证实，一个绿色供应链究竟组织得好不好，与绿色供应链中的领导有着重要关系。如果领导有方，就能够调动绿色供应链内各成员企业的合作积极性。领导在链条上所扮演的角色就是广泛接纳那些参与到绿色供应链中企业的意见，通过有效的管理给链条带来附加值。领导的关键责任之一是建立一套双方都可以接受的方案，即在这种关系中可能产生的利益。具有明显势力的成员企业容易成为绿色供应链的领导者，这股势力来源于一种绿色供应链中核心企业具备的特殊权力，具备的权力越大，承担的责任和义务也就越多。例如，海尔集团早在20 世纪末就开始对它们的物流方面进行改革。1999 年，他们发现车间的分拣作业、经销商的管理水平等方面与现代库存管理模式不相吻合，故及时对这个问题采取应对措施，如给车间里的分拣作业提供先进的操作方法，对经销商的管理者进行全面的培训。海尔集团通过对问题的解决推动了整个绿色供应链的启动和发展，在绿色供应链管理方面也起到了显著效益。

归根结底，信息带给了绿色供应链中向零售商倾斜的势力。如今的零售业在整个社会经济周期中已经处于强势地位，零售业在整个绿色供应链中，通过信息的收集和挖掘、利用和转化，掌握了强大的信息流，从而快速地促进了自身的发展。美国著名的管理经济学家彼得·德鲁克曾经说过：“如今我们处于一个市场经济比较发达的环境，我们不难发现经济的权力已经以很快的速度从制造商逐渐倒向销售商和零售商，这是信息时代所带来的权力。”在绿色供应链管理中，对于信息伦理的研究，会给绿色供应链中各成员企业带来更深的合作。

（3）绿色供应链中的信息共享

知识经济时代什么最重要？大多数企业会认为信息最重要。信息经济学是经济学的一个分支，主要研究信息不对称下的最优交易契约。在实际的经济实践中，要想做到信息的完全对称几乎是不可能的，但是如果信息不对称，就会给企业带来风险，给企业造成非正向选择，甚至可能触犯道德底线。很多学者看到信息不对称带来的风险，所以他们把信息经济学定义为一种“规范”。从目前的发展状况来看，信息在绿色供应链上扮演着越来越不容忽视的角色，我们怎样才能更好地获取和利用这些信息，一方面涉及技术问题，另一方面涉及道德法律问题，绿色供应链上的各成员组织要把获取的信息妥善管理好、利用好。有关实践方面的问题，不管怎样都会引起伦理关注者的注意，受到伦理的审查。发达国家的信息伦理学早在 20 世纪 70 年代就成为一门新发展起来的动态学科，信息伦理学从 20 世纪 80 年代发展到今天，越来越受到该领域学者的关注和研究。Cheng 等（2008）认为绿色供应链管理中的信任不仅与信息本身的真实性有关，还与德行的精确性有着密切的联系。Enderle（2010）认为信息时代的到来让信任这一中华民族的传统美德，变得更加富有意义，这不仅仅教会人们怎样去增加对他人的信任，而且更重要的是怎样使他人更加信任你。这就要求人们要细心认真地去提取他人传出来的信息，同时在给他人传送信息的时候要保证信息的准确性。此外，如果他人认为你只是信息的拥有者，而没有将信息传送出去，信息就没有用处；如果没有用信息去交流，交流起来就会变得没有意义。在新的信息时代，交流伦理与信息伦理共享一个平台。社会发展和人们生活离不开信息。信息本身具有一个明显的特点，那就是它可以做到与人共享，且在与人共享的同时又不会丢失“我”使用它的权利。信息是一份宝贵的财富，它将自己分享给每一位想要阅读它的人，因此，信息的共享将是一个重要而不可或缺的品质。

（4）“势力”带来的伦理责任

整条绿色供应链中零售商的势力使他们更有责任去共享信息、建立信任并促进合作。恩德勒和霍曼（2001）曾经说“你想拥有比他人更多的自由，相反那么你比他人承担的责任就越重”，而乔治·恩德勒的这句话所表现出的有关“自由空间”的概念其实就是我们所表达的“能力”的概念，法律规定我们有相应的权利就要遵守相应的义务，那么我们可以把权利和义务等同于能力与责任，即有了相应的能力就有了相应的责任。零售商成功的关键在于他们购买了消费者信息从而可以让零售商选择适合自己消费者群体的商品种类和品牌，而且这是制造商和其他相关企业在绿色供应链中进行活动的一个基本出发点。但绿色供应链往往存在这样的问题，如果构成供应链的制造商和批发商对客户的采购信息和产品库存信息掌握的不准确，就会产生以下误区：他们认为自己足够了解客户，觉得不管生产出什么都会卖出去，降低产品价格，也能将产品销售出去，以至于他们只怕产品供不应求而稀里糊涂地往库存里增加产品。从这一观点上看，零售商不能单单借助来自消费者信息的这个支点盲目地选择扩大自己的资金投入，提供及时的信息，确保信息的真实性和准确性，无论是在经济上还是在伦理上，都是零售商应承担的必要责任。

那么，零售商应该通过什么样的渠道去获取更加准确的销售信息、通过什么样的方式预测顾客的需求呢？

1）零售商要根据自身的发展情况来预测未来的销售情况，零售商要不断地将卖得好的产品往货架上和库存里填补，不要出现断货或者供货不足的现象。如果商品出现了供应不足的现象，那么消费者会产生不满，如有替代品，就会选择购买替代品，零售商要想更加了解消费者的实际需求，将变得更加困难，这对商品更新会产生不利影响，同时零售商不能把消费者需求产品类型的数据正确地输送给下一层级的供应商和制造商，下一层级的供应商和制造商就不能对生产计划适时调整。企业尽量少做特殊销售活动，如频繁地进行打折活动和短期促销活动。美国银矿咨询公司的总裁凯利认为沃尔玛超市的成功有它的可取之处，如它可以做到高效率、快速的商品销售，产品的低成本和对市场的提前预测，而不是错误地引导供应商生产过多或过少的产品。这样，沃尔玛的供应商就能更加准确地、有效地掌握供应产品的数据，从而减少不必要的成本浪费，增加整条供应链上利润。此外，要慢慢取消给零售商回扣的行为，形成一种良好的绿色供应链采购体系，这个采购体系的基础就是对销售的预测，这样对专业销售人员的工作强度、理论知识、数据处理、信息获取等方面的要求就会更高，因为这要求销售人员用尽可能多的时间融入消费者群体中，慢慢研究和探索消费者群体的潜在需求。如果企业要培训出更高水平的专业销售人员，就要使员工学习大数据处理系统和相关信息技术，如 POS（position and orientation system，定位定姿系统）数据和信息预测系统。

2）从零售商和供应商的合作角度来处理上述问题，供应链的管理库存系统在某种程度上会使绿色供应链上的库存水平大大降低，这种系统是建立在零售商和供应商合作关系的基础上的。一般来说，供应商如何判断一种销售产品的库存量，其实是根据零售商来确定的。供应链管理库存系统也具有它自身的优势，这个优势就是在信息刚刚产生的情况下就已经实现了信息共享，供应商可以很好地借助零售商这个平台，让自己做出更有利于自身发展的决策，而且供应商在制定决策的同时可以从各个销售点获取有用数据，从而协调好与零售商的生产、库存与销售活动。当然，零售商和供应商的合作行为一定要建立在彼此信任的基础上，特别是零售商不要干扰供应商对产品交货期的监控，相信供应商的库存管理做得比自己还好。除了上述绿色供应链管理方法，如精准供应（just in time，JIT）、高效率消费者反应（efficient consumer response，ECR）等，这些方法也必须得到信息共享的高度支持。

当然，对信息的获取也需要成本。例如，企业在有些信息系统、计算机设备和供应链管理软件开发上所做出的投资，这些成本需要由各个得到好处的人共同承担，而不应该仅由零售商承担。此外，在共享信息的时候，要确保信息安全，确定只有获得信息权利的人才能共享这类信息，没有权利的人有可能会造成信息的不安全，供应商要尽量将这些信息内容保密。同时，为了保护绿色供应链的整体利益，还要防止绿色供应链外的竞争对手获得商业机密。

随着我国经济的全球化与快速化发展，以及世界绿色经济的崛起，我国经济与“绿色”的融合变得越来越必要。在经济可持续发展与环境保护等方面，我国出台了相关法律法规及政策措施，以推动企业在快速发展的经济中实现绿色设计、购买绿色原材料、进行绿色生产、扩大绿色营销、加强循环利用等全方位的可持续发展进程。

但是在实际的生产与经营管理过程中，许多企业浪费了资源，甚至相当一部分企业为了降低成本、追求利润、吸引消费者，不仅以牺牲环境为代价，还会通过虚无的概念故意欺骗消费者，导致人们对社会消费产生一定的误解。从长远来看，这根本不会提高企业的经济效益、社会效益和环境效益，还有可能削弱企业的社会竞争力，甚至使企业陷入困境，直到被市场淘汰。粗放式传统型的经济发展模式即将退出历史舞台，那些对社会、环境带来消极影响的不科学、不合理的绿色供应链管理模式也将无法生存。目前，我国大多数企业还未真正实行绿色生产、绿色贮存、绿色物流、绿色营销、绿色消费，严重阻碍了绿色供应链管理的发展。

2015 年，自然资源保护协会（Natural Resources Defense Council，NRDC）和公众环境研究中心（Institute of Public and Environmental Affairs，IPE）共同发布了绿色供应链发展报告[①]，从中可以发现我国绿色供应链建设还有许多方面需要加强及完善，如，在 167 个品牌中，有 100 个品牌或者在 10 分以下，或者在识别不遵守绿色环保供应商的项目中没有得分。上面这个例子充分说明我国大多数企业实施绿色供应链管理根本不是自觉行为，在企业中要普及绿色供应链管理任重而道远。

只有当企业发挥主观能动性、自觉环保意识增强、生产与销售节能环保产品、扩大绿色消费、自觉实施逆向物流管理，绿色供应链管理才能成为企业实现经济、环境、社会三赢的不可替代的模式之一。

3.3.3　绿色供应链中伦理管理的目标：整体最佳

1990 年以来，市场需求的多元化和全球市场的竞争性使企业面临降低成本、提升产品质量、提高服务水平和缩短交货期等压力，企业仅靠自身力量整合人力、物力、财力等资源，很难占据一席之地。目前，市场的竞争已由单个企业间的竞争转向供应链之间的竞争。只有供应链联盟利用多媒体通信工具将供应商、生产商、分销商、零售商、物流服务商、客户等合作伙伴集结起来，发挥各自企业的特长，弥补各自企业的不足，取长补短，才能提高整条供应链的生命力。以整体最佳为目标，力求在实现经济价值、社会价值和生态价值的基础上，满足顾客需求，追求成员企业的共赢。

① 公众环境研究中心，2015. 绿色供应链 CITI 指数 2015 年度评价报告[EB/OL].（2015-10-22）[2019-12-13]. http://world.chinadaily.com.cn/2015-10/22/content_22257329.htm.

（1）整体的概念

整体与部分相对而言，绿色供应链是多个企业的组合体，绿色供应链管理是对链条上企业的整体管理，追求的目标是整体最佳，即大多数企业的满足就是最大的幸福，它是判断绿色供应链上企业是否遵循伦理道德的标准。因此，供应链上企业在做决策时，首先考虑是否对整体有利，再考虑是否会伤害自己及其他企业。为了更精确地定义整体最佳，把它与“看不见的手”和“集体性”作简要对比。

1）整体最佳与“看不见的手”。亚当·斯密在《道德情操论》中提出，为了完善自我而付出的意愿是推动社会发展的动力源泉，从经济学意义上提出了著名的“看不见的手”的论断。他认为人都是自私与贪婪的，为了追求利益才会付出劳动，是“看不见的手”在指导他们往哪个方面努力，从而不自觉地为社会增加利益与作出贡献。他在《国富论》中也多次强调，一个人不是为了促进公共利益才去完成某种行为，而是被“看不见的手”指导，达成了并非他本意的目的。物以类聚，人以群分，人的生存与发展需要相互帮助，只想着靠他人的施舍和救助，是不会促进人的成长与社会的发展。亚当·斯密认为社会的总体福利是由所有个体通过劳动生产出来的利益之和，并且认为是“看不见的手”在暗中指导、诱惑、带动、协调人们从事利益活动，虽然人们付出劳动的目的是自身的获利和发展，但是劳动所获结果在给自己带来利益的同时，其他利益相关者也在分享劳动成果，从而促使社会总体福利增加，即主观为自己，客观为他人。“看不见的手”是一种利益驱动，是经济、社会可持续发展的基础。

与此相对，绿色供应链联盟中的成员企业都明白，联盟的目的是企业的生存与发展，在激烈的市场竞争中立于不败之地，企业必须秉承整体最佳的观念，只有实现整体目标，自身才会得到长足的发展。整体最佳与“看不见的手”的不同之处在于要求绿色供应链企业明确整体目标，这是自觉的追求，而不是无意的形成。另外，“看不见的手”也并不一定会增加社会总体福利，某些为了满足私利的经济行为会导致外部效应，如环境污染等，不正当的行为也会扰乱整个经济秩序，如贿赂、败坏道德等。这些外部效应使单个企业追求自身利益，却需要整个社会来付出代价；这些不良经济秩序使单个企业获得附加值时，助长了社会的歪风邪气。而整体最佳的目标，意味着绿色供应链成员企业面临着“有难同当，有福同享”的局面，会有意识地避免外部效应产生的负面影响。

2）整体性与集体性。集体与个人相对。集体是个体的组合，是一种组织形式团体，有着共同的思想与目的。著名伦理学家罗国杰（1996）认为集体主义包含 3 个方面的内容，第一，集体主义强调整体利益；第二，集体主义强调获得整体利益的同时，最大限度地满足个人的正当利益；第三，集体主义与个人利益是辩证统一的。绿色供应链整体最佳目标与集体主义十分类似。绿色供应链联盟强调的是整体最佳，在获得整条供应链利益的同时，成员企业都在追求自身的最大满足，绿色供应链上成员利益的满足要以整体最佳为前提，同时根据自身经济活动的运转实现绿色供应链整体目标。

整体最佳利益观是绿色供应链管理的最高认识，要组建一个有效的、合理的、成功的绿色供应链，需要各个成员企业自觉达成这一思维共识，但是，绿色供应链是由各个独立的经济实体组成的，各个独立经济实体都有自己的文化与理念，因此整体最佳目标的实现并不容易。

（2）整体最佳的困难：多元化管理和效益背反理论

绿色供应链中企业联盟的组建，不仅在市场竞争中获得了整体竞争优势，也使管理目标朝着多元化方向转变。在绿色供应链上，随着各成员企业的加入，成员节点数量增加，复杂性和包容度也随之增多，管理要素更加多元化和管理视域更加扩大化。任何一个企业都没有能力对所有成员企业像内部管理一样进行统一调度、统一安排，核心企业也不能随意干预供应链上下游企业的独立性。正是因为各个企业具有独立性，都想使自己的利益最大化，绿色供应链在合作过程中都存在效益背反。例如，对于原材料的供应，供应商希望价格越高越好，购买商则希望价格越低越好；生产、加工、储存和销售同样存在着效益背反理论。效益悖反是指双方在交易的过程中，由于是对立的关系，如果一方满意了，则另一方就会受到伤害，即利益冲突。

绿色供应链本质上是一个相对松散且被市场利益驱动的动态组织结构，每个成员企业都是一个相对独立的经济共同体，在涉及产品购买、投资生产、收入分配、环境治理、技术研发等问题时意见并非一致。如果供应链中的每个成员企业都将自己处于支配地位，以自我为中心，独立运作，缺乏扶持，缺乏集体感，那么每个成员企业间的关系就是一种输赢的关系。在竞争中，以输赢为前提攫取有限的利益，结果往往是强者独占利益。浅薄的协同发展意识，就像一艘船上有多个舵手，每个舵手都用各自的手段，结果往往是不尽如人意。

（3）整体最佳是一种伦理品性

整体最佳目标在实践中发挥着不可忽视的作用，它不仅是一种合作精神与伦理品性，也是绿色供应链管理的最终目标。企业在发展自身时，不但不要损害链条上其他成员企业的利益，还要注重绿色供应链上的整体发展。1990 年后，美国宝洁公司取消了以销售定额作为考核标准的制度，并参考重要客户——沃尔玛组建“企业发展”团队，开创“三合管理模式”，即合作计划、合作预测及合作补货的创新模式；同时提出了极为严格的要求，要求产品经理注重整条供应链的发展，工资与奖赏的多少，不仅要看个人业绩，还要看整条供应链的发展状态。在经营过程中，一个企业的决策会对其相关企业的利益产生重大影响，而利益观又是影响决策的重要因素。因此，利益观所考虑的内涵需要发生转变，即由考虑局部利益向考虑整体利益转变。这种跨越界限的企业利益观的实现，实际上是一种跨越界限的企业商业伦理的实现。整体最佳目标的实现，不仅需要设计出一个得到所有人认可的共同愿景和目标，还需要相互信任这样一个基本要求。

3.3.4　绿色供应链中伦理管理的基本要求：互相信任

信任是从事经济活动的重要保障，绿色供应链上的经济活动是一种连贯性的信任经济，包括供应商、生产商、销售商、消费者及政府的信任，这些企业及相关利益者都是在信任的基础上从事经济活动。企业是经济活动的主体，企业信任是绿色供应链中伦理管理的基本要求。绿色供应链中的成员企业是在平等自愿的基础上，而不是靠产权关系或行政关系所维系而成的一个开放体系，那么，是什么维系着这些松散企业呢？是信任。

（1）绿色供应链企业之间的信任

根据我国《现代汉语词典》，信任就是“相信而敢于托付”。由于信任概念的抽象性及综合性，不同的学科领域对信任的定义有所不同，但是在现实社会中有一个共同的认识，信任是个人与个人、个人与组织、组织与组织等双方或多方交易或交换的基础。从绿色供应链管理的角度来看，如果仅仅是绿色供应链上某个企业单方相信供应链上的其他企业，将会使自己处于不利地位或导致危机。只有当信任者获得被信任者值得相信的证据，如能力、行为、举动、口碑、意图、善意、可靠性等，供应链上的企业会依据其信任判断来决定是否与供应链上其他企业合作，以及如何合作。

在国外，以 Durkheim（1898）为代表的古典社会学家、以 Hobbes（1651）为代表的启蒙学者都对信任进行过探讨，但是没有进行系统的研究。Simmel（1895）曾经说过：“信任是社会中最重要的综合力量之一，人们之间没有相互的信任，社会本身将瓦解，没有任何一种关系是建立在完全了解对方信息的基础之上的。”心理学家 Deutsch（1947）通过一些微观实验对人与人之间的信任进行探讨，认为信任主要是一个人对某种期待实现的事情，采取一种相应性的行为，这种行为结果若与期望相反，则会带来负面的影响。Lcelly（1994）认为信任是对他人或组织的口头、言词、承诺、合同、文件等可靠性的期望。事实上，一些经济学家与管理学家也非常重视信任的作用。经济学家 Hirschi（1969）认为，信任是商品交换的公共品德。经济学家 Arrow（2009）认为，只要是交易，双方都具有信任的成分。管理学家 Simon（2000）认为管理就是管理者与被管理者之间的信任。

虽然在学术上对信任没有一个统一的定义，但是可以发现一些共通之处，第一，信任是对善意的期望，不会趁机伤害对方；第二，信任者对被信任者有一定的信息了解；第三，信任来源于风险，风险是不确定的，风险越大越需要信任；第四，信任具有脆弱性，一旦不诚实，损失将会大于在相互信任时所能获得的收益。

综上所述，面对具有不确定性的未来，绿色供应链的信任体现在各成员企业对商誉的期望和认可上。可将信任定义为供应链中的各成员企业都重视其他成员企业的利益，在未厘清自己的行为会对其他成员企业产生什么样的影响之前，是不会贸然行动的。绿色供应链上整体最佳目标的实现需要信任来支撑，在绿色供应链中，只有每个成员企业信任其他成员企业不会利用自身弱点来获取利益，相信合作伙伴会风险同担、利益共享，才会自觉地致力于整体利益的发展。然而，绿色供应链管理无法实现对供应链上企业内部管理进行强有力的控制，各成员企业对整条供应链的控制和影响可以说是微不足道的。因此，为了保证绿色供应链管理的正常运行，供应链企业间的相互信任就显得尤为重要。

（2）绿色供应链信任的层级

绿色供应链上的企业都认为，信任在经济活动中起着积极作用，但在与合作伙伴的合作程度、合作时间、合作方式、合作内容上，信任的内涵及层次各不相同。根据 Shapiro（1987）的研究成果，Lewicki 和 Bunker（1996）提出了信任的 3 种形式。

1）基于合同的信任。这种信任在功利关系或商业中是比较常见的，它主要是通过协议或合同的形式留下让双方都认可的证据，合作过程中主要是以此证据为信条。如果在合作的过程中存在利益相悖或者违约的情况，相互间的信任就更多地寄希望于法律。

2）基于理解的信任。经过长期的交流与合作，彼此间建立了一种可信度，并且都有着较为相似的目标或目的，相互都是善意的，这种信任冲破了狭隘的功利关系，更多的是依赖品德与个性。

3）基于认可的信任。这是第 3 种形式的信任，是最高级的信任，一般是关系非常亲密，不计较利益损失。当相互间有着较为相似的目标、相同的价值观或原则时，这种信任就会发生，并且在人们相互尊重和造福彼此的活动中能够自主强化。

3 种信任方式的程度呈递增趋势，这对绿色供应链管理意义非凡，因为供应链企业间的信任程度是绿色供应链管理成功的决定因素之一。

在绿色供应链联盟形成的早期阶段，合同信任，即将合作事项寄希望于合同中的条款是最主要的信用模式。企业关心的是对绿色供应链上企业的选择，对方可能给自己带来哪些利益，而不是具体的合作方式与内容。如果对方在某些方面占有绝对优势，如劳动力成本低、研发技术强或销售渠道多，就有可能依据这些条件做出抉择。在最初的合作中，各成员企业可能看重的是各自的利益，并且通过协商、谈判建立对合同的信任。在合作事项中合同公平是核心，法律制度健全是保障。

当上下游企业在长期业务中逐渐相互表达善意和相互理解时，合同信任就会上升为理解信任。此时，企业不再对经济利益过于敏感、过于谨慎，甚至同意延迟货款交付期限。此阶段不再以质量、价格、规模、技术等条件作为选择合作伙伴的主要标准，而会综合考虑再进行最优决策。买家通常也不会因为短期效益而轻易放弃一个长期合作的供应商，因为他们知道信任的建立需要很长的时间成本和很大的经济成本。绿色供应链联盟如果达到了这种信任程度，应该说是很成功的了。我们来了解一下著名的马自达汽车公司案例①。

1973 年，在第一次石油危机的冲击下，汽车制造商马自达所生产的转轮式发动机汽车销量骤减，营业收入直线下降，公司濒临破产。马自达汽车公司，主要债权人是住友信托公司，住友信托公司为了提高马自达汽车的销售量，重组了 7 名董事，经过董事会的决策，公司采用了新的汽车生产技术。同时，住友企业集团的另一名企业成员与马自达汽车公司属于理解信任的关系，对马自达汽车公司伸出了援助之手，采购了马自达生产的汽车，供应商也对汽车零部件进行了降价处理，相关银行也提供了支持和信贷。最终，解雇任何一名员工的，马自达汽车公司渡过了难关，获得了重生。有着强烈责任感的供应商和银行帮助马自达汽车公司走出了困境，因为他们属于理解信任关系。这种看起来似乎不符合经济逻辑却很稳定的理解信任关系，使合作伙伴变得更加亲密，同时会增强合作企业的整体竞争力，达到整体最佳。

基于认可的信任是一种高级别的信任关系，相互信任已经成为彼此的道德责任感。在这种关系中，绿色供应链上各成员企业相互尊重、相互帮助、相互支持，相信对方做出的任何决定，并坚信对方把自己的利益与他们的利益同等对待，完全是在公平、公开、公正的环境下处理合作事务。不可否认的是，在实际的合作过程中，不可能要求每一家成员企业都具备善良的品性或雷锋精神，并且由于绿色供应链上企业都具有经济独立性、社会自主性，不可能不考虑自身利益而大公无私地为整体最佳作贡献，在绿色供应链联盟中培育出一种基于认可的信任是很艰难的。为了使企业间高度信任，最简便的方法就是通过信仰的培育、文化的创造和价值观的认同来增强绿色供应链管理的凝聚力与公信力。

（3）绿色供应链信任的作用

绿色供应链被称为多个企业的大联盟，绿色供应链信任可以理解为社会资本。企业的社会资本是一种社会信任网络，它更有利于从企业内外个人及组织之间获得资源和支持。企业社会资本在 5 个方面具有相互联系的关系。一是企业社会资本发挥它价值的方面不仅在企业内部，还包含企业外部。二是企业与社会在沟通过程中所体现的关系，是一种和谐的组织与组织、组织与个人和个人与个人的关系。企业社会资本中的社会联系，不仅可通过人格化的人际关系体现，还可通过非人格化的个人及组织、组织与组织的社会关系体现出来。三是信任是企业社会资本的表现，也是企业社会资本的核心部分。四是帮助企业获得社会支持是企业社会资本的特殊功能，并有利于企业本身发展获得稀有资源。五是企业社会资本的存在方式是互联互通的网状结构。企业内部个人、组织与企业外部个人、组织

① [美]福山 F，2001. 信任：社会美德与创造经济繁荣[M]. 彭志华，译. 海口：海南出版社.

之间宝贵的社会信任关系交错形成了网络化的连接，能够保持组织、人际间及时的、高度弹性化的互相联通，以及可利用的资源、适应能力的动态整合与合作。通过对上述 5 个方面的理解，企业社会资本就是一种被定义的信任关系网络，出现于组织与组织、个人与个人之间。绿色供应链信任除了有利于企业本身发展获得稀有资源和互助合作等优势，还有以下几个方面的作用。

1）信任可以节省绿色供应链中的成本。在市场经济大力发展的今天，生产成本基本已经降到了最低点，然而绿色供应链成本是唯一具有巨大柔性空间的。供应链联合体的建立使企业获得了一种有益的制度安排，并且降低了经营成本（包括搜寻信息成本、契约谈判成本、精神激励成本和监督管理成本等），这些成本都是企业的核心。绿色供应链从外部形式来看结构比较松散，从内部来讲也以市场利润为驱动力，绿色供应链上企业间信任度越高，成本就越低，但是这种收益的维持不是靠短期的参与，而是要依赖长期、稳定的合作关系来保持。

2）信任可以实现绿色供应链上企业的共同愿望。信任是指信守承诺，对合作伙伴的做法表示相信。绿色供应链上企业成员间的互相信任有利于企业成员间形成团队理念，增强企业凝聚力，促进企业之间项目合作等，即使有突发事件，但它依然能增强责任感，减少突发性事件中的相互推脱，减少矛盾与摩擦，减少谈判，减少解决问题的时间，从而很大程度上降低绿色供应链的复杂性和不稳定性，使各方能够在各自承担的绿色供应链运营责任集中精力，自愿地为追求整体利益而努力。

3）信任可以提高整条绿色供应链的反应敏捷度。信任在企业交易中的表现为按规定时间交付产品和如约付款等。例如，当核心企业需要一些半成品时，临时紧急通知供应商供货，供应商在接到订单后会立即按程序供货，如半成品无须检验，就可以被直接送上装配线，这样一来就可以大大提高业务效率。此外，超越合同之外的灵活性也体现为信任，即在紧急情况下随时提供帮助，以及信任企业自愿忽视生产供应方偶尔出现缺陷的情况，如购买商的延迟付款意愿。这种灵活性能够使公司相互理解和信任，而不会出现错过市场机会的情况。

以上各方面是相互联系、相互作用的。总的来看，信任是维系绿色供应链上企业间合作关系的不可或缺的重要指标。通过对信任概念的分析，发现信任的同时也伴随着风险，信任在哪里立足，风险就在哪里追随。信任者对被信任者有着无限的善意和期望，信任者几乎无法预测自己的期望能否得到合理的回馈，被信任者的行为也没有任何条款的控制，这就意味着绿色供应链本身在信任方面存在相当大的不可预见性，这种风险会极大地影响双方企业，也会通过绿色供应链的互联互通作用进而危及和影响供应链上其他成员企业。

（4）绿色供应链信任的困境

信任已经成为一种值得追求的企业社会资本，因为它可以帮助合作伙伴达成共赢。供应链上企业寻找值得信赖的合作伙伴或声誉良好的企业是非常重要的。

然而与经济资本、人力资本不同，社会资本不能单纯地从企业理性的投资决策中获得，但是在绿色供应链中，企业的发展往往又离不开这种资本，而且想要获得这种社会资本也不是一件容易事。绿色供应链内企业间要想获得更多的信任，会受很多影响因素，其中包括比较宏观因素，如常见的法律制度、社会制度和社会文化等，也包括微观因素，如常见的绿色供应链内各成员企业的信息沟通和交流、处理合作事宜等。此外，正式系统（主要是国家相关法律法规）和非正式系统（如企业伦理、领导道德、社会风俗、社会标准等）也会对绿色供应链各成员企业的信任产生较重要的影响。

宏观因素是国家和社会层面所有因素的整合集合体，属于绿色供应链中的外部影响因素；而微观因素是企业层面相关因素的协调集合体，属于绿色供应链中的内部影响因素。内部因素和外部因素的差异有助于绿色供应链中的各成员企业知道接下来应该往哪个方面发展。

1）外部因素。外部影响因素有多种，这里主要是指法律制度、行业行规和社会的文化背景。

法律制度和行业行规这两个外部影响因素对于建立不久的绿色供应链联盟来说，显得尤为重要。绿色供应链是在市场利益驱动的条件下有意识的组合，因而在这种条件下所形成的信任是基于计算程度的信任，合同文件就是这份信任的保障。总的来说，信任是建立在法律效应之上的认可程度，如果我们的法律法规建设不完善、不全面，法律法规落实不到位，法律法规执行不严格，就很容易导致机会主义泛滥，同时对绿色供应链中各成员企业的信任也是一种挑战。

2）内部因素。内部因素主要包括满足能力程度、权益公平程度和信息共享程度。

① 满足能力程度。绿色供应链上各成员企业必须要彰显自己的核心竞争力以快速地应对客户需求。在绿色供应链管理过程中，选择联盟企业时，不仅会考虑价格因素，还会考虑产品和服务的认知体验，这种认知体验是处于下游的企业对处于上游的企业产品的认知行为，这种认知行为也会影响信任度。对企业产品和服务持久的满意度，源自企业产品的使用效果。同时，在很大程度上，下游企业的采购能力、终端客户的服务能力及销售能力会直接影响上游企业在接下来发展过程中的选择。由此可知，能力的认知体验最终决定信任程度，信任程度最终决定企业行为的判断，如对于维持长期合作关系和重复信任交易的意愿。

② 权益公平程度。建立绿色供应链，就是企业为了尽可能地获取更多利润，从而提高综合竞争力——无论是从源头上降低成本、提高收入还是在联合过程中降低风险。因而，怎样去判断权益公平程度是否会影响绿色供应链中各成员企业的信任关系，就要看这些利益有没有分配公平且合理，以及企业获得的利益是否与它在这条绿色供应链中所承担的投资风险相对应。利益冲突貌似从来都没有离开过，它们深深根植于平常的市场环境中。在绿色供应链发展过程中，不会总是

呈现出好的一面，不可避免地要牺牲一部分利益，但是这牺牲的一部分利益该由谁来承担，谁来负责？绿色供应链中的其他节点企业该如何补偿？如何公平合理地分配最好产品？这些问题都是关于如何发挥合作的更大优势的。如上所述，利益冲突在绿色供应链中客观存在。如果利益冲突可以成为违背“风险共同承担、利益共同享有”承诺的借口，特别是那些占有绝对优势的企业要求成员企业必须随时做出牺牲的准备，这样的信任关系是不会长久的。

③ 信息共享程度。信任由于信息产生的影响主要有两个方面：一方面，在绿色供应链建成初期，足够的信息共享才会确定合作伙伴。信息传递不到位或者缺乏相关信息都有可能造成绿色供应链中企业的逆向选择和道德缺失。其中逆向选择是指当合作伙伴缺乏必要的信息资源（如流动资金、市场份额、信誉状况等）时，在谈判中过高地抬高价格，却又选择报价相对较低的合作企业，并从中筛选出一部分业务水平高的企业。道德缺失是指在信息不对称的情况下，双方签订合同后的具体合作过程中，就会出现有损道德风险的情况，特别是当外部制度不完善、毁约利益大于成本、对方不清楚或不能控制即将到来的损失时，就会选择损害他人利益来保全自己。这种行为在给对方合作者带来经济损失和心理损失的同时，也会使自身遭到制裁和一定报复，最终造成自身信任度低下，信任危机不可避免。另一方面，在绿色供应链建立之后的联盟合作阶段，信息共享能力、知识拥有程度、相互理解与支持是信任的基础，对提高绿色供应链管理效率具有重要作用。绿色供应链具有响应性与号召性。优秀的绿色供应链团队会选择保持良好的沟通，分享自己的生产、经营状况，甚至是机密性的财务状况，从而提高企业经营过程的可见度与透明度，加深彼此的了解和信任。但在联盟合作阶段，由于多变的环境，供应商往往会担心承包商对自己的专有流程或财务等方面了解太多。

（5）绿色供应链的信任培养

信任不是合同条款明文规定的强制性执行的内容，而是企业之间信誉的相互体现。信任是绿色供应链上企业自身道德素质修养的自我约束。在现代保险行业中，以各种信用行为担保的保险正在火热推出，但保险公司真的能对信任做出保障吗？它所能做的也只是赔偿违约造成的部分经济损失。然而，缺失信任后的心理损失和一系列不良反应是无法用其他物质衡量和弥补的。因此，弥补在信任方面的体制机制不完善可能造成的严重后果，积极培养信任关系是绿色供应链联盟中的一个重大问题。

1）动力机制的形成。信任机制不是永久性的。信任可以减少竞争性的冲撞和由此产生的交易成本，尽量避免触碰法律程序，但不能完全取代法律的作用。绿色供应链上企业战略联盟都会有着不同的合作动机，它们首先注重的是“看不见的手”，然后是整体最佳，在这种动力作用下，签订公平合理有效的合同仍然是防范风险的最基本、最优的保障措施。

2）过程机制的形成。行为是连续性的一连串发生的动作，它决定了过去的行为会对当前和未来的行为造成重要影响。由此可以看出，持久的、可靠的合作关系会影响信任关系。首先，在绿色供应链联盟成立初期，必须有一个可靠的综合评价体系被公认，从而选择合适、合理的合作联盟伙伴。在选择合作联盟伙伴时，应该运用一些指标去衡量综合评价系统，如声誉、规模、业务绩效、资源容量、道德建设、社会责任感、合作个性化投资及共享保密信息的意愿程度等。同时，对潜在合作企业进行可行性评价，为建立未来合作伙伴信任机制奠定基础。其次，各成员企业间应该表现出对每个合作伙伴的忠心与信任，同时采取积极的行动让对方从各个方面、各个角度了解自己的信誉是可靠、可信的。企业树立自我信任形象的战略战术：加强与合作成员的联系；树立可靠性高、公平交易的知名度；愿意快速合作和快速反应；对想要合作的项目进行必要的前期考察和投资；加入被社会普遍认可的协会、联盟等组织；建立丰富优秀的企业教育文化，引导员工树立信任理念等。最后，在绿色供应链管理和实际操作运营过程中，绿色供应链上的各个合作企业需要通过各种沟通方式保证行为的透明度和公开性，加强彼此的有效沟通，促进深入了解，增强互信。在实际工作进行过程中，信任关系的建立并不是立即形成的过程，而是长期合作所表现出的良好沟通，是建立信任的基础。绿色供应链上企业都需要长期持续地保持有效沟通，不断改善沟通方式，建立在企业高层管理中的有效合作，以及随后开展密切的个人交往与交流等方面的关系。如此，绿色供应链各个成员间的相互信任程度必将会随着时间慢慢提高。

3）特征机制的形成。绿色供应链中每个成员企业的社会背景、企业形象和企业文化可能都是不相同的，甚至存在很大差异。若差异较小，各个成员企业就越可能理解对方的思维和行为，易于形成一种具有明显特性的共同形象与文化，能够涵盖各方的利益和战略，并为各方所接受。

4）制度机制的形成。为了使各个成员企业的行为标准化，在绿色供应链中建立一套制度规范机制就显得尤为重要，以有效防止欺骗和机会主义盛行。一是增加欺骗成本。可以通过提高违约成本的方式，使其难以轻易撤回投资，以及签署保护性合同以防止机会主义行为。二是增加合作效益。怎样使成员企业永久与绿色供应链保持关系，就需要从增加整体收入和制定绿色供应链的激励措施等方面入手，让绿色供应链上的成员认为留在绿色供应链中是最佳选择。三是规范信息交流程序。交流与沟通的重要性在于其为供应链联盟的持续交互作用提供基础和保障；通过相关信息交流，供应链成员企业可以获得共同的价值观和评价标准；通过信息交流，供应链成员企业可以确定和发展更多的共同点。因此，信任感也就会不断强化。

在绿色供应链企业管理人员的控制范畴之中体现出来的往往是每一种信任机制的不同形式，因此在供应链联盟建立初期进行设计及合作过程中加强绿色供应链管理就必须清楚地分析、了解每一种合作形式的特性与功能，从而保证有关机制与绿色供应链的整体目标相互适应，发挥整个绿色供应链管理的协同效应。

3.3.5 慈善伦理在绿色供应链管理中的价值分析

在绿色供应链管理实践中，从慈善角度实现环保生产、进行绿色管理，既有可能对慈善事业、环保产业的发展产生积极影响，也有可能对慈善事业、环保产业的发展产生消极影响。本书认为不能因为存在不利影响就对企业实施绿色管理采取回避或否定的态度，而是要从意识、理念与制度上规避风险，确保慈善伦理在绿色供应链管理中的实现。本书将从慈善伦理的主客体及两者之间的关系、慈善伦理的要素，以及价值目标等方面分析企业在实施绿色供应链管理中的慈善伦理结构问题。

（1）慈善伦理主体与客体及其关系

从企业实施绿色供应链管理角度而言，首先要理清慈善参与中谁是主体，谁是客体，以及两者之间究竟存在什么样的关系等。慈善是一种既帮助他人（或组织）又有利于自己的活动，参与其中的有提出方与接受方，即施助者与受助者。因而，将提出方界定为绿色供应链上核心企业的后向企业，即慈善主体，将接受方界定为绿色供应链上核心企业的前向企业（购买核心企业产品的个人或组织），即慈善客体。

1）慈善伦理主体。从慈善伦理的角度来看，我国学者对慈善主客体的说法各有侧重。李强等（2014）认为慈善主体就是所有参与慈善施助的人、企业或其他组织；张龙杰（2016）认为慈善主体就是慈善组织，如红十字会、中华慈善总会、非营利性公益社会团体等；武晓峰（2011）认为慈善主体只是个人，因为个人是善物善款的来源。通过对不同看法的研究与比较，结合当今社会慈善发展的现状，以及本书所要探讨的问题，本书认为慈善主体由施助个人、施助企业及其他参与慈善成立的公众组织或临时组织等组成。总而言之，针对本书的具体情况，慈善主体就是绿色供应链上核心企业的后向企业，即从事慈善活动的个人与企业。

2）慈善伦理客体。慈善活动是一种施助方与受助方的互动过程。慈善主体是施助方，那么慈善客体就是施助企业的接受方，即需要我们从道、义、利、爱、绿色、经济等方面提供帮助的个人或企业。从绿色供应链管理实践方面来看，慈善活动对施助方与接受方都是有利的，或者是双赢的，因为施助方也有可能成为接受方，主客体在供应链上是密切相连的，也可能会相互转换，即慈善主体成为慈善客体。因此，慈善客体就是绿色供应链上核心企业的前向企业或个人。

3）慈善伦理主客体的关系。在慈善活动中，协调好慈善伦理主客体的关系对企业实施绿色供应链管理活动的顺利进行具有重要意义。绿色供应链管理活动是道德性的活动，是在慈善主体与慈善客体之间发生的，即核心企业与其他企业之间发生，在这个过程中必然产生伦理关系，即施助方与接受方的伦理关系。绿色供应链管理活动作为施助方与接受方共同参与的活动，主体与客体的伦理关系时刻存在于绿色供应链管理活动中，对于慈善事业、环保产业及企业发展的重要性不言而喻，因此，需要给予高度重视。在绿色供应链管理过程中需要注意以下几点，第一，在慈善过程中双方都要谨守行业的道德规范；第二，出于对施助者的尊重及利益，接受方有义务提供自己的真实信息；第三，施助者与接受者向社会公布信息，接受企业监督、社会监督和国家监督，这些本身是伦理问题，但是也需要以慈善伦理加以规范与引导；第四，厘清施助方与接受方的权利。这些都是绿色供应链管理活动中的慈善伦理关系问题。

（2）慈善伦理的要素

针对绿色供应链管理活动，供应链企业慈善伦理要素的确定意义重大而迫切。只从慈善角度来看，不同学者对慈善伦理要素有不同的看法。本书主要从供应链角度分析企业慈善伦理问题，而所有的思想归根到底都需要企业去实践。因此，明确企业既是慈善事业的主体又是慈善事业的客体，明确慈善既是个人、企业、社会的责任与义务，也是权利的双重性，从而使责任与权利达到平衡。因此，提出慈善伦理的 3 个基本要素，以企业为本作为起点、以无私奉献作为向度、以义利融合作为追求。

1）企业为本。以企业为本，即绿色供应链管理活动的一切发展目标都以企业的利益与发展为准绳。慈善伦理精神正是绿色供应链上成员企业以爱与善为基础，帮助企业、尊重企业、互利企业，使企业与企业、企业与社区、企业与社会、企业与个人、企业与自然和谐发展，这与以企业为本的实质是不谋而合的。

改革开放以来，我国部分企业为了自身的发展，一味地追求经济利益而放弃了社会效益与环境效益，导致一些社会伦理问题及环保问题的发生，加之我国正处于社会主义初级阶段，应大力发展慈善事业，加强对企业的绿色管理和伦理管理。首先，以企业为本，有浓浓的企业情怀，以企业的根本价值为尺度和目标，重视对企业主体地位的确认，体现关心企业、尊重企业、帮助企业的基本要求，这与慈善伦理弘扬人文精神、规范企业的道德自觉性不谋而合。其次，企业是集自然属性、社会属性与精神属性于一体的。企业的本质特征在于它的社会性，是社会的组织细胞，慈善是人类社会发展的产物，其根本出发点是帮助个人、帮助企业。也正是因为企业的社会性，才有慈善事业的发展。最后，重视企业的需要，给予企业关怀，企业的需要与利益的追求是社会关系发展的基本动力。而慈善伦理要求乐于助人，尊重企业，这都是社会主义道德建设的基本内容。以企业为本作为起点，将绿色供应链管理理论与实践相结合，对企业慈善伦理的发展具有重要的理论价值与实际意义。

2）无私奉献。绿色供应链上企业的慈善简单来说就是乐于奉献。慈善的道德在于施助者的仁爱与关心，“大爱”也从道德情感上成就了慈善伦理。只有真正拥有“爱人”之情而不只是“爱亲”之心，才能够全身心地投入慈善事业、巩固企业根基、博得社会之感。慈善伦理在道德情感上所追求的就是无私奉献，企业的“大爱”道德情操是整个社会慈善事业可持续发展的重要条件。无私奉献的慈善伦理强调超越自我，显现大爱精神，不求回报，完全利他。于施助者而言，这种奉献使他们伸出援手，帮助他人及企业，用尊重和平等的态度面对受助者；于受助者而言，要用感激与真实的状态面对，不虚假也不做作。无私奉献要求企业将善举视为日常习惯，形成一种道德自觉。如此，整个供应链上慈善资源分配不均的问题也将化为乌有。

3）义利融合。众所周知，“集于义，君子也可求利”。墨子提出义利观——义生利、利养义，认为义利是统一的，重义是取得大利的前提。学者朱贻庭和段江波（2014）认为，慈善是善私、善举和善功的统一，而慈善伦理是出于仁慈的善举和善功。义与利是相辅相成、密不可分、对立与统一的关系。因此，企业在进行绿色供应链管理时要正确处理义与利的关系，将两者有机融合起来，才能最大限度地完善与发展慈善事业。

孔子认为：“君子之与天下也，无适也，无莫也，义之与比。”也就是说，要以义为标尺，以义为先。当然，我们并不排斥带有正当功利目的的慈善，或者说供应链上企业应当以功利为目的，但是必须以义为主，体现慈善行为的人情关怀，以利为辅，促进慈善事业发展、完善企业社会功能。首先，以义为主导，体现慈善行为的人情关怀。一方面，从一般的慈善行为升华到人间世故；另一方面，慈善不仅表明了企业或个人的善意，还对企业的发展具有促进作用。通过人情关怀，既体现了自身价值又表达出社会的伦理道德要求，使全社会互相帮助与关怀成为一种社会责任和义务。其次，用利作辅助，促进慈善事业发展，完善企业社会功能。慈善行为是人们自觉自愿自发的道德情感选择。通过国家政策、慈善制度、慈善氛围、企业伦理、公众趋向等来推动个人、企业和社会大众参与慈善活动，并给施助者提供一定的利，以此激发更多的个人与企业进行慈善活动。如此一来，施助者获得了一定的利，接受者获得了一定的帮助，整个社会也会受到一定的益处，这就是我们常说的共赢局面。总之，实施绿色供应链管理，要从慈善的根本出发，慈善主体出于伦理道德精神的需要，从自身良知和社会呼唤需求出发，不为名，只为义，而正是因为这样的义，施助者真正得到一定的利，进而促进慈善事业发展，完善企业社会功能，推进社会和谐。如此良性的义利循环，义利融合，才是企业在实施绿色供应链管理中最值得提倡的，只有这样才能进一步进行慈善活动，推动企业与社会的发展。

（3）慈善伦理在绿色供应链管理中的价值目标

慈善彰显的是人道主义精神，它是社会文明发展程度的重要标志之一，表明了社会大众相互之间的关爱与仁义。慈善作为一种无私奉献的道德精神，其本质也是合乎伦理的。

慈善伦理一般会被慈善主体与其他主体认为是一种不公平的竞争，但是慈善伦理作为供应链企业基于道德、习惯、环保、公益的第 3 次分配方式，从其终极目的来看，正是为了弥补供应链上不道德行为、不环保行为、无公利性企业的非正义问题，即弥补或解决政府失灵与市场失灵的问题，真正实施绿色供应链管理。同时，如果从政府制度、企业道德、公众意识层面能确保慈善伦理企业收益，并真正按照公益慈善事业相关条例执行，那么供应链上的企业就会感受到真正的公平，从而走出非平等性困境，生产绿色产品，完善公益事业。

1）道与术：绿色供应链管理的理性选择。道与术是我国处世哲学的重要衡量器。《周易·系辞》认为"道"是事物的发展规律，"术"是规律指导下的方法。道术相辅相成，密不可分，道中有术，术中有道，道术互通，功用互构。成功者化道为术，借术明道，并在道与术的运动、变化、发展、结合、通达、互构中成就事业。

慈善作为一种超越性的无私奉献，其本质是合乎伦理的。慈善的最高目标是自然、和谐、协调、发展，属于"形而上"的范畴。企业实施绿色供应链管理是一种社会生产方式，是实践过程中方法、手段、工具的运用，相对而言，属于"形而下"的范畴。作为"形而上"与"形而下"结合的慈善伦理下绿色供应链管理，在其具体的实施过程中，要遵循道与术的内在关系及其运动规律与社会规范，即在慈善伦理下绿色供应链管理要将"道"与"术"有机统一起来，无论企业实施怎样的绿色供应链管理，"术"都不能脱离慈善伦理之"道"。也就是说，企业在实施绿色供应链管理中要遵循道德规范，其行为只是慈善目的的手段与工具。只有这样才能保证绿色供应链管理不脱离慈善伦理的轨道。

2）义利双赢：绿色供应链管理的价值取向。义利之辩是企业实施绿色管理的重要条件。我国古代伦理思想中对二者的排序总体来说有以下 3 类观点：第一类，义优先于利；第二类，利优先于义；第三类，义利双赢。义利相异，相互对立，是人存在的基本需要，是企业发展的根基，两者是相生又相克的辩证统一关系。墨子从"兼相爱，交相利"出发，认为自身奉献精神、自身的道德化更能实现自我利益化。他对"利"的理解主要是指"天下之利""他人之利"，正是因为"交相利"的方式追求私利，"利"才有了伦理的正当性。绿色供应链企业也正因为有了"利"，才能从慈善伦理的角度实施绿色管理。

供应链企业在企业生存与发展的影响下，在"义"与"利"的天平上自然偏重"利"，但是当今社会对企业功能的要求也越来越高，没有"义"根本上谈不上"利"。应当将"义""利"通过慈善经济平台进行有机结合，实现"义"与"利"的有机统一。也就是说，既不能只追求"利"而放弃"义"，又不能在慈善过程中耻于谈"利"。企业在实施绿色供应链管理时要找到两者之间的平衡点，如果发生矛盾，要本着"两恶择其轻"的原则。这样才能实现义利双赢，使绿色供应链管理真正实现慈善伦理性。

3）制度安排：绿色供应链管理的法制保障。慈善伦理下的绿色供应链管理必须要有一定的法律制度与政策保障措施，即要进行一定的制度安排。第一，公开透明制度。企业都想在公开、公正、公平、合理的环境下进行竞争与合作，这是企业应当遵循的最基本原则。如果供应链上合作伙伴信息不公开，企业就会有隐瞒及欺骗行为，从而相互不信任。此外，慈善伦理下绿色供应链管理模式应该实行刚性管理，纳入“有法可依、违法必究”的轨道。第二，年度审核制度。供应链上企业针对慈善行为、经济行为、经营行为、管理行为、环保行为等方面，成立审核委员会，审核委员会成员由供应链上的企业共同组成，主要针对慈善、财务、管理、环保、项目运作与开展等情况进行全面审计，同时接受政府管理部门的监督。第三，失信惩罚制度。对供应链上企业设置信用档案，建立“一处失信，处处受限”的惩罚制度体系。例如，如果产品没有达到环保要求，可以对其进行合作等级的限制。第四，政府的管控制度。政府制定并颁布涉及慈善、伦理、环保等方面的一些企业管理法，从而有效推动慈善伦理下企业实施绿色供应链管理。

第 4 章　伦理决策与绿色供应链管理实践的关系

本章主要是在和相关专家学者进行深度访谈、对相关文献资料的归纳与整理、进行实地调查及网络调查的基础上，构建基于伦理决策的绿色供应链管理体系，分析伦理决策对绿色供应链管理实践的影响，提出伦理决策与绿色供应链管理实践的关联模型，试图使供应链成员企业的认识范畴在横向上从绿色管理进一步扩展到伦理决策；在纵向上从市场层面的伦理决策与绿色供应链管理进一步深入到运作层面的伦理决策与绿色供应链管理。

4.1　问卷设计与分析

问卷调查法能够对所调查资料进行量化处理，标准化程度较高，并且样本容量可多可少，是当今管理学研究中最重要的研究方法之一。为了规范使用该方法，本节对问卷设计、变量测度、问卷分析等方面进行简要介绍。

4.1.1　问卷设计

本书以调查问卷的方式获取第一手资料，然后进行后续的统计分析与推论。调查问卷的设计过程主要包括以下几个步骤。第一，通过对国内外相关文献的分析与整理，设计问卷的相关题项。第二，咨询相关学者与企业中高层管理者、与高校同事讨论题项的合理性，对问卷题项进行筛选与补充。进行小规模访谈以确定题项的表达准确度，并且根据企业人员经验修改、删除和补充相关题项。第三，进行预调研，通过对预调研结果的分析，确定正式调查问卷。

总之，对问卷的设计，主要是参考国内外相关研究成果的成熟量表，并结合我国相关专家及企业人员的意见对问卷测量题项进行修改与取舍。

同时，为了达到构建一套合理、全面、系统、科学的调查问卷的目的，本书调查采取了以下控制措施：第一，控制填写问卷对象。调查的专业性较强，要求调查对象必须是对企业决策与供应链业务十分熟悉的人员或物流方面专家，以此来提高调查问卷的可靠性。第二，控制调查过程。调查所遇到的最大障碍是多数企业人员繁忙，对于工作繁忙的企业工作者，调查人员主动上门调查或通过网络手段进行调查；对于供应链专家，调查人员主要是采取电子邮件的方式，以保证专家们有足够的时间填写问卷。

在问卷的内容方面，主要包括 4 大部分，第一部分为引言，主要介绍问卷的研究目的、研究内容、对答题者的承诺（进行匿名调查，问卷内容仅为学术研究所用，调查数据不会用于其他商业用途，对所提供的信息绝对保密）、表示感谢、研究人员单位及研究时间等；第二部分是被调查者的信息，主要包括性别、涉及行业、单位性质、单位规模、被调查者教育程度、职务及收入等；第三部分是伦理决策情况调查，主要包括 3 个测量维度，即伦理认知、伦理判断和伦理行为；第四部分是绿色供应链管理实践情况调查，主要包括 3 个测量维度，即绿色采购管理、内部绿色管理和环境伦理管理。

4.1.2 变量测度

本书使用利克特量表进行测量，1 代表最低级（非常不同意），5 代表最高级（非常同意），对每个变量分别采用多个问题测量，每个问题采用 1～5 等级进行打分。

（1）伦理决策量表

本书对企业伦理决策的研究，主要参考了以下学者的相关研究。Barsky（2011）从伦理决策中探讨了伦理困境情景，内容涉及诚实信用、竞争公平性等伦理领域的问题。例如，A 是某公司客户经理，为了节省成本，导致某产品存在一些潜在的质量问题，但是 A 听取了上级领导意见，在交易过程中向客户隐瞒了一些信息。这就涉及商业诚信的伦理困境，其中包括 A 的行为能够被接受吗？A 的行为符合伦理吗？Valentine 和 Nam（2014）用统计学方法探讨了伦理决策中变量关系。Celuch 等（2015）从决策者的性格等方面探讨了伦理决策的制定与哪些因素有关。金杨华和吕福新（2008）从盈利能力、诚信经营等方面建立了伦理决策过程结构方程模型。王克岭和姚建文（2008）认为，伦理决策中应包括 3 个层次，即守法经营、互惠经营（诚实守信、公平交易）、奉献经营。伦理决策的情景问卷，引用了陈丽君（2005）开发的“企业家情景判断诚信测验问卷”（entrepreneur situation judgment integrity test questionnaire，SJIT）。

基于上述相关文献的回顾，本书将伦理决策（ethical decision，ED）分为 3 个维度，即伦理认知、伦理判断和伦理行为，并设计了 20 个题项作为测量题项来解释这三个维度，具体内容见表 4-1。

表 4-1 伦理决策的测度

维度	序号	题项
伦理认知	11	注重盈利能力
	12	注重信任关系
	13	注重竞争关系
	14	注重信息公开
	15	注重人情关系
	16	注重合作共享关系
	17	注重企业社会责任

续表

维度	序号	题项
伦理判断	21	机制完善
	22	道义感强
	23	利益共享
	24	风险共担
	25	政府激励充分
	26	决策能力强
	27	决策动机纯
伦理行为	31	守法经营
	32	诚实守信
	33	人本问题
	34	公平交易
	35	履行责任
	36	敬业奉献

注：每个测量题项设 5 个等级，1：非常不同意；2：不同意；3：不一定；4：同意；5：非常同意。

（2）绿色供应链管理实践量表

Sean（2001）认为，绿色供应链管理包括战略管理、环境管理，供应链企业之间的合作应站在战略高度上实现经济效益与环境效益的协调。Zhu 等（2007）认为，绿色供应链管理实践的内容包括生态设计、绿色采购、与客户合作、投资恢复和内部环境管理，基于这些内容设计了 21 个题项来解释这 5 个变量。Anonymous（2014）从伦理角度探讨了供应链管理，并提出了供应链管理的测评维度。de Sousa 和 Jabbour（2013）认为，绿色供应链管理实践包括企业声誉、成本、环境绩效等方面的协调，从而促使企业可持续发展。Mohanty 和 Prakash（2014）提出了绿色供应链管理实践的测量题项，并通过实证分析方法来解释实践变量。Husser 等（2014）从采购角度研究了伦理决策过程，并基于此提出了社会诚信等相关伦理问题。朱庆华和赵清华（2005）提出绿色供应链管理实践的内容，包括绿色设计、绿色采购、绿色生产、绿色包装和绿色营销，其中绿色生产、绿色设计、绿色包装属于企业内部绿色管理。曹海英（2012）认为，绿色供应链管理实践内容包括绿色采购管理、内部绿色管理和绿色营销管理，并针对这些实践内容设计了 21 个问题作为测量项来解释这 3 个变量。

基于上述相关文献的回顾和在第 2 章的文献综述，再结合伦理决策下绿色供应链管理实践内容，以及对企业人员的深度访谈，同时为了简化数据分析，本书将绿色供应链管理实践（green supply chain management practice，GSCMP）分为 3 个维度：面向供应商的绿色采购管理、企业自身的内部绿色管理和针对利益相关者的环境伦理管理。基于此，本书设计了 21 个问题作为测量题项来解释绿色供应链管理的实践情况，具体内容见表 4-2。

表 4-2　绿色供应链管理实践的测度

维度	序号	题项
绿色采购管理	11	要求供应商提供标准的绿色产品
	12	与供应商在平等互利的基础上交易
	13	进行环境审计，监督供应商
	14	公平、公开、公正对待各个供应商
	15	建立与供应商长期稳定的合作关系
	16	与供应商建立绿色战略联盟
	17	与供应商合作注重社会道德标准
内部绿色管理	21	从上至下树立绿色观念
	22	获得 ISO 14001 认证
	23	生产废物排放符合国家标准
	24	实施重要的环保和节能项目
	25	为改善环境而进行企业内各部门合作
	26	允许其他企业参与自身的绿色决策
	27	通过节约人力降低绿色管理成本
	28	与其他企业保持步调一致的绿色行动
环境伦理管理	31	遵守环保法律法规
	32	认证标准伦理化
	33	注重环境意义上的道德行为准则
	34	建立社会信任体系
	35	履行对环境和社会的责任感
	36	实施环境伦理行为的激励与惩罚

注：每个测量题项设 5 个等级，1：没有考虑；2：计划考虑；3：已经考虑；4：正在实施；5：成功实施。

4.1.3　问卷分析

（1）预调查过程

为了检验问卷题项的合理性及进一步完善，本书进行了预调查。预调查主要通过电子邮箱和到实地发放问卷的方式进行，邮箱回收问卷 46 份，其中有效问卷 42 份，实地调查回收问卷 20 份，其中有效问卷 16 份，有效问卷共 58 份。调查对象主要是企业中层管理者与员工。通过预调查发现，教育程度在专科以下人员与专科以上人员的回答存在一些不同，因此，在正式调研中尽量避免从专科以下人员获取问卷；另一个发现是有的题项难以被调查人员理解，主要原因可能是我国人员对从外文翻译过来的量表，在理解上有些偏差，因此，调整了个别问题的表达方式；还有一个发现是通过探索性因子分析删除了一些题项。

（2）效度分析

效度又称有效性，是指能够真正衡量出所测事物的程度，即检测收集到的数据能否得到预测的结论、能否反映研究的问题、潜变量的设定是否合理，如果结果与研究内容越能吻合，则效度越高；反之，则越低。本书主要通过探索性因子分析检验效度，通过进行 KMO 检验和 Bartlett 检验以确认数据可否做因子分析，KMO 大于 0.9，非常适合；0.8～0.9，很适合；0.7～0.8，比较适合；0.6～0.7，适合；0.5～0.6，很勉强；0.5 以下，不适合；Bartlett 检验统计值的显著性小于或等于显著性水平时，可作因子分析，再利用主成分方法，并采用最大变异法正交旋转进行因子提取并估计因子负荷。本书预调查对负荷量小于 0.5 的测量项进行剔除，然后进行正交转轴处理，直到所有测量项负荷量大于 0.5 为止。

1）伦理决策量表的效度分析。伦理决策的 KMO 检验和 Bartlett 检验见表 4-3，KMO 值为 0.859（大于 0.5），Bartlett 检验卡方统计值的显著性水平为 0.000（小于 0.001），表明数据非常适合做因子分析。

表 4-3　伦理决策的 KMO 检验和 Bartlett 检验

取样足够度的 KMO 度量		0.859
Bartlett 的球形检验	近似卡方	935.261
	df	82
	Sig.	0.000

通过 KMO 检验和 Bartlett 检验后，采用主成分分析法和最大变异法正交旋转进行因子提取并估计因子负荷，结果见表 4-4。

表 4-4　伦理决策的旋转因子矩阵

测量题项	因子		
	1	2	3
注重盈利能力	0.735	—	—
注重信任关系	0.668	—	—
注重竞争关系	0.802	—	—
注重信息公开	0.416	—	—
注重人情关系	0.591	—	—
注重合作共享关系	0.646	—	—
注重企业社会责任	0.842	—	—
机制完善	—	0.823	—
道义感强	—	0.718	—
利益共享	—	0.858	—
风险共担	—	0.943	—
政府激励充分	—	0.915	—
决策能力强	—	0.932	—
决策动机纯	—	0.916	—
守法经营	—	—	0.869

续表

测量题项	因子		
	1	2	3
诚实守信	—	—	0.832
人本问题	—	—	0.472
公平交易	—	—	0.825
履行责任	—	—	0.847
敬业奉献	—	—	0.833

注：1）提取方法：主成分分析法；旋转方法：具有Kaiser标准化的正交旋转法。
2）旋转在6次迭代后收敛。

根据题项的删除条件，即删除最大负荷量小于 0.5 的测量题项，则“注重信息公开”和“人本问题”被删除，然后进行第二次因子分析，结果见表 4-5，并且笔者给题项进行了编码。

表 4-5 第二次因子分析伦理决策的旋转因子矩阵

测量题项	编码	因子		
		1	2	3
注重盈利能力	ED11	0.712	—	—
注重信任关系	ED12	0.646	—	—
注重竞争关系	ED13	0.768	—	—
注重人情关系	ED14	0.587	—	—
注重合作共享关系	ED15	0.653	—	—
注重企业社会责任	ED16	0.801	—	—
机制完善	ED21	—	0.809	—
道义感强	ED22	—	0.754	—
利益共享	ED23	—	0.876	—
风险共担	ED24	—	0.931	—
政府激励充分	ED25	—	0.927	—
决策能力强	ED26	—	0.902	—
决策动机纯	ED27	—	0.901	—
守法经营	ED31	—	—	0.836
诚实守信	ED32	—	—	0.815
公平交易	ED33	—	—	0.843
履行责任	ED34	—	—	0.856
敬业奉献	ED35	—	—	0.828

注：1）提取方法：主成分分析法；旋转方法：具有 Kaiser 标准化的正交旋转法。
2）旋转在5次迭代后收敛。

表 4-5 伦理决策的旋转因子矩阵结果显示因子负荷情况良好，除了一个测量题项为 0.587，其他的都大于 0.6，说明提取的因子能够较好地解释测量变量。

其中因子 1 由 ED11、ED12、ED13、ED14、ED15、ED16 决定，与本书中“伦理认知”的测量题项设置吻合；因子 2 由 ED21、ED22、ED23、ED24、ED25、

ED26、ED27 决定，与本书中“伦理判断”的测量题项设置吻合；因子 3 由 ED31、ED32、ED33、ED34、ED35 决定，与本书“伦理行为”的测量题项设置吻合。探索性因子分析的结果表明，本书中伦理决策的测量量表具有较好的效度。

2）绿色供应链管理实践量表的效度分析。绿色供应链管理实践的 KMO 检验和 Bartlett 检验见表 4-6，KMO 值为 0.835（大于 0.5），Bartlett 检验卡方统计值的显著性水平为 0.000（小于 0.001），表明数据非常适合做因子分析。

表 4-6　绿色供应链管理实践的 KMO 检验和 Bartlett 检验

取样足够度的 KMO 度量		0.835
Bartlett 的球形检验	近似卡方	1024.187
	df	90
	Sig.	0.000

通过 KMO 检验和 Bartlett 检验后，然后采用主成分分析法和最大变异法正交旋转进行因子提取并估计因子负荷，结果见表 4-7。

表 4-7　绿色供应链管理实践的旋转因子矩阵

测量题项	因子		
	1	2	3
要求供应商提供标准的绿色产品	0.835	—	—
与供应商在平等互利的基础上交易	0.842	—	—
进行环境审计，监督供应商	0.821	—	—
公平、公开、公正对待各个供应商	0.819	—	—
建立与供应商长期稳定的合作关系	0.748	—	—
与供应商建立绿色战略联盟	0.864	—	—
与供应商合作注重社会道德标准	0.847	—	—
从上至下树立绿色观念	—	0.786	—
获得 ISO 14001 认证	—	0.932	—
生产废物排放符合国家标准	—	0.871	—
实施重要的环保和节能项目	—	0.836	—
为改善环境而进行企业内各部门合作	—	0.812	—
允许其他企业参与自身的绿色决策	—	0.829	—
通过节约人力降低绿色管理成本	—	0.463	—
与其他企业保持步调一致的绿色行动	—	0.804	—
遵守环保法律法规	—	—	0.785
认证标准伦理化	—	—	0.693
注重环境意义上的道德行为准则	—	—	0.746
建立社会信任体系	—	—	0.662
履行对环境和社会的责任感	—	—	0.697
实施环境伦理行为的激励与惩罚	—	—	0.641

注：1）提取方法：主成分分析法；旋转方法：具有 Kaiser 标准化的正交旋转法。
2）旋转在 5 次迭代后收敛。

根据题项的删除条件，即删除最大负荷量小于 0.5 的测量题项，则“通过节约人力降低绿色管理成本”被删除，然后进行第二次因子分析，结果见表 4-8，并且笔者给题项进行了编码。

表 4-8　第二次因子分析绿色供应链管理实践的旋转因子矩阵

测量题项	编码	因子		
		1	2	3
要求供应商提供标准的绿色产品	GP11	0.806	—	—
与供应商在平等互利的基础上交易	GP12	0.823	—	—
进行环境审计，监督供应商	GP13	0.824	—	—
公平、公开、公正对待各个供应商	GP14	0.815	—	—
建立与供应商长期稳定的合作关系	GP15	0.769	—	—
与供应商建立绿色战略联盟	GP16	0.841	—	—
与供应商合作注重社会道德标准	GP17	0.830	—	—
从上至下树立绿色观念	GP21	—	0.799	—
获得 ISO 14001 认证	GP22	—	0.902	—
生产废物排放符合国家标准	GP23	—	0.862	—
实施重要的环保和节能项目	GP24	—	0.855	—
为改善环境而进行企业内各部门合作	GP25	—	0.808	—
允许其他企业参与自身的绿色决策	GP26	—	0.831	—
与其他企业保持步调一致的绿色行动	GP27	—	0.817	—
遵守环保法律法规	GP31	—	—	0.743
认证标准伦理化	GP32	—	—	0.678
注重环境意义上的道德行为准则	GP33	—	—	0.705
建立社会信任体系	GP34	—	—	0.649
履行对环境和社会的责任感	GP35	—	—	0.686
实施环境伦理行为的激励与惩罚	GP36	—	—	0.654

注：1）提取方法：主成分分析法；旋转方法：具有 Kaiser 标准化的正交旋转法。
2）旋转在 4 次迭代后收敛。

表 4-8 第二次因子分析绿色供应链管理实践的旋转因子矩阵结果显示因子负荷情况良好，因子负荷量都大于 0.6，说明提取的因子能够较好地解释测量变量。

其中因子 1 由 GP11～GP17 决定，与本书“绿色采购管理”的测量题项设置吻合；因子 2 由 GP21～GP27 决定，与本书“内部绿色管理”的测量题项设置吻合；因子 3 由 GP31～GP36 决定，与本书“环境伦理管理”的测量题项设置吻合。探索性因子分析的结果表明，本书中绿色供应链管理实践的测量量表具有较好的效度。

（3）信度分析

信度又称可靠性，是指调查问卷的可信程度，它采用同样的方法多次测量同一对象，得到的结果具有一致性、稳定性、一贯性与准确性。研究中，即使采用前人使用过的量表，也需要进行可靠性检验，因为研究对象可能会由于外界干扰因素的影响而对量表内涵的理解不同。一个好的量表应该有足够的可信度，即当它们答案相同或相近时，才是可靠的。本书采用 Cronbach's α系数检验同一维度的一致性与可靠性，并检验分量表的信度。一般来说，分量表的信度系数 Cronbach's α大于 0.7，认为可信度较强，处于 0.6～0.7，还可以接受，可做下一步分析，如果在 0.6 以下，一般认为是不可接受的，这时就要考虑问卷问题了；总量表的信度系数 Cronbach's α大于 0.8，可信度很好，处于 0.7～0.8，可以接受。预测试中变量的信度分析见表 4-9，各变量的 Cronbach's α值为 0.786～0.926，除了一项为 0.786，其余均高于 0.8，表明量表信度较高，结果具有一定的可靠性与稳定性。

表 4-9　预测试中变量的信度分析

变量	题项	维度α值	变量α值	变量	题项	维度α值	变量α值
伦理决策	ED11 ED12 ED13 ED14 ED15 ED16	0.812	0.926	绿色供应链管理实践	GP11 GP12 GP13 GP14 GP15 GP16 GP17	0.885	0.899
	ED21 ED22 ED23 ED24 ED25 ED26 ED27	0.905			GP21 GP22 GP23 GP24 GP25 GP26 GP27	0.917	
	ED31 ED32 ED33 ED34 ED35	0.891			GP31 GP32 GP33 GP34 GP35 GP36	0.786	

综上所述，预调查中对调查问卷进行了初步的统计分析，显示了问卷具有较好的信度与效度，能够保证研究的合理性与科学性，下一步可进行正式问卷调查与数据收集工作。

（4）正式调查

为了使调查具有可行性、客观性和有效性，同时具有一定的代表性，在区域的选择上，实地调查主要选择了广东省与湖南省，网络调查包括华东、华南、华中、东北、西南等地。在企业类型方面，涵盖了生产制造业、建筑业、金融业、服务业、商贸流通业、信息技术与通信业、房地产、物流仓储等行业，具有比较好的代表性。在被调查人员方面，主要选择了董事长或总经理、高层管理者（如总裁助理、副总裁助理等）、中层管理者、基层管理者、员工。在企业规模上，选择了员工人数较多与资产规模相对较雄厚的企业。总的来说，问卷具有一定的代表性与实际性，比较适合做有关企业伦理决策与绿色供应链管理方面的研究。

问卷调查主要以实地调查与网络调查相结合的方式进行。在实地调查中有的是当面让被调查者填写问卷，当被调查者遇到一些疑问时及时对其进行解答，以保证问卷的客观真实性；有的是让朋友进行发放，再回收。一些中高层管理者很难实地进行调查，所以通过朋友利用“滚雪球”的方式进行网络调查，通过电子邮件把调查问卷发送给被调查者，以保证调查数据的安全可靠。问卷发放时间为2014 年 10 月 15 日至 2015 年 1 月 18 日，共发放问卷（包括网络调查问卷）260 份。本书将采用 SPSS 17.0 软件和 Lisrel 18.7 软件进行数据统计与分析。

4.2　基于伦理决策的绿色供应链管理体系

近年来随着国内外企业，特别是一些上市公司商业丑闻的出现，企业的伦理道德、公平公正、诚实守信等问题已经成为一个全球性话题，政界、企业界和学术界也是越来越关注与重视这些问题。新闻媒体所报道的这些商业丑闻是已成事实的非伦理行为，这些非伦理行为的发生并不是偶然的，在它发生之前企业肯定有一个决策过程，即有一个非伦理决策，而后才有这些非伦理行为。然而任何管理思想和管理模式的诞生都有其特定的时代背景与现实基础。绿色供应链管理模式从理论体系的创建到实践机制的建构更多的不是企业自发自觉的行为，而是多种合力驱动的产物。

企业伦理决策研究源于企业社会责任观念的兴起，现代企业不但要承担经济责任、法律责任、慈善责任，还要承担伦理责任。伦理决策具有整合资源、降低成本、内强素质、外塑形象、减少道德风险、扩大公众影响和提升企业核心竞争力等作用。绿色供应链企业不仅要注重价值观念、环境保护，还要形成独特的伦理道德规范，以获得持续发展的竞争能力。在实践中，伦理决策是企业持续发展的内在需求，对企业的影响非常深刻、广泛和持久，远远超过了经济手段、行政手段乃至法律手段，具有其他因素不可替代的效能。所以，伦理决策是影响绿色供应链企业持续发展的关键因素。正如《战略管理与伦理》一书中所断言的：伦理决策的制定是追求卓越的表现。下面借助物理力学知识的合力模型来对企业伦理决策及其他因素对绿色供应链企业持续发展的影响做直观分析，如图 4-1 所示。

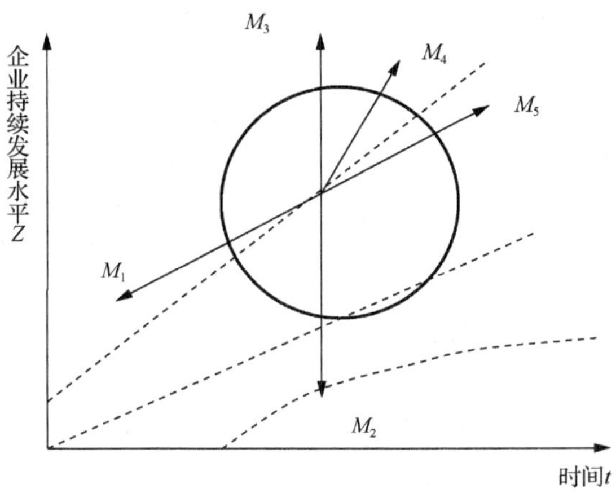

图 4-1　绿色供应链企业持续发展的合力模型图

合力函数为

$$Z=f(M_1, M_2, M_3, M_4, M_5)$$

式中，Z 表示绿色供应链企业持续发展水平；M_1 表示绿色供应链企业持续发展的阻力；M_2 表示绿色供应链企业规模；M_3 表示内部绿色管理；M_4 表示绿色采购；M_5 表示企业伦理（伦理决策）。

在绿色供应链企业持续发展的合力模型中，各分力是相互联系和相互作用的关系，当外部环境的变化对供应链企业不利时，就会产生发展阻力 M_1，而绿色供应链企业规模 M_2 是发展的动力，规模越大，发展的动力越大。

用物理学的加速度来表示绿色供应链企业持续发展的加速度 S，加速度 S 与发展动力之和与阻力之和的差值成正比，与企业的规模成反比，公式如下：

$$S=\left(\sum M_{动}-\sum M_{阻}\right)/M_2$$

式中，S 表示绿色供应链企业持续发展的加速度；$\sum M_{动}$ 表示绿色供应链企业发展的动力之和；$\sum M_{阻}$ 表示绿色供应链企业发展的阻力之和；M_2 表示绿色供应链企业规模。

绿色供应链企业持续发展水平分析。

$$\begin{aligned} Z &= f(M_1+\Delta M_1, M_2+\Delta M_2, M_3+\Delta M_3, M_4+\Delta M_4, M_5+\Delta M_5) \\ &\quad - f(M_1, M_2, M_3, M_4, M_5,) \\ &= \frac{\partial Z}{\partial M_1}\Delta M_1+\frac{\partial Z}{\partial M_2}\Delta M_2+\frac{\partial Z}{\partial M_3}\Delta M_3+\frac{\partial Z}{\partial M_4}\Delta M_4+\frac{\partial Z}{\partial M_5}\Delta M_5 \end{aligned}$$

当 $\left(\frac{\partial Z}{\partial M_3}\Delta M_3+\frac{\partial Z}{\partial M_4}\Delta M_4+\frac{\partial Z}{\partial M_5}\Delta M_5\right)>\left(-\frac{\partial Z}{\partial M_1}\Delta M_1-\frac{\partial Z}{\partial M_2}\Delta M_2\right)$ 时，则有 $\Delta Z>0$，表明当 M_3、M_4、M_5 合力大于 M_1、M_2 合力时，绿色供应链企业存在持续

发展动力，同时从上面的合力模型可以得出企业伦理（伦理决策）是影响绿色供应链企业可持续发展的关键因素。

至今，学者对伦理决策的理解各有各的看法。但最重要的一点是，随着社会的发展和时代的变迁，企业伦理决策的内涵与外延不断变化。本书认为企业伦理决策是指企业在管理过程中，决策者在面对各种冲突和诱惑时，通过慎重考虑，对做出的决策符合伦理行为和社会道德要求的抉择过程。而绿色供应链管理是环境保护理念在供应链管理中的体现，是核心企业与其上下游企业从战略高度系统地协调经济效益、社会效益和环境效益"三重底线"，在每个环节将企业与自然、企业与社会的绿色发展理念贯穿整个供应链，并有效管理物流、资金流、信息流及供应链上企业间合作的管理模式。在伦理决策下实施绿色供应链管理有利于保护环境、节约资源，消除社会不安定隐患，提高员工道德凝聚力，树立企业良好形象，实现企业可持续发展。基于伦理决策的绿色供应链管理体系如图 4-2 所示。

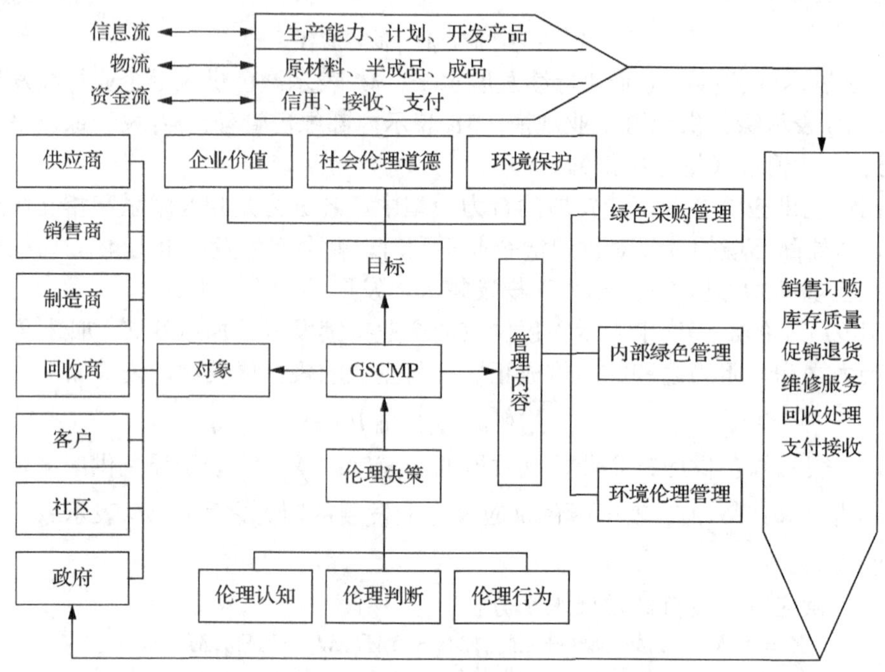

图 4-2　基于伦理决策的绿色供应链管理体系

基于伦理决策的绿色供应链管理体系是在付磊（2008）提出的绿色供应链管理体系结构基础上提出来的。付磊主要是从绿色供应链管理的对象、目标、技术和内容上进行探讨。本书主要是从伦理决策视角探讨绿色供应链管理的对象、目标、技术、内容，与付磊提出的有所不同，本书最大的创新是在伦理决策下对绿色供应链在供应商的绿色采购管理、企业本身的内部绿色管理、相关利益者的环境伦理管理利用信息流、资金流、物流去探讨如何实现企业的可持续性发展。但是绿色供应链中由于市场竞争的激烈性、社会事件的复杂性、因果关系的暧昧性及历史变化性，企业制定合理的伦理决策存在一些困难。

4.3　伦理决策与绿色供应链管理实践的关系假设

第 3 章对伦理决策及绿色供应链管理实践内容进行了详细阐述，提出伦理决策主要包括 3 个阶段，即伦理认知、伦理判断和伦理行为；绿色供应链管理实践主要包括 3 个方面的内容，即绿色采购管理、内部绿色管理和环境伦理管理。本节就伦理决策 3 个阶段对绿色供应链管理实践内容的影响进行分析并提出假设。

4.3.1　伦理决策对绿色采购管理的影响

由于绿色供应链上的企业都是一个单独的经济实体，都有自己的战略目标、管理方法和价值取向，企业在进行绿色采购时，在信任、伦理道德、信息共享、利益等方面都可能存在一定的风险，这时伦理决策的 3 个阶段在这些方面能够展现出巨大的活力。

1)绿色采购管理自身带有伦理决策特点。一是绿色采购管理具有倾斜的势力。势力在企业和社会中无处不在、无处不有。势力虽然不是绿色采购中特有现象，但是在绿色采购中势力的倾斜尤其明显。势力是指绿色供应链上成员所享有的特权和对合作者承担的义务。这些特权包括购买能力、优势议价能力、优势还价能力、对合作伙伴的选择权等。也就是说，绿色供应链上节点企业由于自身在某些方面具有非常大的优势，其他企业对该企业有很大依赖度，该企业就占有很大的主动权，该企业的自由空间就越大，同时该企业的责任也就越大，其他成员企业都得向该企业倾斜，这样就便于该企业做出合理的伦理决策。绿色供应链企业在目前的经济环境中，必须培育和加强相互间的信任，确保信息畅通，提高自己的综合能力，使自己享有一定的势力，具有话语权和伦理决策权。二是绿色采购管理中的信息共享问题。面对激烈的市场竞争，绿色供应链企业的合作比任何一种经济合作更迫切需要信息共享。很多信息可能是绿色供应链成员重要的商业机密，而这些信息也可能是合作企业重要的伦理决策依据，要进行相互间的信息共享，就要依靠势力，反过来信息也是势力产生的主要源头。如果没有信任，信息共享也是不现实的。信息的畅通是长期战略性合作的重要保证，信息越真实越准确，绿色供应链企业就越能做出合理的伦理决策。

2）伦理决策中的伦理认知是企业对盈利、诚信、竞争、人情关系、合作共享、社会责任等方面的一种认识、一种看法，在具体采购中还要从企业的具体决策及具体行为中体现，但是伦理认知对供应商进行绿色采购管理是至关重要的。因为采购的原材料或半成品会传递到每一个节点，这对绿色供应链上成员企业在成本、环保、伦理道德等方面都会产生重要影响。通过实证调查，我国供应商提供的绿色原材料或半成品数量不多，规模不够，而且存在质量问题，同时许多上游供应商经常不按绿色供应链管理的要求，与制造商、零售商交流沟通不够，甚至出现一些违背伦理的行为。例如，绿色产品不成规模，常常用非绿色产品替代绿色产品，严重影响了下游企业的运营管理；绿色采购未成规模，只顾自身利益，绿色供应链上企业的合作存在一定的风险。同时，企业间的合作，大多数企业处于被动接受的状态，即使声称实施了绿色战略联盟、与合作企业合作注重社会道德标准、建立长期稳定的合作关系，也依然是停留在概念层面，没有实际性的动作与行为。这就需要对企业的伦理道德有一个充分的认识，从其本质进行分析。另外，还有一个值得深思的问题，在现实中，违背伦理的企业能够获得较高利益，从而使绿色供应链上其他企业也趋之若鹜，导致相互之间更加不信任。例如，有些供应商所提供的产品经过相关协会、团体或所属行业认证之后，就贴上国家绿色产品标志，而制造商与零售商未经审核就以绿色产品生产与销售。这些问题得不到改善，将会败坏企业伦理道德，影响伦理决策下实施绿色供应链管理，形成恶性循环。因此要加大对企业伦理道德的认知。

3）伦理决策中的伦理判断是对企业绿色管理机制、道义感、风险共担、伦理决策能力、政府激励措施，特别是双方利益是否共享等方面进行的一种判断。例如，利益共享是企业良好的处世心态。在现实生活中，有一个这样的事实，供应链上企业间进行合作不一定是因为有共同的利益，但企业间的分裂一定是没有共同利益，或者说相互间发生了利益冲突。当然，供应链上企业之间的利益有有形的，也有无形的。要为人着想，其实就是要考虑他人的利益。通过对一些企业的调查发现，一个真正成功的企业在供应链上扮演着重要角色，考虑的是整条供应链上的利益。企业实施绿色供应链管理，在决策一件事情时，如果只考虑一方面或某些企业的利益，这个事情肯定很难做好。从绿色供应链整体层面来说，企业决策者决策一个事情，既要考虑整条供应链上的利益，也要考虑企业自身的利益，还要考虑社会大众的利益。如果只考虑某一方面的利益，注定这条绿色供应链是没有可持续竞争力的。例如，与一个污染严重的企业合作，明显只考虑了自身企业与合作企业的利益，没有考虑整条绿色供应链及其他企业的利益。公不公平、公不公正，主要是看有没有处理好各方利益。华为在这方面是非常成功的，这也是它成功的秘密。所以，进行绿色采购时一定要从伦理的角度去判断是否与其合作。

4）伦理决策中的伦理行为是企业具体决策的体现。伦理行为往往是在伦理认知与伦理判断的基础上进行的。也就是说，绿色供应链上的企业如果遵守社会公德与职业道德，实行公平竞争，履行社会责任，注重生态环境，加强绿色产品开发，具有奉献精神，那么就会促进企业在采购产品时实行对环保原材料及半成品的绿色采购，并加强与企业的绿色战略合作，进而提高绿色采购管理水平。

综上所述，研究推断伦理认知、伦理判断和伦理行为对绿色采购管理具有积极作用，可作出以下假设：

*H*1a：伦理认知对绿色采购管理具有直接的正向影响；

*H*1b：伦理判断对绿色采购管理具有直接的正向影响；

*H*1c：伦理行为对绿色采购管理具有直接的正向影响。

4.3.2　伦理决策对内部绿色管理的影响

21 世纪以来，随着经济的发展，经济活动越来越多，经济活动对人们的影响也越来越大，人们对经济活动的主体——企业也有着越来越多的要求与期望。30 年前，我国企业的责任基本上是提供产品或服务，如今转变为企业应当对消费者生活质量、自然环境、社会各种伦理问题等负责任。因此，绿色供应链上成员要了解人们对社会契约的理解，即理解人们期望企业所承担的各种责任的具体内容。由于环境的恶劣、社会商业问题的不断出现和公众对企业更高的要求，绿色供应链制定合理的伦理决策已成为一种发展趋势。

当今，绿色供应链企业内部、成员企业合作、绿色供应链与外部环境的交往互动不仅注重生态环境的保护，而且相互间的诚信、平等交易、信息共享也越来越被重视。如何树立企业在社会中的道德形象，在注重产品安全、生产安全、社会舆论安全的社会中，已经成为企业的出发点和公众关注的焦点。对于优秀的绿色供应链而言，合理的伦理决策在这方面承担着提高客户满意度与信任度、维护公众安全、增强市场竞争力和提升企业形象的重要职责。企业从伦理角度加强内部绿色管理，具体体现在以下几个方面。

1）内部绿色管理虽然能够提高企业的环境形象，增强环境伦理责任感，但是内部绿色管理在我国还未形成系统理论，在实践中还未实行，只有一些知名企业真正开展了内部绿色管理。因此，在我国企业推广与应用内部绿色管理还需要一段时间，且任重而道远。同时，大部分企业与地方政府对节约资源、保护环境意识不强，观念淡薄，认识不到位，认为发展经济第一，保护环境第二；认为企业管理是一种经济行为，伦理管理与企业管理无关。企业伦理意识不强，就更谈不上内部绿色管理中的伦理问题。但是内部绿色管理强调的是树立绿色理念，获取 ISO 14001 认证，制定绿色决策，实施环保与节能，进行诚信经营，这些方面是绿色供应链管理的重要内容，并且起着非常重要的作用。

2）伦理决策已成为绿色供应链企业实现整体最佳的重要条件。随着信息网络时代的到来，经济全球化、社会复杂化、环境污染严重化与不确定化成为传统供应链管理模式的“克星”，因此更需要对实际世界的模糊性和复杂性有一个更清醒的认识与判断。一些成功的大型绿色供应链企业已认识到，合理的伦理决策正迅速成为供应链企业竞争优势中至关重要的因子，并开始主动遵循“好企业”与“好伦理”、“管心”不“管身”的新“丛林法则”。这些“好企业”大多设立了伦理主管岗位和伦理委员会，将社会责任纳入企业战略管理目标体系。企业社会责任变得时髦起来。2014 年 12 月，中国标准化研究院组织起草了《社会责任报告编写指南》《社会责任指南》《社会责任绩效分类指引》3 项国家标准，社会责任越来越受到重视，即将迈入标准化时代。同时，绿色供应链管理活动有意识地追求“3P”原则（profit，利润；people，人；planet，环境），获取整体最佳的利益，关心供应链企业与社会的和谐，注意对环境的影响。合理的伦理决策也是追求“3P”原则。然而，政府和一些协会组织设计了更精良适用的伦理建设方案范本，为企业制定合理的伦理决策提供了更优化的操作标准。例如，2014 年，十八届四中全会通过并发布的《中共中央关于全面推进依法治国若干重大问题的决定》提出了“加强企业社会责任立法”；2014 年，山东省质量技术监督局在全国率先批准发布《企业社会责任指标体系》和《企业社会责任报告编写指南》地方标准。如今，企业本身非常注重绿色管理制度与绿色决策，即把企业中的一些管理事项制度化、决策化，如员工把易耗办公用品拿回家，这就涉及伦理判断问题，如果大多数员工这么做，则会认为是符合伦理的，这样就会导致成本增加、管理混乱，从而需要树立绿色观念，加强绿色宣传，制定符合伦理的绿色决策，最大化地节约成本，即从内部加强绿色管理。

3）在竞争激烈的市场体系和瞬息万变的社会环境中，企业的生存与发展离不开利润。为了追求利润，许多企业采取非法或违反社会伦理道德的途径去达到目的。商业贿赂、假冒仿制、欺诈行骗、不讲诚信、行业垄断等不正当行为，不断涌现，既扰乱了市场竞争秩序，也使企业步入深渊。绿色供应链管理是现代企业新的管理模式，它的长久发展不仅仅需要供应链企业对环境的重视，更需要合理的企业伦理行为。

企业伦理行为是企业在处理内部员工之间、供应链企业成员之间、企业与环境之间、企业与社会之间道德关系的行为规范。无视伦理规范、不讲社会公德、忽视职业道德、违反法律法规、欺骗公众行为等不正当竞争，不仅损害了消费者和合作伙伴的利益，也损害了企业本身的社会形象，使企业失去公众的信任。20 世纪 70 年代以来，西方国家一些先知先觉的企业，在组织内部及供应链合作伙伴之间建立了严格的伦理制度与监督制度，企业不再认为打垮了对手就是赢得了竞争。这些认识，使企业改变了传统的管理模式，实行了新的适合社会发展的内部绿色管理模式，把企业定位在追求利润与制定合理的伦理决策管理模式上，进而推动良性的社会发展，以求企业长久发展。西方企业的成功经验否定了“经济发展非道德化”观点，同时说明兼顾企业利润与伦理决策的实施是新时代现代企业的需要。伦理行为是企业赖以生存的基础，企业长久实施内部绿色管理需要合理的伦理行为，有了合理的伦理行为，企业才能发展和壮大。

通过以上分析，研究推断伦理认知、伦理判断和伦理行为对内部绿色管理具有积极作用，提出以下假设：

*H*2a：伦理认知对内部绿色管理具有直接的正向影响；

*H*2b：伦理判断对内部绿色管理具有直接的正向影响；

*H*2c：伦理行为对内部绿色管理具有直接的正向影响。

4.3.3　伦理决策对环境伦理管理的影响

近几年，国外学者对供应链的环境责任和伦理责任问题进行了初步的探讨。Levis（2006）指出越来越多的国际企业在其供应链视角下推行环境责任和伦理责任，以保证企业自身的竞争优势，并在供应链视角内把环境责任与伦理责任作为其战略采购与管理的重要内容。张溢木（2016）指出从 20 世纪 90 年代中期，《财富》杂志排名前 500 强企业，90%以上的企业制定有伦理守则，设置专门机构和伦理主管，保障公司的决策不违背公司和社会伦理规范的要求。关于环境伦理责任对供应链上企业的作用，Simpson 等（2007）指出良好的社会责任是增强企业竞争优势的前提条件和重要保障；Spekman 等（1998）认为供应链中的采购商在实施采购计划时应确保其供应商在劳工和环境等方面履行了社会责任。国内学者对供应链上企业的环境责任与伦理责任也进行了一些论述。梁晓晖（2009）在供应链“牛鞭效应”理论的基础上提出了应建立环境与伦理等方面的社会责任链概念，倡导政府制定企业社会责任标准以减少我国企业的国际贸易壁垒。陶菁和顾庆良（2009）研究了供应链视角下的企业社会责任，指出政府对企业社会责任的强制性要求是企业履行社会责任最重要的驱动力。相关研究发现，对环境责任与伦理责任的探讨主要体现在以下几个方面：①对所有者，要加强绿色意识和伦理意识教育，实施内部绿色管理，及时公布财务信息，提高市场占有率，提高利润率，主动做到信息对称；②对员工，要加强绿色与伦理宣传和培训，对环境保护、节约资源先进工作者进行奖励，提供绿色工作环境，企业应该公开、公正、公平上岗，薪酬合理，公平调动和晋升，丰富文化娱乐活动，实行全员管理；③对顾客，要倡导绿色消费，加强绿色宣传，提供绿色产品，进行绿色包装，实行绿色营销，企业对顾客忠诚，满足客人正当需求，对客户真实，交货及时，保证产品质量，提供周到售后服务；④对合作伙伴，要与合作者建立长期稳定的合作关系及绿色战略联盟，提供国际认证的绿色产品，公平、公开、公正地对待每个合作者，与合作者合作注重社会道德标准及环境意义上的伦理行为，诚信经营，严格遵守社会契约与合同；⑤对竞争者，要共同接受社会和人们对其环境保护的监督、不拆台，公平竞争、不诋毁、不诽谤；⑥对政府和社区，产品要符合国家的绿色标准，保护环境、节约资源，接受政府及社区的监督与管理，遵守国家的环保法律法规，按章纳税，与社区进行环境与伦理方面的共同建设；⑦慈善方面，要资助失学儿童，与教育、文化、体育、医疗部门密切合作，提供援助，支援边、少、穷地区经济发展，救济社会难民，支持公共事业。

我国企业对伦理的重视程度还处于起步阶段，但我国大多数企业选择合作伙伴时会考虑环境与伦理问题，加之国家出台了一系列环保法规与相关绿色政策、完善了“绿色标志”制度、加强了社会道德宣传，使企业只有加强伦理建设，实施绿色供应链管理，才有可能在激烈的市场竞争中取得优势。具体表现为以下几个方面。

1）政府监管力度加大，要求在伦理决策下实施环境伦理管理。市场经济对社会发展起着重大作用，但本身也存在缺陷。这就需要发挥政府的监管职能，弥补市场缺陷。环境受到污染和生态遭到破坏，不仅造成经济损失，而且危害人们健康，影响环境安全和社会稳定。为了提高对破坏环境的惩罚力度，近年来，政府在这方面做了大量工作，颁布了一系列的环保法规。例如，2007 年颁布和实施“限塑令”，向零售商推出环保袋；2014 年修订《中华人民共和国环境保护法》，由公众监督，并加大了惩罚力度和增加了一些处罚，如按日计罚，行政拘留，责任连带等。这为环境伦理管理的实施提供了良好的政策环境。在加强严格执法的同时，政府也在加强精神文明建设，倡导社会伦理与道德规范，大力营造有利于社会和谐的良好社会风气。鉴于目前一些企业和个人对社会伦理道德的丧失和职业道德的忽视，政府进行了一些舆论宣传，倡导伦理道德建设，帮助人们分清是非、善恶，对一些企业的非伦理行为进行严格监管与指责，要求企业的决策行为要符合伦理道德。

2）社会责任高调推出，要求企业在符合伦理行为下实施环境伦理管理。市场经济的主体——企业，与社会有着密切的关系。企业是社会中的一员，履行社会责任具有不可推卸的责任。社会责任是指组织要承担一系列的社会义务，即对社会应负的责任，主要包括经济责任、安全生产责任、环境保护责任、社会道德责任和公共利益责任等。正如阿马蒂亚 · 森所说，能力与责任是相互对应的，能力越大负的责任也就越大。近年来，可持续发展思潮的迅猛发展为我国经济的转型与发展注入了新的活力，同时企业界与学术界对社会责任越来越关注。社会责任属于伦理道德的范畴，虽然我国还没有颁布正式的法律法规来明确社会责任。但是，社会责任在我国蓬勃发展的 10 多年来，不仅为我国的经济改革做出贡献，也为企业的伦理道德规范树立了标准。在实践中，国际上出台了一系列“社会责任标准”，如 1997 年社会责任国际（Social Accountability International，SAI）制定了 SA 8000 社会责任标准，1999 年颁布了 OHSAS 18001 职业健康安全管理体系，2010 年 11 月又颁布了 ISO 26000 社会责任指南。这些都是伦理道德规范标准，其宗旨就是要求企业符合社会责任标准。2011 年，中国社会科学院的《中国企业社会责任报告》提出，我国企业要进一步加强社会道德责任和环境责任建设，并指出企业在社会责任方面整体存在“报喜不报忧”的现象。

总的来说，企业履行社会责任主要表现为，企业不仅追求经济效益最大化，还要遵守社会伦理道德规范，满足相关利益者的要求，积极推动社会可持续发展。根据《中国企业社会责任报告》和实践，关注环境问题、制定合理的伦理决策是企业履行社会责任的重要内容。显然，在伦理决策下实施环境伦理管理，是企业履行社会责任的具体体现，这不仅能够提高企业社会形象，还是企业可持续发展的驱动力。因此，研究提出以下假设：

*H*3a：伦理认知对环境伦理管理具有直接的正向影响；

*H*3b：伦理判断对环境伦理管理具有直接的正向影响；

*H*3c：伦理行为对环境伦理管理具有直接的正向影响。

本书所有研究假设汇总见表 4-10。

表 4-10　研究假设汇总

研究假设	假设内容
*H*1a	伦理认知对绿色采购管理具有直接的正向影响
*H*1b	伦理判断对绿色采购管理具有直接的正向影响
*H*1c	伦理行为对绿色采购管理具有直接的正向影响
*H*2a	伦理认知对内部绿色管理具有直接的正向影响
*H*2b	伦理判断对内部绿色管理具有直接的正向影响
*H*2c	伦理行为对内部绿色管理具有直接的正向影响
*H*3a	伦理认知对环境伦理管理具有直接的正向影响
*H*3b	伦理判断对环境伦理管理具有直接的正向影响
*H*3c	伦理行为对环境伦理管理具有直接的正向影响

4.4　伦理决策与绿色供应链管理实践的关联分析

4.4.1　绿色供应链管理中的伦理规范

伦理道德建设在绿色供应链管理中是非常重要的一环，它维持了绿色供应链的正常运行，保证了绿色供应链的可持续发展。从企业角度来看，利用伦理道德评价体系分析绿色供应链，可以掌握绿色供应链上所有企业伦理责任的具体内容，同时也可以了解绿色供应链管理中具体道德规范操作的实际应用。

（1）绿色供应链的伦理评价

绿色供应链被企业联盟认为是企业运营发展的主流模式。实证研究表明，企业使用绿色供应链管理模式可以显著地提高效率，使相关企业和消费者受益。工业界、经济学界和管理学界都非常重视绿色供应链的实践和理论。绿色供应链是物流集约化发展的产物，物流系统为国家经济发挥着重要作用。Drucker（1962）认为物流的潜力无限，物流是减少运营成本的重要手段，被比喻成“黑暗的经济大陆”。20 世纪 90 年代以来，国内外学者对绿色供应链的研究十分关注，部分学者认为通过绿色供应链管理，企业的分销与制造环节可以得到优化，并且可以加快企业仓库库存更新速度和信息流传递速度。各企业组成的供应链联盟对于提高企业核心竞争力、分担风险和成本、实现规模经济、开辟低成本的新业务领域、克服企业组织扩张等“大企业问题”引发的“纵向一体化”有促进作用。除了从经济角度、环境角度评价绿色供应链，还要从道德角度对绿色供应链进行评估，通过评估可以澄清经济与环境中的非道德误解，揭示伦理与道德的密切关系，明确联盟中各企业的具体责任。对绿色供应链的评价主要集中于以下两个方面。

1）效率超规范。“效率超规范”最初在《有约束力的关系》一书中提出来。效率最早的含义是指通过较少的投入获得较多的产出，常应用于经济学领域。效率一词一般被认为是中性词，人们通常根据目的的不同而对其进行定性。Piderit（1998）等指出，当效率朝着实现基本价值的角度进行偏向时，它不代表中立。唐纳森（2001），阐述了何为社会总体福利，认为社会总体福利就是获得更多的面包、更多的产品、更多的健康资源、更多的教育资源等。由于社会资源总体处于缺乏状态，在追求社会总体福利的同时，效率是一个企业发展过程中的头等大事。

效率超规范的具体含义是对社会有利害关系资源的有效利用，必要的社会效率的内在要求是绿色供应链上所有企业都应积极承担起相应的责任，如企业对虚假信息进行辟谣与禁止传播、检举揭发贿赂行为、保护生态环境、降低企业排放和污染力度、尊重知识产权等，一旦没有处理好此类问题，将会影响社会经济活动的开展及对整个产业链企业造成负面影响，市场也将丧失合理调配资源的功能，从而出现环境遭到破坏、供给力度衰退、各种侵权案件相继产生等问题，进而降低社会总体福利，影响企业、社会乃至全人类的可持续发展。

关于效率策略，在设计阶段，需要着重注意节约。节约这一概念在绿色供应链中包括有效合理地利用资源和高效率的交易。供应链上的企业可在效率超规范的基础上建立符合伦理性的绿色供应链管理模式。首先，绿色供应链作为一种横向一体化的企业合作模式，核心部分就是扶持与培养链上各企业的“特长”，促使每个企业都有自己的专业优势，从而使合作方之间呈现优势共强的状态。与传统经营的商业模式相比，绿色供应链这一管理模式能够更有效地利用资源，避免企业在生产经营发展过程中因为盲目性和单独性而造成整个社会资源浪费的现象，从而形成有效的分工。有效的分工有助于企业在有限的空间缩小生产场所，激发个人的核心潜力，加强多种作业的连续性和多面性，共享资源，从而达到节约的目的。这样就可以产生更多的相对利益，这些利益不仅包括经济效益，也包括社会效益及环境效益。这些利益对社会福利的整体水平起到了促进作用。《有约束力的关系》反复论证，对于企业和市场来说，提高社会总量是有利的，即使没有决定如何正确分配，提高社会总量也有助于资源供给。应用绿色供应链管理模式就是为了提高社会资源总量，避免在企业发展过程中由于资源分配问题出现恶性竞争；并且该模式的发展不以牺牲他人为代价获取利润。其次，作为企业集群，供应链联盟致力于以长期合作为目标，以互信为基础，以合作生产为手段，以“绿色产品”为目的，促使整条绿色供应链的价值提升。绿色供应链是一个整体，是有着一系列原则、具有规范性并起到有效作用的集合，而不是单个企业的简单集合。如前所述，信任这一因素对绿色供应链发展模式至关重要。很少有企业初次合作能做到“一拍即合”，促使交易成本降到最低，因此需要加强企业间的信任度建设。因为高信任度能够保证供应链上企业内部交易拥有一种和谐互信的环境，从而增强绿色供应链联盟的凝聚力，达到一种互相帮助、互相进步、互相发展的状态，即使某一企业遭遇困难，其他企业也能够贡献力量，帮助其分摊压力、承担风险，以渡过难关。

2）企业社会责任。企业社会责任常用于经济伦理学领域，美国经济伦理学家恩德勒和霍曼（2001）对企业社会责任的概念进行了全面深入的研究，认为企业社会责任就是企业在进行生产、交换、分配、消费的过程中，在经济、政治、文化、社区、科技和环境等领域都有一定的自主性，为了社会的总体福利，每个领域不能为了另一个领域的利益而超越底线。企业在开展经济活动、环境活动时，应尽到社会责任中的道德责任。简而言之，就是企业在从事相关活动中需要同时承担起“义”和“利”的双重责任。

恩德勒和霍曼（2001）提出的这一概念具有十分重要的意义，企业社会责任表明在经济伦理学视角下的企业社会责任目标是追求公平与利益平衡，一方面对于企业追求利益的目的提出了合理性，另一方面也强调企业发展过程中应注重经济、社会和环境责任之间的平衡，从而实现企业的可持续发展。但是，这些责任之间可能存在冲突，这些冲突也会经常发生在商业活动中。企业所承担的责任在不同的国家和文化中有不同的框架，并且根据本身的特点主动承担起较为重要的责任，但是不能仅承担一个或者少数责任。

事实上，企业社会责任间的冲突就相当于“义”与“利”的相互关系。“义”与“利”的核心就是“义”“利”之间应该怎么协调，企业社会责任究竟应以“义”为主还是以“利”为主。目前，国内学术界绝大多数研究者认为“义”与“利”处于一种对立统一的状态。陆晓禾（1998）指出，经济价值和伦理道德价值并不是孤立存在的，两种价值都属于企业发展的一部分。同时强调在经济领域视角下，经济价值是企业所需求的重心，但若缺乏伦理价值的相应支持，就不会建立经济价值。简而言之，两者互相合作的方式应该是以经济价值为中心，以伦理道德价值为支撑点的深度融合。“义利”相融、互为支撑的合作模式有利于社会发展的良性循环及可持续化，也是在经济伦理学视角下的基本内涵。无论是对企业社会责任内涵的剖析还是挖掘“义利”对立统一的关系，结果都显示两种价值相互交融、互相扶持、相互支撑。

绿色供应链是一个国家或几个国家的企业组成的一种企业联盟，联盟中的各个成员都有相同的目标，虽然每家企业在经营规模及经营方向上不一，但是链上每一个成员企业都为促使社会总体福利总量上升贡献自己的一份力量。一方面，绿色供应链上企业都深知，链上利益不仅涵盖整个集体利益，也与自身利益息息相关，每个企业的发展离不开整条供应链上的整体力量，这是利益驱使下的必然结果。另一方面，这种信任来自相互信任，而这种信任在绿色供应链筹建时已经在相互积累。通过联盟，除可较为轻松获知合作企业经营规模、技术手段和销售渠道等因素，还可对合作企业的口碑、声誉、安全、健康和环境战略等伦理道德软件因素有相应程度的了解，这便是信任趋势下的良性循环。值得注意的是，在组成绿色供应链联盟的时候，有必要对成员企业的品质进行相应的审核，从而提高绿色供应链成员企业的形象和口碑，此时以“义”为重的企业则会更易成为绿色供应链中的一员。

例如，沃尔玛超市只要某一货物上架，就意味着此货物会存在高额利润或打开全球销路，这是因为沃尔玛超市在选择供应商的时候，不仅注重商品的质量，还将供应商的社会责任感也列入考核范围内。沃尔玛对于供应商的“工厂评估”，主要参考因素是提供货品质量、货品成本、供应商的社会和道德标准、供应商的设计和制造能力。

沃尔玛超市案例足以证明绿色供应链不仅是企业间为获利而组成的联盟，也是凌驾于经济价值的道德集合体，其目标就是将“义”与“利”的关系促成和谐状态，避免丧失伦理道德价值，造成利益化倾斜。绿色供应链之所以能够被国内外学者认为是未来企业最佳组织形式，是因为其要求企业在发展的同时节约资源、增加社会总体福利、“义利”并举。

对于绿色供应链上的各个企业而言，联盟内所有成员要追求经济价值，而伦理道德价值也是必不可少的。只有做到相互结合才能够被社会看好，而就如何达成“义与利之间的和谐共生”，才是绿色供应链发展所需解决的重要问题。具体来说，相关部门近年来不断提出关于生态环境保护等政策条例，促使了绿色供应链管理将一直在可持续发展方向和伦理道德的趋势下发展。

（2）国际采购的认证标准伦理化

随着经济全球化的快速发展，国际贸易的快速更迭，采购组织在整个绿色供应链联盟中处于一种重要地位。采购部门作为跨国公司实现全球战略的重要组成部分，将有助于跨国公司有效降低成本，提升全球竞争力，实现从绿色供应链管理中获取利润的目标。采购部门在筛选供应商时，除了考虑低成本问题，还要注重供应商是否具有相应的社会责任等其他因素。因为采购商与供应商都是朝着长期合作战略的方向发展，谨慎选择以便节约成本，确保供应产品质量。采购商要注重供应商企业的社会责任、环境保护及其他因素，而这些要求并不是抽象的，已成为采购商为选择适合的供应商制定的主要参考标准，经过业界迅速推广与实施在国际上逐渐统一了认证标准。沃尔玛选择供应商的工厂评估方法就能证实这一点：要成为沃尔玛超市的供货对象，不仅供应商需要提供低价高质的产品，同时供应商在日常管理和经营中要呈现出所应承担的社会责任。沃尔玛超市对于供应商的“筛选评估”，重点不在于企业的机器和生产设备等硬件设施，而在于是否遵守国家法律法规、企业社会责任及环境保护准则。

1997 年，社会责任国际组织联合欧美跨国公司及其他国际组织举办了一场会议，该会议的突破性成果就是根据《国际劳工组织公约》《世界人权宣言》等制定了一部 SA 8000 社会责任国际标准。这项国际标准是全球首部关于伦理道德规范的标准，目的就是企业采购部门在选择供应商时，既能保证供应商所供应的产品低价高质，同时供应商企业达到社会责任标准的各项要求，这项标准涉及改善员工的工作环境、工作时间、工资报酬、工作强度、歧视问题与惩罚措施等，并且在童工问题以及压迫性劳动问题上也有了具体的明文规定。SA 8000 是企业全面管理体系的组成部分，其运行模式与 ISO 9000 质量保证体系、ISO 14001 环境管理体系和 OHSAS 18001 职业健康及安全卫生管理体系等标准的运行模式相似。

上述国际认证标准的实施，使采购组织有必要更多地在选择供应商过程中考虑他们是否履行相应的企业社会责任。这一考虑对于供应商而言，能够起到督促作用，因为供应商履行与否会直接关系到它能否获得更多订单。通过企业社会责任的履行力度对资本权利进行一种捆绑式消费，促使企业能够更加自觉履行自身道德伦理责任。据调查，越是规模大、实力强的国际公司越注重劳动权利的监管及工作环境的优化。因为这些跨国公司认为，作为绿色供应链上的成员不仅要保证本企业对内部员工负责，并且要对链条上所有企业的员工负责，这一理念超越了法律的范围，越来越被业界接受，成为业界默认的新要求，并且这一新要求依靠伦理道德操控市场力量。

从社会契约理论的角度看，企业社会责任随着公共需求的变化而变化。20 世纪 70～80 年代，西方国家出现了企业社会责任运动，并且随着人权运动、消费者运动和环保运动等运动的兴起而高涨。到了 20 世纪 90 年代，以美国为代表的西方资本主义国家兴起了“反对血汗工厂”运动，并且迅速得到了国际劳工组织和人权组织的响应，发起者们要求企业调整工厂工作制度，不得无视劳动者的人权，不得随意透支其生命力和劳动力。通过几次大型运动及各组织的强烈关注，企业对工厂的劳动制度进行改革，并且将改革成果汇制成劳动准则，后来在发展中国家得到推广。随着社会和科技的发展，人们的消费观念逐渐发生改变，尤其是欧美等发达国家的消费者都十分注重企业社会责任意识及责任感，人们不仅挑选一件符合需求的产品，还越来越注重产品的生产方式、生产企业的生产环境是否安全健康，以及劳动者在工作期间是否得到合理公平的对待等。企业实施与推广社会责任标准，有助于赢得消费者的青睐，从而为企业争取更多的市场份额，把本企业甚至绿色供应链上其他企业做大做强，最终实现长期逐利的目标。

绿色供应链上所有企业都应正确实施和推行社会责任制度，将人文道德关怀从口头语到制度化，将公司机制建设的合理、合情、合法。通过道德责任机制，企业在逐利的同时不忘社会伦理道德，既提升公司的口碑形象，又能获得更多消费者的信任和青睐，并且大幅度地提高员工工作积极性，在市场中树立模范，使企业处于领先地位。

（3）全球绿色供应链的发展——逆向物流管理

绿色供应链企业在组建前与运行中都应积极履行对社会、环境负责的义务，将其贯彻到整条绿色供应链活动中，保证企业在制造和销售过程中融入伦理道德标准。所谓逆向物流管理，是指绿色供应链活动过程中的最后一环，也是再生产的起点。将绿色供应链上可利用的物资循环使用，促使企业在谋求利益最大化的同时保护环境，维护大众利益。

20 世纪 90 年代以来，随着人民生活质量的提高，国际跨国公司的发展、社会环保意识的增强和环境法律法规约束力的提高，全球绿色供应链受到了学者和商界管理者的广泛关注。简而言之，逆向物流管理是指货物和包装废物在物流活动过程中从消费地到原产地失去使用价值的物理性活动；其目的是恢复产品的使用价值或妥善处理废品；移动对象包括绿色供应链合作伙伴的批发商和零售商持有的产品、产品运输容器、包装材料、库存和相关信息；移动过程包括恢复、分类、储藏、检查、拆卸、再分类、再生产和废料处理。

逆向物流是整个产品生命周期中对产品和材料综合有效利用的协调，逆向物流在环境保护中的重要性已得到广泛认可。一般而言，降低资源浪费的最好办法就是减少甚至禁止使用，正如一句广告词“没有买卖就没有杀害”，减少生产、减少使用在一定程度上可以避免资源浪费。但是随着现代化社会的发展，对于无法降低生产量和使用次数的产品，必须尽一切努力充分利用预期用途，将使用价值最大化，甚至在技术条件允许的情况下将其改造成为可持续资源或者循环利用资源。对于实在无法回收利用循环使用的废品，则采取分解、回收，使有限的资源得到接近完美程度的利用。逆向物流与循环利用资源的做法有着相似之处，它是最终消费者使用的产品被制造商回收且通过较高的专业化程度有效利用材料或废物处理，以最大限度保护环境。值得重视的是，逆向物流能够回收有害产品。这就意味着企业能对环境与社会负责，一方面保证了消费者购买的产品无危害且安全；另一方面保护了生态环境，减少了有害物质污染环境。如何快速、有效地回收和处理有缺陷的产品已成为当今社会安全生产和产品安全的重点。对于优秀的绿色供应链，逆向物流管理在展示竞争力，提高客户满意度和信任度，维护公众健康和提高形象等方面发挥着重要作用。

逆向物流具有复杂性和不可确定性，它涉及所有领域，特别是关系到消费者数量众多的领域，一旦出现问题产品，回收问题的任务既烦琐又难以管理。与传统物流相比，逆向物流在时空维度上和数量维度上的不确定性更大，不良品将继续影响社会。目前，受专业人才、专项资金的限制，逆向物流管理难度增加，并且由于不确定性和高风险性，企业也不愿意投资逆向物流管理模式，从而陷入社会效益与经济效益的困境中。

重视逆向物流是实现全球绿色供应链优化管理的重要环节。首先，绿色供应链管理要努力为消费者提供安全优质的产品。逆向物流是工厂不可或缺的一个组成部分，因为一旦产品出现残次或者问题，逆向物流就可以迅速收回问题产品，挽救企业形象，提升企业的售后服务口碑，让广大消费者更加信赖本企业甚至整条绿色供应链的产品。正确实施和管理逆向物流可以保证货物出厂及问题产品能够及时退货，确保及时召回有缺陷的产品，这样可以提高客户对该产品的信任度，并且让客户有第二次购买的可能，从而降低不合格产品对社会的危害，使整个绿色供应链的战略竞争优势增强。

从长期和整体的角度来看，企业的社会效益和经济效益间并不存在矛盾关系。消费者有足够的分辨能力和自主选择的权利。例如，当汽车的安全受到质疑时，许多汽车制造商拒绝回收同样的车型，从而进一步激化购买者与制造商的矛盾，问题车型乃至整个品牌在消费者市场的形象和口碑都会受到一定的负面影响，而消费者也会对此产生抵触心理。在这种情况下，汽车生产商与其等到丑闻爆发后被逼无奈下架问题车辆，不如主动承担起社会道德责任。一些企业非常重视并有效进行逆向物流管理，这样不仅提高了客户满意度，而且在环境保护方面产生了间接的经济和社会效益，为提高公众的企业形象和声誉也做出相当大的贡献， 从而广受社会各界的赞誉。绿色供应链上的企业正确实施和管理逆向物流，可以提升自身和伙伴的核心竞争力，成为市场上的领头羊。

不管是绿色采购国际认证标准的伦理化还是全球绿色供应链发展的逆向物流，都受到越来越多的关注，这表明企业不可避免地受到社会契约的影响。公共协议中的这些变化促进了企业责任理念的转变。20 世纪 80 年代之前，企业的责任主要限于以合理的价格提供商品和服务，如今，企业应对公平和生活质量问题负责，尽可能了解消费人群的新需求及主要偏好，从而掌握本企业应承担的社会责任。

整合社会资源、自然资源，减少浪费和避免重复工作是绿色供应链管理的目标，同时确保资金链和信息链不断层，确保物流畅通，保证消费者购买到绿色环保产品，以实现客户价值。绿色供应链上的企业在开展生产销售活动时，必须以安全、健康的产品和服务赢得顾客信任与支持，一旦出现劳工集体罢工、工作环境恶劣等负面新闻，不仅仅对曝光企业造成毁灭性伤害，甚至对整条绿色供应链上的企业都是破坏性的打击。绿色供应链上企业都有责任和义务自觉贯彻落实好以伦理道德为主的社会责任制度，做到符合公众期望，甚至超出预期，并且在做好自身的情况下，互相监督，及时提醒，促使其在可持续发展的道路上前进。

受经济、社会、环境等因素的影响，逆向物流越来越受到企业的关注，一个有效的全球绿色供应链合作要具备以下 5 个方面特征：第一，全球绿色供应链不能是“口号”“标语”“形式”“形象展示”，而应是公开、严谨、切实可行、制度化、规范化、可量化和操作化的存在体。第二，核心企业必须对自己的供应商、销售商有实质性的了解和影响力。第三，核心企业有一套激发与鼓励其他合作企业改进供应或购买绿色产品政策。例如，规定企业道德建设或者绿色环保没有达标就不能享受绿色供应链上的优惠政策，或者规定企业必须履行哪些社会责任等。第四，核心企业对供应商、销售商提供必要的知识和技术支持。例如，组织相关的学习交流活动，充分了解核心企业的政策及发展趋势；定期举办评优评先活动，对优秀合作商进行表彰与鼓励等。第五，供应链上必须有自己的评估体系和第三方的监督管理体系。内部评估体系可以评估相关企业的伦理道德建设、持续改进策略、项目进展情况等方面，而外部监督管理体系可以确保整条供应链的公信力。

4.4.2 绿色供应链管理中出现伦理决策问题的原因

（1）绿色供应链外部原因

1）社会传统文化影响。在中国，儒家文化中的“义利”观对人影响很大。个人追求物质利益时，不能违背“义”，要受“义”的制约。这种思想忽视了个人的利益和对物质需要的追求，从而具有扼杀个性的一面，但是它更注重追求对道德伦理、整体利益和精神层面中比较积极的一面。

2）企业伦理管理观念淡薄。长期以来，人们总以为企业管理是一种以谋取利益为导向的经济行为，与伦理管理无关。这一观点忽视企业的伦理管理。

（2）绿色供应链企业间的内部原因

1）利益分配不均匀是根本原因。绿色供应链管理实际上是指供应链运作达到最优化，以最小的成本使供应链从采购开始到满足最终客户的所有过程的一体化管理模式，客户是任何一条供应链中唯一的收入来源，也是供应链中唯一的现金流入点。此外，所有其他现金流量只是绿色供应链中的资金交换。这种资金交换的增加或减少反映了绿色供应链成本的增加或减少。因此，绿色供应链的成功取决于整个供应链的利润，而不是单个组织的利润。每个组织都有自己的利益和目标追求，所以当唯一的收入来源被确定时，每个组织的利润都会增加或减少，从而出现一些组织的不道德行为。

2）绿色供应链内企业间缺乏有效的协调机制是重要原因。企业通过合作、协同、融入、创新达到整体利润最大化，是绿色供应链管理的目标。企业为实现这一目标，绿色供应链内的企业间必须建立有效合理的科学的协调机制。借助这个协调机制，企业间可以实现信息畅通和运作经营规范化，让绿色供应链内各企业主动共享信息、合作、规划，消除绿色供应链内各企业中的非生产性或非增值性经营环节，明确各自的具体职责，实现整体最佳。

3）缺乏必要的反馈机制。绿色供应链中大多数企业其实已经制定了伦理道德管理行为规范，但是企业在这种行为规范的运作中没有实时进行监测和反馈，使得这种行为准则缺乏执行力度，起不到应有的作用。

4）绿色供应链内各企业信息化水平的差异。实现绿色供应链一体化管理的基础是信息畅通，但是各企业在对信息网络建设和应用水平方面存在各种差异，因而导致绿色供应链内企业与企业之间在传输信息的时候出现了信息中断现象，最后没有办法做到将有效的信息快速、准确的共享，这也是导致绿色供应链的一体化难以实现的重要原因。

（3）绿色供应链各企业内的内部原因

1）竞争的压力。在激烈的市场竞争中，企业能够生存下去的唯一的手段就是获取利润。大多数企业在外部制度没有健全的情况下，只要不会对企业的生死存亡造成威胁，企业就会忽视伦理道德，并做出违反伦理道德的事情。

2）企业组织结构上的局限性。伦理管理不能有效进行是由于现代企业分工措施越来越明确，并且更加注重企业的专业化水平，企业内上下级间、员工间都有自己分内的事情，权责明确，各司其职，但组织与组织没有做好相互间的沟通交流，导致信息不对称。

3）绿色供应链中各企业管理者伦理意识淡薄。伦理管理最主要的是以人为中心，强调人的因素，包含企业中的管理层和被管理层。另外，伦理意识淡薄也是由于企业对伦理管理教育的缺乏。

4.4.3　伦理决策与绿色供应链管理实践的关联模型

根据上述分析与假设，建立假设命题之间的关联模型，如图 4-3 所示。

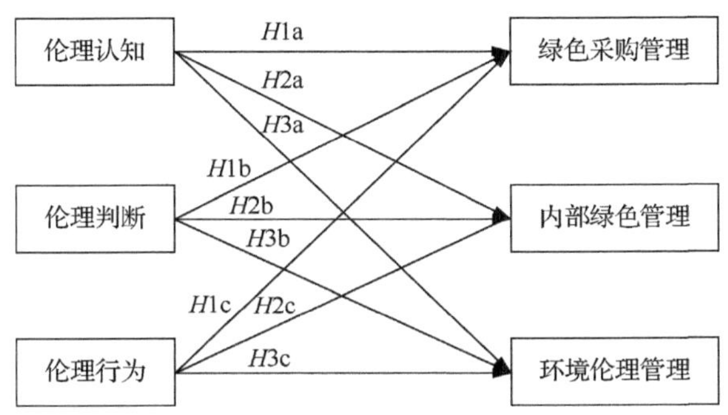

图 4-3　伦理决策与绿色供应链管理实践关联分析模型

在图 4-3 中，伦理决策测量维度对绿色供应链管理实践测量维度有一定的影响关系，这种关系可以通过相关分析来探讨。本书采用路径分析法，建立回归方程式，来探讨伦理决策测量维度对绿色供应链管理实践测量维度的影响，共分为 3 个回归方程。

方程式 1（伦理决策测量维度对绿色采购管理的影响）

$$v4 = p14 \times v1 + p24 \times v2 + p34 \times v3 \tag{4-1}$$

方程式 2（伦理决策测量维度对内部绿色管理的影响）

$$v5 = p15 \times v1 + p25 \times v2 + p35 \times v3 \tag{4-2}$$

方程式 3（伦理决策测量维度对环境伦理管理的影响）

$$v6 = p16 \times v1 + p26 \times v2 + p36 \times v3 \tag{4-3}$$

式中，pij 代表路径系数，即标准回归系数；自变量为 vi；因变量为 vj。各变量代码见表 4-11。

表 4-11　研究变量

研究变量	代码
伦理认知	v1
伦理判断	v2
伦理行为	v3
绿色采购管理	v4
内部绿色管理	v5
环境伦理管理	v6

第 5 章　伦理决策对绿色供应链管理实践的影响

当前，一些重视伦理管理的公司不断探索影响绿色供应链管理实践的因素，如产品的生命周期、资源的回收再利用方式、供应链的合作模式等。但是很少考虑伦理决策对绿色供应链管理实践的影响。为了获得伦理决策对绿色供应链管理实践影响的有效观点，必须明白以下几个问题：绿色供应链管理目前的趋势；这些趋势如何影响公司运营；决策层对绿色供应链管理的观点；供应链中成员企业自身及其在合作中是否考虑环境问题与伦理问题；为了追求经济效益最大化是否触碰了商业底线与道德底线；企业未来的发展趋势与方向。本章主要针对所调查的数据，同时结合我国企业的实际情况，分析伦理决策对绿色供应链管理实践的影响。

5.1　数据质量评价

5.1.1　数据收集

本书主要采用问卷调查法获取所需相关数据。对问卷的调查与数据收集所做的工作主要有以下几个方面。

1）界定研究母体。本书所调查的母体为企业，主要包括两大类，即制造业与服务业。

2）界定分析单位。本书主要探讨伦理决策对绿色供应链管理实践的影响，出于调研的客观性与准确性，以个人作为分析单位。

3）样本选择。为了保证调研的顺利性和问卷的有效性，本书主要采用熟人“滚雪球法”和随机访问法，选择一些有利于调查的地区，调查地区主要为广东省与湖南省。

4）调查方法。本书采用的是问卷发放法，问卷发放主要是纸质问卷与电子邮件问卷。

5）发放与回收问卷。共发放问卷 260 份，共回收问卷 185 份，对回收问卷进行了筛选与整理，筛选原则：①问卷中有未填写题项，有缺失值的；②对出现乱码的电子问卷重新采集；③问卷明显有规律的；④问卷前后不一致的。经过筛选，最后获得有效问卷 152 份，回收率为 71.2%，回收问卷中的有效率为 82.2%。

5.1.2　数据检验

1. 样本无偏性检验

因为样本是通过纸质问卷与电子邮件问卷两种方式收集整理的，为了检测调查对象是否具有客观性与代表性，需要对样本进行无偏性检验。检测结果见表 5-1，结果表明，样本没有统计学上的显著性差异（$P<0.05$），因此样本数据符合无偏性。

表 5-1　样本无偏性检验结果

层面类型	组别	样本数	平均数	标准差	平均数标准误差	t 值	t 值显著性
伦理认知	1	109	4.327	0.635	0.142	0.643	0.587
	2	43	4.104	0.608	0.196		
伦理判断	1	109	4.306	0.854	0.087	0.321	0.729
	2	43	4.289	0.883	0.105		
伦理行为	1	109	3.925	0.889	0.074	−0.168	0.886
	2	43	3.983	0.912	0.116		
绿色采购管理	1	109	3.972	0.962	0.062	−0.076	0.962
	2	43	4.011	0.945	0.083		
内部绿色管理	1	109	3.931	0.765	0.210	0.477	0.685
	2	43	3.756	0.879	0.159		
环境伦理管理	1	109	4.345	0.601	0.081	0.205	0.813
	2	43	4.298	0.593	0.120		

注：纸质问卷为 109 份，电子问卷为 43 份，$P<0.05$。

2. 描述性统计分析

描述性统计分析是将研究中一组数据的各种特征加以整理、简化、归类或绘制成图表，以此描述和归纳数据的特征及变量之间的关系。描述性统计分析的项目很多，主要涉及数据的离散程度、集中趋势和相关程度，最常用的指标有最小值、最大值、平均数、标准差、方差、中位数、偏度、峰度等。这些分析是复杂统计分析的基础。

（1）样本的基本信息分析

本节主要从被调查人员的基本信息和被调查者企业基本情况两个方面对样本进行统计分析，具体见表 5-2 与表 5-3。

表 5-2　被调查人员的基本信息

个体变项	内容	样本数	百分比/%	累计百分比/%
职位层次	董事长/总经理	4	2.6	2.6
	副总/总裁助理	8	5.3	7.9
	中层管理者	69	45.4	53.3
	基层管理者	52	34.2	87.5
	员工	16	10.5	98.0
	其他	3	2.0	100.0
性别	男	89	58.6	58.6
	女	63	41.4	100.0

续表

个体变项	内容	样本数	百分比/%	累计百分比/%
工龄	2 年及以下	31	20.4	20.4
	3～5 年	54	35.5	55.9
	6～10 年	45	29.6	85.5
	11 年以上	22	14.5	100.0
年龄	20 岁以下	5	3.3	3.3
	21～30 岁	65	42.8	46.1
	31～40 岁	59	38.8	84.9
	41 岁以上	23	15.1	100.0
教育程度	初中及以下	3	2.0	2.0
	高中、中专	10	6.6	8.6
	大专	16	10.5	19.1
	本科	67	44.1	63.2
	硕士及以上	56	36.8	100.0
月均收入	2000 元以下	8	5.3	5.3
	2001～4000 元	60	39.5	44.8
	4001～10000 元	56	36.8	81.6
	10001～15000 元	18	11.8	93.4
	15001～25000 元	8	5.3	98.7
	25001 元以上	2	1.3	100.0

被调查者中，副总裁以上的达到 12 人，占了总样本的 7.9%，其他管理者占总样本的 79.6%，管理者占总样本的 87.5%；性别中，男性占了总样本的 58.6%，女性占总样本的 41.4%；工龄在 3 年以上的占总样本的 79.6%；年龄主要集中在 21～40 岁，占总样本的 81.6%；教育程度主要集中在本科以及本科以上，占总样本的 80.9%；月收入主要集中 2000～10000 元，占总样本的 76.3%。由此可见，正如预调查及专家访谈中所谈到的尽量调查有经验的管理者，男性在制造企业中所占比例明显高于女性，月均收入一般都在 2000 元以上，广东地区的大多数企业在 10000 元以下，以及本科学历及以上的人数越来越多，这些都符合企业的实际情况，从总体上来说，分布也比较均匀，因此，样本具有一定的代表性。

表 5-3　被调查者企业基本信息

个体变项	内容	样本数	百分比/%	累计百分比/%
行业	生产制造业	40	26.3	26.3
	建筑业	12	7.9	34.2
	商贸流通业	24	15.8	50.0
	信息技术与通信业	21	13.8	63.8
	房地产业	6	4.0	67.8
	金融业	19	12.5	80.3
	服务业	28	18.4	98.7
	其他	2	1.3	100.0

续表

个体变项	内容	样本数	百分比/%	累计百分比/%
单位性质	国有企业	26	17.1	17.1
	民营企业	68	44.7	61.8
	三资企业	36	23.7	85.5
	其他	22	14.5	100.0
单位规模	1～50 人	8	5.3	5.3
	51～200 人	45	29.6	34.9
	201～1000 人	58	38.1	73.0
	1001～3000 人	29	19.1	92.1
	3001 人以上	12	7.9	100.0

样本企业中，生产制造企业占总样本的 26.3%，建筑业占总样本的 7.9%，商贸流通业占总样本的 15.8%，房地产业占总样本的 4.0%，信息技术与通信业占总样本的 13.8%，这些企业都与环境保护息息相关，这些企业合起来占了总样本的 67.8%，样本在环境保护方面显示了较好的代表性。国有企业占总样本的 17.1%，民营企业占总样本的 44.7%，三资企业占总样本的 23.7%，其他占 14.5%。由此可见，民营企业占的比重最大，这并不是说明企业选择的随机性问题，而恰恰相反这正符合我国民营企业占多数的实际国情。因此，表明样本在企业性质这一指标上也具有很好的代表性。单位规模 50 人以下的只占总样本的 5.3%，50 人以上及 1000 人以下占了总样本的 67.7%，这与我国中小型企业占多数相吻合，因此，企业分布较均匀及具有一定的代表性。

综上所述，本书所选择的样本在职位层次、性别、工龄、年龄、教育程度、人均收入、企业性质、职工人数等多个指标，皆呈现出很好的均匀性与代表性，并充分说明了问卷的合理性与科学性，完全符合本书要求。

（2）各变量的描述性统计分析

研究使用利克特量表进行测量，采用数字 1～5 来表示对测量题项的同意程度，“1”表示不同意或没实施的最低级别，“5”表示同意或实施的最高级别，研究选择极小值、极大值、均值和标准差等指标对变量进行描述性统计分析，表 5-4 为伦理决策测量题项描述性统计分析，表 5-5 为绿色供应链管理实践测量题项描述性统计分析，所有变量的所有测量题项取值皆在合理范围之内，不存在较大的标准差或异常值，符合本书要求。

表 5-4　伦理决策测量题项描述性统计分析

测量题项	极小值	极大值	均值	标准差
注重盈利能力	3.00	5.00	4.507	0.630
注重信任关系	3.00	5.00	4.493	0.609
注重竞争关系	1.00	5.00	4.303	0.806
注重人情关系	3.00	5.00	4.421	0.615

续表

测量题项	极小值	极大值	均值	标准差
注重合作共享关系	1.00	5.00	3.980	0.714
注重企业社会责任	1.00	5.00	4.250	0.848
机制完善	2.00	5.00	4.263	0.778
道义感强	2.00	5.00	4.401	0.693
利益共享	1.00	5.00	4.336	0.920
风险共担	1.00	5.00	4.316	0.917
政府激励充分	1.00	5.00	4.270	0.891
决策能力强	1.00	5.00	4.290	0.866
决策动机纯	1.00	5.00	4.263	0.882
守法经营	1.00	5.00	3.757	0.838
诚实守信	1.00	5.00	3.980	0.842
公平交易	1.00	5.00	3.993	1.026
履行责任	1.00	5.00	3.921	1.007
敬业奉献	1.00	5.00	3.974	0.935

表 5-5　绿色供应链管理实践测量题项描述性统计分析

测量题项	极小值	极大值	均值	标准差
要求供应商提供标准的绿色产品	1.00	5.00	3.796	0.9651
与供应商在平等互利的基础上交易	1.00	5.00	3.875	1.019
进行环境审计、监督供应商	1.00	5.00	4.046	1.019
公平、公开、公正对待各个供应商	1.00	5.00	4.105	0.936
建立与供应商长期稳定的合作关系	1.00	5.00	4.204	0.792
与供应商建立绿色战略联盟	1.00	5.00	4.040	0.976
与供应商合作注重社会道德标准	1.00	5.00	3.836	0.980
从上至下树立绿色观念	1.00	5.00	3.915	0.942
获得 ISO 14001 认证	1.00	5.00	4.013	0.822
生产废物排放符合国家标准	1.00	5.00	3.921	0.826
实施重要的环保和节能项目	1.00	5.00	3.901	0.852
为改善环境而进行企业内各部门合作	1.00	5.00	4.105	1.024
允许其他企业参与自身的绿色决策	1.00	5.00	3.796	0.951
与其他企业保持步调一致的绿色行动	1.00	5.00	3.987	1.003
遵守环保法律法规	3.00	5.00	4.618	0.539
认证标准伦理化	2.00	5.00	4.336	0.619
注重环境意义上的道德行为准则	2.00	5.00	4.059	0.612
建立社会信任体系	2.00	5.00	4.355	0.732
履行对环境和社会的责任感	3.00	5.00	4.447	0.607
实施环境伦理行为的激励与惩罚	3.00	5.00	4.303	0.599

3. 共同方法偏差检验

本书调研采用自陈量表，数据来源于同样的评分者，可能存在同源方差的系统误差，使变量之间相关膨胀。为了检验是否存在严重的方法变异，本书用 Harman 单因素检验，采用主成分分析法对伦理决策与绿色供应链管理实践题项进行探索性因子分析，并选取所有特征值大于 1 的因子。如果存在严重的同源方差，则用该方法进行的因子分析要么析出单独一个因子，要么一个公因子解释大部分方差。从表 5-6 的检验结果可知，未旋转的因子共解析出 6 个特征值大于 1 的公因子，其中第一个未旋转因子解释了 25.809%，没有占到总解释方差 70.213%的一半。因此，本书的共同方法偏差并不严重，可以进行下一步分析。

表 5-6 Harman 单因素检验

测量题项	初始特征值			提取平方和载入		
	合计	方差的百分比/%	累计百分比/%	合计	方差的百分比/%	累计百分比/%
伦理认知	10.754	25.809	25.809	10.754	25.809	25.809
伦理判断	7.326	16.028	41.837	7.326	16.028	41.837
伦理行为	5.887	13.456	55.293	5.887	13.456	55.293
绿色采购管理	3.395	9.788	65.081	3.395	9.788	65.081
内部绿色管理	1.799	3.130	68.211	1.799	3.130	68.211
环境伦理管理	1.683	2.002	70.213	1.683	2.002	70.213

5.2 伦理决策与绿色供应链管理实践的效度及信度

在对某项问题进行探讨时，为了全面、客观、科学、系统地分析问题，一般会考虑许多与此问题有关的变量（或因素）。这些变量在不同程度上能反映研究问题的某些信息，这些变量之间也可能存在一定的相关性，因而所得到的结果在反映这些信息上很可能也会有些重复。在实际研究过程中，人们往往会把问题的复杂性尽量简单化，因子分析正好可以做到这一点，即找出具有相同的变量作为一个共同因子，减少变量的数目，从而便于进行假设检验。因子分析的优点在于主因子不是人为主观决定，而是根据权数基于数据分析来确定，有较好的客观性。这种方法克服了层次分析法、德尔菲法等的主观性，而且得出来的主成分之间相互独立，便于研究者对问题进行探讨。

本书采用 SPSS 17.0 统计分析软件对问卷数据进行探索性因子分析，对伦理决策的 18 个题项和绿色供应链管理实践的 20 个题项进行主因子归类，使对探讨的问题分析起来更加简单化。用主成分分析提取主因子，并进行 Kaiser 标准化的正交旋转。提取步骤如下。

1）通过主成分分析法提取初始特征根大于 1 的共同因子，再进行共同因子正交转轴处理，从而辨认共同因子并命名。

2）为了清晰辨别各题项所具有的共同因子，对各题项的最大因子负荷量进行挑选，对于负荷量小于 0.5 的测量项进行剔除，然后进行正交转轴处理，直到所有测量项负荷量大于 0.5 为止。

本书将用 Lisrel 8.7 软件进行验证性因子分析，检验因子结构模型是否符合预期，主要考察的是模型的内在结构拟合度和整体模型拟合度两个方面。

模型的内在结构拟合度用收敛效度与区分效度评价。收敛效度的判别标准为：平均提取方差（AVE）大于 0.5，潜变量的组成信度（CR）大于 0.7。区分效度的判别标准为各潜变量的 AVE 的平方根应大于该变量与其他变量的相关系数。整体模型拟合度是为了评价模型与数据的拟合程度，分为绝对拟合指标、相对拟合指标、简约拟合指标等。常用指标有 x^2/df、RMSEA、NNFI、NFI、CFI、IFI、RFI 等。一般认为 x^2/df 在 2～5 模型可接受；RMSEA 越小越好，在 0.08～0.1 模型可接受，小于 0.08 拟合较好，小于 0.05 拟合非常好；NNFI、NFI、CFI、IFI、RFI 越接近 1 越好，一般要求大于 0.9。

5.2.1　伦理决策与绿色供应链管理实践的效度检验

1. 伦理决策的效度检验

（1）伦理决策量表分析

1）KMO 和 Bartlett 检验。对伦理决策的 18 个题项进行因子分析，首先要进行 KMO 和 Bartlett 检验，测量该数据是否适合进行因子分析。

表 5-7 是伦理决策的 KMO 和 Bartlett 检验值，KMO 值为 0.868，远远高于因子分析的最低标准 0.5，说明非常适合做因子分析。Bartlett 的球形检验显示，近似卡方为 1967.036，自由度为 153，显著性水平为 0.000，小于 0.001，说明题项间共同因子存在，表示该量表适合做因子分析。

表 5-7　伦理决策的 KMO 和 Bartlett 检验值

取样足够度的 KMO 度量		0.868
Bartlett 的球形检验	近似卡方	1967.036
	df	153
	Sig.	0.000

2）主因子提取。从表 5-8 伦理决策旋转因子负荷矩阵中可以看出，伦理决策题项经过旋转后可提取 3 个主因子，各项因子的最大负荷量都大于 0.6，项目区分度非常明显。这里把 3 个主因子依次用 v1、v2、v3 替代，并且根据因子包括的题项内容，把 3 个主因子命名为 v1：伦理认知，v2：伦理判断，v3：伦理行为。这

与问卷中伦理决策测量维度基本相吻合。

表 5-8　伦理决策旋转因子负荷矩阵

测量题项	因子		
	v1	v2	v3
注重盈利能力	0.754	—	—
注重信任关系	0.687	—	—
注重竞争关系	0.799	—	—
注重人情关系	0.623	—	—
注重合作共享关系	0.662	—	—
注重企业社会责任	0.806	—	—
机制完善	—	0.815	—
道义感强	—	0.795	—
利益共享	—	0.906	—
风险共担	—	0.929	—
政府激励充分	—	0.938	—
决策能力强	—	0.905	—
决策动机纯	—	0.904	—
守法经营	—	—	0.858
诚实守信	—	—	0.829
公平交易	—	—	0.862
履行责任	—	—	0.863
敬业奉献	—	—	0.840

注：1）提取方法：主成分分析法；旋转法：具有 Kaiser 标准化的正交旋转法。
2）旋转在 5 次迭代后收敛。

3）对整体解释的变异数。通过对问卷中的数据进行主成分分析，提取特征值大于 1 的主因子。表 5-9 按照初始特征值从大到小顺序列出所有的因子，前 3 个特征值大于 1。因此，提取 3 个主因子。伦理决策的 3 个主因子累计解释变异数达到了 69.549%，因子提取的效果比较好。

表 5-9　伦理决策变量解释百分率

测量题项	初始特征值			提取平方和载入		
	合计	方差的百分比/%	累计百分比/%	合计	方差的百分比/%	累计百分比/%
注重盈利能力	5.893	32.741	32.741	5.893	32.741	32.741
注重信任关系	3.781	21.005	53.746	3.781	21.005	53.746
注重竞争关系	2.844	15.803	69.549	2.844	15.803	69.549
注重人情关系	0.818	4.546	74.095	—	—	—
注重合作共享关系	0.688	3.824	77.920	—	—	—

续表

测量题项	初始特征值			提取平方和载入		
	合计	方差的百分比/%	累计百分比/%	合计	方差的百分比/%	累计百分比/%
注重企业社会责任	0.626	3.480	81.400	—	—	—
机制完善	0.543	3.019	84.419	—	—	—
道义感强	0.458	2.546	86.965	—	—	—
利益共享	0.380	2.109	89.074	—	—	—
风险共担	0.340	1.888	90.962	—	—	—
政府激励充分	0.314	1.746	92.708	—	—	—
决策能力强	0.292	1.625	94.333	—	—	—
决策动机纯	0.254	1.412	95.745	—	—	—
守法经营	0.207	1.153	96.897	—	—	—
诚实守信	0.172	0.955	97.852	—	—	—
公平交易	0.154	0.854	98.706	—	—	—
履行责任	0.142	0.790	99.496	—	—	—
敬业奉献	0.091	0.504	100.000	—	—	—

对伦理决策的 18 个不同特征进行了分析。如图 5-1 所示，这些因子中有 3 个占大部分变异性，因为第 4 个因子后开始变直。其余因子仅占很小部分的变异性，可能并不重要。

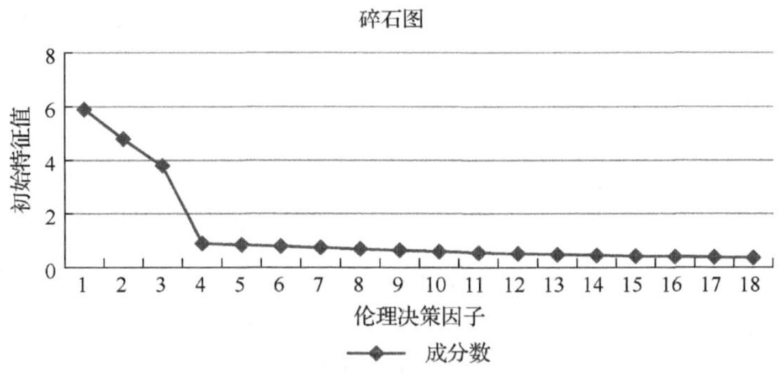

图 5-1　伦理决策因子碎石图

（2）伦理决策的验证性因子分析

伦理决策共分为 3 个维度，分别是伦理认知、伦理判断和伦理行为，测量题项分别为 6 个、7 个、5 个，使用 Lisrel 8.7 极大拟然估计法，得到验证性分析结果见表 5-10。

表 5-10　伦理决策一阶模型拟合指标

x^2	df	x^2/df	RMSEA	NNFI	NFI	CFI	IFI	RFI
386.25	153	2.525	0.067	0.945	0.963	0.971	0.924	0.928

从表 5-10 结果可知，x^2/df 小于 5，RMSEA 小于 0.08，NNFI、NFI、CFI、IFI、RFI 均大于 0.9，模型拟合较好。

1）收敛效度。伦理决策各潜变量的标准化负荷均在 0.6 以上（$p<0.001$），平均提取方差（AVE）均超过 0.6，组合信度（CR）全部超过 0.8，说明模型有足够的收敛效度，见表 5-11。

表 5-11　伦理决策一阶测量模型结果

潜变量	测量题项	标准化负荷	t 值	AVE	CR
伦理认知	ED11	0.789	15.782	0.680	0.897
	ED12	0.701	13.016		
	ED13	0.778	15.354		
	ED14	0.654	11.788		
	ED15	0.672	12.095		
	ED16	0.813	16.432		
伦理判断	ED21	0.819	16.658	0.752	0.943
	ED22	0.805	16.257		
	ED23	0.899	19.562		
	ED24	0.926	20.387		
	ED25	0.946	21.046		
	ED26	0.910	19.985		
	ED27	0.908	19.863		
伦理行为	ED31	0.867	18.786	0.705	0.916
	ED32	0.835	17.872		
	ED33	0.862	18.544		
	ED34	0.866	18.701		
	ED35	0.849	18.382		

2）区分效度。表 5-12 对角线系数为 AVE 的平方根，分别为 0.823、0.867 和 0.840，下三角为各潜变量相关系数，伦理认知与伦理判断是 0.143，伦理认知与伦理行为是 0.370，伦理判断与伦理行为是 0.327，可见 AVE 的平方根均大于横向与纵向的相关系数，说明伦理决策各维度之间有显著的区分效度。

表 5-12　伦理决策潜变量间相关系数与 AVE 平方根

潜变量	均值	标准差	伦理认知	伦理判断	伦理行为
伦理认知	4.326	0.731	0.823	—	—
伦理判断	4.306	0.852	0.143*	0.867	—
伦理行为	3.925	0.934	0.370**	0.327**	0.840

*表示在置信度（双侧）为 0.05 时，相关性是显著的。

**表示在置信度（双侧）为 0.01 时，相关性是显著的。

（3）伦理决策二阶因子模型分析

伦理认知与伦理判断相关系数为 0.143，伦理认知与伦理行为相关系数为 0.370，伦理判断与伦理行为相关系数为 0.327，伦理决策各维度的相关系数在 0.1～0.4，因子之间具有一定的相关性，从模型简洁性考虑进行二阶因子分析，结果见表 5-13。

表 5-13　伦理决策二阶因子模型结果

二阶因子	一阶因子	标准化负荷	*t* 值
伦理决策	伦理认知	0.765	10.677
	伦理判断	0.918	13.026
	伦理行为	0.854	11.983

由于伦理决策这一变量仅有 3 个一阶因子，二阶因子模型在数学上与一阶因子模型等同，拟合指标与一阶模型无差别。二阶因子到一阶因子的标准化负荷值分别为 0.765、0.918、0.854，每个题项到潜变量的标准化载荷均大于 0.6，*t* 值皆大于 1.96，即路径系数显著不为零。模型满足基本适配指标，可以进行下一步分析。

2. 绿色供应链管理实践的效度检验

（1）绿色供应链管理实践量表分析

1）KMO 和 Bartlett 检验。对绿色供应链管理实践的 20 个题项进行因子分析，首先要进行 KMO 和 Bartlett 检验，测量该数据是否适合进行因子分析，具体结果见表 5-14。

表 5-14　绿色供应链管理实践的 KMO 和 Bartlett 检验值

取样足够度的 KMO 度量		0.876
Bartlett 的球形检验	近似卡方	1967.345
	df	190
	Sig.	0.000

KMO 值为 0.876，从该结果判断，原始数据非常适合做因子分析。Bartlett 的球形检验显示，近似卡方为 1967.345，自由度为 190，显著性水平为 0.000，小于 0.001，即拒绝统计量相关矩阵为单位矩阵的假设，说明题项间共同因子存在，因此，该量表适合做因子分析。

2）主因子提取。从表 5-15 绿色供应链管理实践旋转因子负荷矩阵中可以看出，经过旋转后可提取 3 个主因子，各项因子的最大负荷量都大于 0.6，区分度非常明显。这里 3 个主因子依次用 v4、v5、v6 替代，并且根据 3 个因子包括的题项内容，把 3 个主因子命名为 v4：绿色采购管理，v5：内部绿色管理，v6：环境伦理管理。这与问卷中绿色供应链管理实践测量维度相吻合。

表 5-15　绿色供应链管理实践旋转因子负荷矩阵

测量题项	因子		
	v4	v5	v6
要求供应商提供标准的绿色产品	0.828	—	—
与供应商在平等互利的基础上交易	0.846	—	—
进行环境审计、监督供应商	0.846	—	—
公平、公开、公正对待各个供应商	0.842	—	—
建立与供应商长期稳定的合作关系	0.784	—	—
与供应商建立绿色战略联盟	0.850	—	—
与供应商合作注重社会道德标准	0.854	—	—
从上至下树立绿色观念	—	—	—
获得 ISO 14001 认证	—	0.832	—
生产废物排放符合国家标准	—	0.879	—
实施重要的环保和节能项目	—	0.877	—
为改善环境而进行企业内各部门合作	—	0.825	—
允许其他企业参与自身的绿色决策	—	0.847	—
与其他企业保持步调一致的绿色行动	—	0.906	—
遵守环保法律法规	—	—	0.759
认证标准伦理化	—	—	0.718
注重环境意义上的道德行为准则	—	—	0.718
建立社会信任体系	—	—	0.703
履行对环境和社会的责任感	—	—	0.714
实施环境伦理行为的激励与惩罚	—	—	0.614

注：1）提取方法：主成分分析法；旋转法：具有 Kaiser 标准化的正交旋转法。
2）旋转在 4 次迭代后收敛。

3）对整体解释的变异数。通过调查问卷中的数据进行因子分析，提取特征值大于 1 的主因子。表 5-16 按照初始特征值从大到小顺序列出了所有的因子，前 3 个特征值大于 1，因此，提取 3 个主因子。同时发现，3 个主因子的累计方差贡献率为 26.598%、51.441%、66.409%，这说明这 3 个主因子可以反映这 20 个测量题项的 66.409%的信息量，因子提取的效果比较好。

表 5-16 绿色供应链管理实践变量解释百分率

测量题项	初始特征值			提取平方和载入		
	合计	方差的百分比/%	累计百分比/%	合计	方差的百分比/%	累计百分比/%
要求供应商提供标准的绿色产品	5.320	26.598	26.598	5.320	26.598	26.598
与供应商在平等互利的基础上交易	4.969	24.843	51.441	4.969	24.843	51.441
进行环境审计、监督供应商	2.994	14.968	66.409	2.994	14.968	66.409
公平、公开、公正对待各个供应商	0.799	3.996	70.405	—	—	—
建立与供应商长期稳定的合作关系	0.751	3.754	74.159	—	—	—
与供应商建立绿色战略联盟	0.654	3.271	77.430	—	—	—
与供应商合作注重社会道德标准	0.614	3.072	80.502	—	—	—
从上至下树立绿色观念	0.514	2.572	83.074	—	—	—
获得 ISO 14001 认证	0.476	2.382	85.456	—	—	—
生产废物排放符合国家标准	0.415	2.074	87.530	—	—	—
实施重要的环保和节能项目	0.382	1.912	89.441	—	—	—
为改善环境而进行企业内各部门合作	0.332	1.661	91.103	—	—	—
允许其他企业参与自身的绿色决策	0.304	1.521	92.623	—	—	—
与其他企业保持步调一致的绿色行动	0.267	1.337	93.960	—	—	—
遵守环保法律法规	0.254	1.268	95.228	—	—	—
认证标准伦理化	0.241	1.205	96.433	—	—	—
注重环境意义上的道德行为准则	0.216	1.078	97.510	—	—	—
建立社会信任体系	0.201	1.004	98.514	—	—	—
履行对环境和社会的责任感	0.182	0.908	99.422	—	—	—
实施环境伦理行为的激励与惩罚	0.116	0.578	100.000	—	—	—

对绿色供应链管理实践的 20 个不同特征进行了分析。图 5-2 碎石图显示，这些因子中有 3 个占大部分变异性，因为第 4 个因子后开始变直。其余因子仅占很小部分的变异性，可能并不重要。

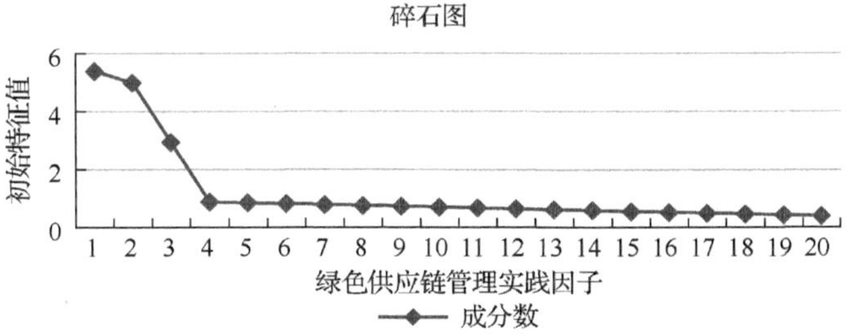

图 5-2 绿色供应链管理实践因子碎石图

（2）绿色供应链管理实践的验证性因子分析

绿色供应链管理实践共分为 3 个维度，分别是绿色采购管理、内部绿色管理和环境伦理管理，测量题项分别为 7 个、7 个、6 个，通过统计分析得到验证性分析结果见表 5-17。

表 5-17　绿色供应链管理实践一阶模型拟合指标

x^2	df	x^2/df	RMSEA	NNFI	NFI	CFI	IFI	RFI
542.83	190	2.857	0.051	0.953	0.972	0.948	0.966	0.939

从表 5-17 结果可知，x^2/df 小于 5，RMSEA 小于 0.08，NNFI、NFI、CFI、IFI、RFI 均大于 0.9，模型拟合较好。

1）收敛效度。绿色供应链管理实践各潜变量的标准化负荷均在 0.6 以上（$p<0.001$），AVE 均超过 0.5，CR 全部超过 0.8，说明模型有足够的收敛效度。

表 5-18　绿色供应链管理实践一阶测量模型结果

潜变量	测量题项	标准化负荷	t 值	AVE	CR
绿色采购管理	GP11	0.829	17.656	0.748	0.946
	GP12	0.858	18.311		
	GP13	0.860	18.359		
	GP14	0.854	18.278		
	GP15	0.802	16.995		
	GP16	0.850	18.242		
	GP17	0.845	17.783		
内部绿色管理	GP21	0.819	16.961	0.688	0.912
	GP22	0.830	17.757		
	GP23	0.829	17.656		
	GP24	0.833	17.884		
	GP25	0.845	17.783		
	GP26	0.866	18.269		
	GP27	0.909	20.165		
环境伦理管理	GP31	0.788	15.775	0.596	0.871
	GP32	0.742	14.438		
	GP33	0.740	14.424		
	GP34	0.694	11.763		
	GP35	0.708	12.334		
	GP36	0.657	10.576		

2）区分效度。表 5-19 对角线系数为 AVE 的平方根，分别为 0.865、0.830 和 0.772，下三角为各潜变量相关系数，绿色采购管理与内部绿色管理是 0.645，绿色采购管理与环境伦理管理是 0.196，内部绿色管理与环境伦理管理是 0.211，可

见 AVE 的平方根均大于横向与纵向的相关系数，说明绿色供应链管理实践各维度之间有显著的区分效度。

表 5-19　绿色供应链管理实践潜变量间相关系数与 AVE 平方根

潜变量	均值	标准差	绿色采购管理	内部绿色管理	环境伦理管理
绿色采购管理	3.986	0.965	0.865	—	—
内部绿色管理	3.948	0.922	0.645**	0.830	—
环境伦理管理	4.353	0.641	0.196*	0.211**	0.772

*表示在置信度（双侧）为 0.05 时，相关性是显著的。

**表示在置信度（双侧）为 0.01 时，相关性是显著的。

3）绿色供应链管理实践二阶因子模型分析。表 5-19 中绿色供应链管理实践各维度的相关系数在 0.19～0.7，因子之间有较高的相关性，从模型简洁性考虑进行二阶因子分析，结果如表 5-20 所示。

表 5-20　绿色供应链管理实践二阶因子模型结果

二阶因子	一阶因子	标准化负荷	t 值
绿色供应链管理实践	绿色采购管理	0.884	11.556
	内部绿色管理	0.939	11.893
	环境伦理管理	0.802	9.778

由于绿色供应链管理实践这一变量仅有 3 个一阶因子，其二阶因子模型在数学上与一阶因子模型等同，因此拟合指标与一阶模型无差别。从表 5-20 的结果可见，二阶因子到一阶因子的标准化负荷值分别为 0.884、0.939、0.802，每个题项到潜变量的标准化载荷均大于 0.6，t 值皆大于 1.96，即路径系数显著不为零。模型满足基本适配指标，可以进行下一步分析。

5.2.2　伦理决策与绿色供应链管理实践的信度检验

信度是指采用同样的方法对同一对象进行重复测量时，产生结果的一致性程度，即稳定性和可靠性。本书采用 Cronbach's α系数对量表进行信度检验。总体上来说检验标准是：α系数大于 0.9，则信度非常好；α大于 0.8 较好；α大于 0.7 具有一定的参考价值；α小于 0.7 则需要重新考虑。本书通过对伦理决策的伦理认知、伦理判断、伦理行为 3 个维度及其总变量和绿色供应链管理实践中绿色采购管理、内部绿色管理和环境伦理管理 3 个维度及其总变量进行信度分析，获得 Cronbach's α系数见表 5-21。表中 Cronbach's α系数除了一项为 0.796，其余都大于 0.8，表明量表信度较好，结果具有一定的稳定性与可靠性。

表 5-21　伦理决策与绿色供应链管理实践的信度α系数

<table>
<tr><th>变量</th><th>题项</th><th>维度α值</th><th>变量α值</th><th>变量</th><th>题项</th><th>维度α值</th><th>变量α值</th></tr>
<tr><td rowspan="3">伦理决策</td><td>ED11
ED12
ED13
ED14
ED15
ED16</td><td>0.820</td><td rowspan="3">0.838</td><td rowspan="3">绿色供应链管理实践</td><td>GP11
GP12
GP13
GP14
GP15
GP16
GP17</td><td>0.928</td><td rowspan="3">0.833</td></tr>
<tr><td>ED21
ED22
ED23
ED24
ED25
ED26
ED27</td><td>0.956</td><td>GP21
GP22
GP23
GP24
GP25
GP26
GP27</td><td>0.937</td></tr>
<tr><td>ED31
ED32
ED33
ED34
ED35</td><td>0.906</td><td>GP31
GP32
GP33
GP34
GP35
GP36</td><td>0.796</td></tr>
</table>

5.3　伦理决策对绿色供应链管理实践的假设检验

通过上述分析，了解了我国企业伦理决策的制定及绿色供应链管理的实践现状，并获得了伦理决策与绿色供应链管理实践的主因素。本节通过相关分析与回归分析进一步了解伦理决策对绿色供应链管理实践的影响关系。

5.3.1　伦理决策与绿色供应链管理实践的相关分析

相关分析（correlation analysis）是研究变量之间是否有一种密切联系，并对有联系的变量探讨其相关方向（正相关或负相关）及程度的一种分析方法。相关系数描述的就是这种相关方向及相关程度，通常采用 Spearman、Pearson、Kendall 的 tau-b（k）系数去分析。相关分析一般不区分自变量与因变量，即只知道它们之间相关，不知道哪个变量影响哪个变量。例如，以 A 和 B 分别记录人的身高与脚的长短，则 A 和 B 显然有关系，但不能确定究竟是 A 影响了 B，还是 B 影响了 A，这就是相关关系。为了探讨伦理决策与绿色供应链管理实践之间的关系，本书利用 SPSS 17.0 统计分析软件中的 Spearman 分析法来获得两者之间的相关系数，对数据缺失值采用配对删除（Pairwise）的方法处理。伦理决策的 3 个主因素与绿色供应链管理实践的 3 个主因素的相关分析结果，见表 5-22。

表 5-22　伦理决策主因素与绿色供应链管理实践主因素相关分析

因素	伦理认知	伦理判断	伦理行为	绿色采购管理	内部绿色管理	环境伦理管理
伦理认知	1.000	—	—	—	—	—
伦理判断	0.143*	1.000	—	—	—	—
伦理行为	0.370**	0.327**	1.000	—	—	—
绿色采购管理	0.417**	0.317**	0.530**	1.000	—	—
内部绿色管理	0.312**	0.196*	0.417**	0.645**	1.000	—
环境伦理管理	0.006	0.235**	0.400**	0.196*	0.211**	1.000

*表示在置信度（双侧）为 0.05 时，相关性是显著的。

**表示在置信度（双侧）为 0.01 时，相关性是显著的。

从表 5-22 显示的结果可以看出，伦理决策的主因素与绿色供应链管理实践的主因素之间存在很强、较强或一般的相关性。绿色采购管理实践与伦理决策中伦理行为存在很强的正相关性，与伦理认知和伦理判断存在较强的正相关性；内部绿色管理实践与伦理决策中伦理认知和伦理行为存在较强的正相关性，与伦理判断存在着一般的正相关性；环境伦理管理实践与伦理决策中伦理行为存在较强的正相关性，与伦理判断存在一般的正相关性，与伦理认知存在正相关性，但是不显著。

总之，伦理决策 3 个主因素与绿色供应链管理实践 3 个主因素绝大部分之间存在显著正相关关系。为了进一步探讨伦理决策主因素对绿色供应链管理实践主因素究竟有没有影响，在下一节中通过回归分析方法进行更深入的分析。

5.3.2　伦理决策与绿色供应链管理实践的回归分析

回归分析（regression analysis）探讨变量之间相关的具体形式，即哪个变量影响哪个变量，并确定因果关系。根据上述数据分析的结果，对本书模型中的相关假设通过回归方程进行检验，即探寻伦理决策主因素对绿色供应链管理实践各个主因素的影响情况。把伦理决策中的 3 个主因素设为自变量，绿色供应链管理实践中的 3 个主因素分别设为因变量，然后依次进行回归，回归方程式的构建主要是通过自变量对因变量的回归系数来建立。

（1）模型 1（伦理决策主因素对绿色采购管理的影响）

$$v4 = p14 \times v1 + p24 \times v2 + p34 \times v3$$

把伦理决策中的 3 个主因素作为自变量，绿色供应链管理实践中绿色采购管理作为因变量，运用 SPSS 17.0 进行回归，得到 F 检验、共线性检验及回归系数结果见表 5-23。

表 5-23 伦理决策主因素与绿色采购管理实践的回归分析

因素	标准化回归系数	t 值	Sig.	F	R^2	Sig.	共线性检验	
							容许度	膨胀因子
伦理认知	0.210	2.855	0.005	20.837	0.687	0.000	0.936	1.072
伦理判断	0.255	3.599	0.000				0.907	1.163
伦理行为	0.322	4.272	0.000				0.963	1.045

注：因变量为绿色采购管理。

由表 5-23 对绿色采购管理实践的回归分析可知，共线性诊断的指标容许度（tolerance）分别为 0.936、0.907、0.963；方差膨胀因子（VIF）分别为 1.072、1.163、1.045，数值均小于 10，因此可以拒绝它们之间的共线性假设，表明各变量之间的线性重合问题并不严重，符合路径分析条件。从而可以得到：

$$v4 = 0.21v1 + 0.255v2 + 0.322v3 \tag{5-1}$$

根据式（5-1），可以构建伦理决策主因素对绿色采购管理实践的影响关系，具体如图 5-3 所示。

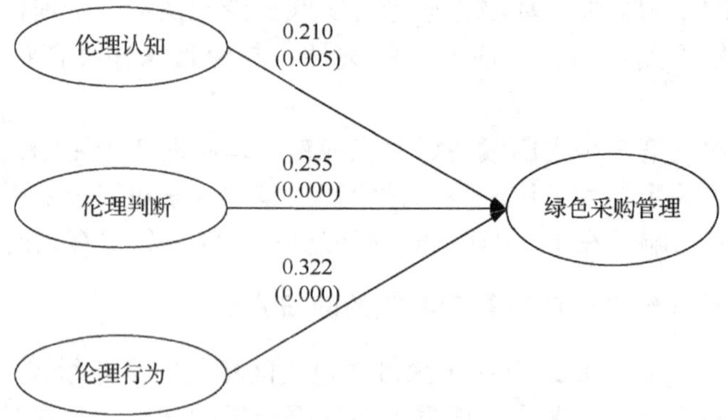

图 5-3 伦理决策主因素对绿色采购管理实践的影响关系

路径分析的结果验证了假设 $H1a$、$H1b$、$H1c$，即伦理认知、伦理判断和伦理行为对企业实施绿色采购管理有着直接的正向影响。

（2）模型 2（伦理决策主因素对内部绿色管理的影响）

$$v5 = p15 \times v1 + p25 \times v2 + p35 \times v3$$

把伦理决策中的 3 个主因素作为自变量，绿色供应链管理实践中内部绿色管理作为因变量，运用 SPSS 17.0 进行回归，得到 F 检验、共线性检验及回归系数结果见表 5-24。

表 5-24　伦理决策主因素与内部绿色管理实践的回归分析

因素	标准化回归系数	t 值	Sig.	F	R^2	Sig.	共线性检验	
							容许度	膨胀因子
伦理认知	0.160	2.050	0.042	12.578	0.743	0.000	0.867	1.229
伦理判断	0.180	2.394	0.018				0.935	1.067
伦理行为	0.296	3.692	0.000				0.923	1.084

注：因变量为内部绿色管理。

由表 5-24 对内部绿色管理实践的回归分析可知，共线性诊断的指标容许度（tolerance）分别为 0.867、0.935、0.923；方差膨胀因子（VIF）分别为 1.229、1.067、1.084，数值均小于 10，因此可以拒绝它们之间的共线性假设，表明各变量之间的线性重合问题并不严重，符合路径分析条件。从而可以得到：

$$v5 = 0.16v1 + 0.18v2 + 0.296v3 \tag{5-2}$$

根据式（5-2），可以构建伦理决策主因素对内部绿色管理实践的影响关系，具体如图 5-4 所示。

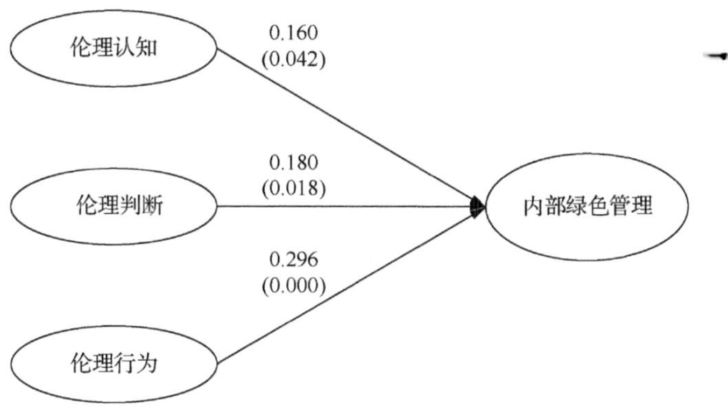

图 5-4　伦理决策主因素对内部绿色管理实践的影响关系

上述图中的数据验证了假设 $H2$a、$H2$b、$H2$c，即伦理认知、伦理判断和伦理行为对企业实施内部绿色管理有着直接的正向影响。

（3）模型 3（伦理决策主因素对环境伦理管理的影响）

$$v6 = p16 \times v1 + p26 \times v2 + p36 \times v3$$

把伦理决策中的 3 个主因素作为自变量，绿色供应链管理实践中环境伦理管理作为因变量，运用 SPSS 17.0 进行回归，得到 F 检验、共线性检验及回归系数结果见表 5-25。

表 5-25　伦理决策主因素与环境伦理管理实践的回归分析

因素	标准化回归系数	t 值	Sig.	F	R^2	Sig.	共线性检验	
							容许度	膨胀因子
伦理认知	0.089	1.108	0.269	9.521	0.602	0.000	0.753	1.322
伦理判断	0.196	2.529	0.012				0.856	1.238
伦理行为	0.329	3.996	0.000				0.914	1.092

注：因变量为环境伦理管理。

由表 5-25 对环境伦理管理实践的回归分析可知，共线性诊断的指标容许度（tolerance）分别为 0.753、0.856、0.914；方差膨胀因子（VIF）分别为 1.322、1.238、1.092，数值均小于 10，因此可以拒绝它们之间的共线性假设，表明各变量之间的线性重合问题并不严重，符合路径分析条件。从而可以得到：

$$v6 = 0.089v1 + 0.196v2 + 0.329v3 \tag{5-3}$$

根据式（5-3），可以构建伦理决策主因素对环境伦理管理实践的影响关系，具体如图 5-5 所示。

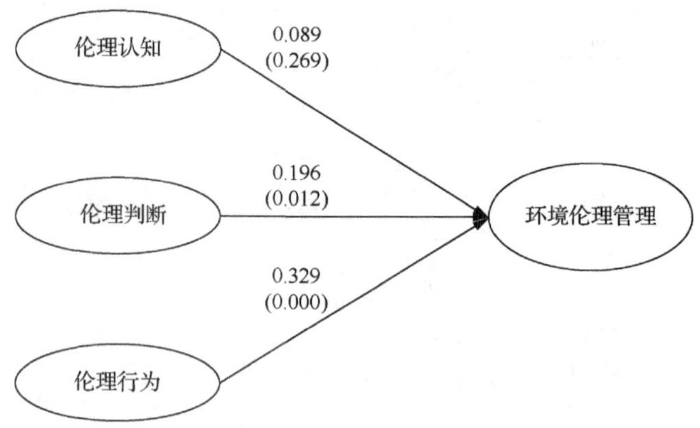

图 5-5　伦理决策主因素对环境伦理管理实践的影响关系

上述图中的数据验证了假设 $H3$b、$H3$c，即伦理判断和伦理行为对企业实施环境伦理管理有着直接的正向影响，以及假设 $H3$a，即伦理认知对企业实施环境伦理管理有着正向影响但不显著。

（4）回归分析小结

对上述回归分析的结果进行汇总，得到伦理决策对绿色供应链管理实践影响的关联路径系数图如图 5-6 所示。

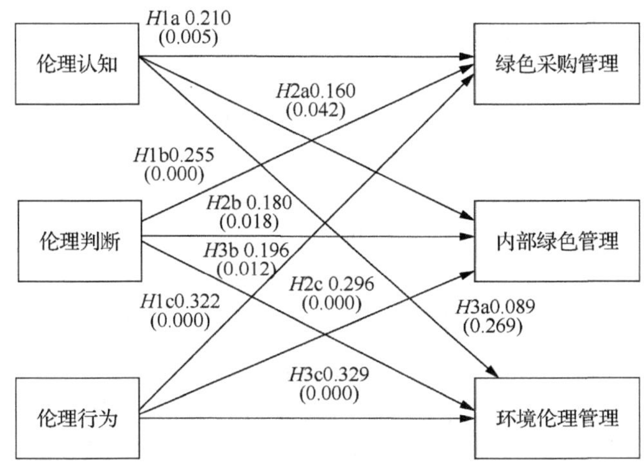

图 5-6　伦理决策对绿色供应链管理实践影响关联路径系数图

5.3.3　伦理决策对绿色供应链管理实践的影响分析

通过相关分析得知，我国企业伦理决策主因素与绿色供应链管理实践主因素存在着很强或较强的相关性。由回归分析的结果能够进一步得知，伦理决策的主因素在一定程度上会影响企业绿色供应链管理的实践。

通过相关文献分析发现，现阶段我国企业对于绿色供应链管理的影响因素伦理决策已经有了一定的认识，主要是因为绿色供应链是企业在市场竞争激烈形式下形成的一种可持续发展的经营理念，由此产生的绿色供应链管理模式在形成过程中逐渐将一些伦理道德因素引入实践中。并且真正认识到了在伦理决策下实施绿色供应链管理的重要性。例如，链内成员企业必须具备一致的伦理道德价值观、公平交易、诚实守信、保护环境、节约资源、承担社会道德责任、敬业奉献等观念，才能真正使绿色供应链管理有效实施。但是通过上述分析发现，基于伦理决策视角实施绿色供应链管理实践水平还不高，主要是受我国传统文化的影响，以及一些企业缺乏伦理意识，缺乏绿色供应链管理经验。在我国从伦理视角去探讨绿色供应链管理实践充其量说是处于萌芽状态，理论框架十分缺乏，更谈不上具体如何从伦理角度对绿色供应链管理进行可行性操作的方法与手段。

伦理决策下实施绿色供应链管理是一种全社会参与型的拉动式管理模式，需要社会的监督、政府的协调、供应链上合作伙伴的积极主动配合，才能真正实现企业的环境责任与伦理责任，实现真正的和谐社会。根据上述分析，目前对伦理决策下实施绿色供应链管理实践具有直接的正面影响的因素有伦理判断与伦理行为，守法经营、履行责任、风险共担、政府激励、利益共享、决策能力是影响绿色供应链管理的主要方面。同时还发现，伦理认知也有直接的正向影响，但是在实践中很多企业没有做到诚实守信、合作共享和强调社会责任，这主要是因为完全从符合伦理决策下实施绿色供应链管理实践很难获得足够的经济效益。现阶段我国企业从伦理决策下实施绿色供应链管理负经济绩效大于正经济绩效，企业为了追求利润最大化，有时会违背企业伦理。要改变这种现象不是一朝一夕的事情，毕竟我国从伦理角度去探讨绿色供应链管理实践还处于萌芽或刚起步状态，要想使企业成为真正意义上的经济道德人，把环境意识和伦理意识转化为积极实践并带来正经济绩效，还需企业、社会和政府共同努力。另外，资金、人才、资源和可操作方法也对伦理决策下实施绿色供应链管理实践产生一定的影响。

我国大多数企业不但认识到了环境管理的重要性，而且认识到了企业伦理管理的迫切性，并且在绿色供应链管理实践运营过程中得到了应用。首先，需要相关学者对其进行更深入的研究，为企业提供理论支持和可操作方法；其次，加强社会对企业的监督与舆论，使企业真正达到利润与伦理双赢目的；再次，需要政府的协调及加快相关立法，并积极地激励和引导企业，真正发挥政府的主导作用，创造规范的宏观环境；最后，更需要供应链上的企业积极配合，主动摸索，相互学习，进而从管理评价体系、企业伦理建设、保障利益分配等方面寻找适合自身的方法与措施去进行有效的绿色供应链管理，使企业在激烈的市场竞争中立于不败之地。

综上所述，实证分析伦理决策对绿色供应链管理实践的影响得到以下一些结论。

（1）对绿色采购管理实践的影响

伦理决策中的伦理认知主因素对绿色供应链管理中的绿色采购管理实践有直接正向影响作用。这主要是因为绿色供应链上企业对盈利、诚信、竞争、人情关系、合作共享、社会责任等方面进行认识，然后确定实施合理的伦理决策行为，进而实行绿色采购。

伦理决策中的伦理判断主因素对绿色供应链管理中的绿色采购管理实践有直接正向影响作用。也就是说，企业绿色管理机制完不完善，绿色供应链上企业间道义感强不强，风险是不是共担，企业的伦理决策能力，政府的激励措施等对绿色采购管理成功实施有着密切关系。对供应商做出正确的伦理判断和政府的相关政策拉动企业实行绿色采购。

伦理决策中的伦理行为主因素对绿色供应链管理中的绿色采购管理实践有直接正向影响作用。也就是说，绿色供应链上企业如果遵守相关环保法律法规，讲诚信，实行公平、公正、公开交易，履行各自的责任，具有社会奉献精神就会促进企业在采购产品时实行绿色采购，并加强节点企业之间的环境合作，提高绿色采购管理实践水平。供应商位于供应链的上游，其决策与行为将影响整条绿色供应链上各个合作伙伴，选择在环境管理方面好的供应商，一方面能够为下游企业提供更加环保的产品，另一方面成本上的节约能够传递到下游各节点企业，提高整条绿色供应链的经济效益。

（2）对内部绿色管理实践的影响

伦理决策中的伦理认知主因素对绿色供应链管理中的内部绿色管理实践有直接正向影响作用。这主要是因为内部绿色管理强调的是树立绿色理念，获取 ISO 14001 认证，制定绿色决策，实施环保与节能，同时根据调查和实证分析，企业在绿色决策、绿色认证、环境责任、诚信经营等方面都比较重视，这是内部绿色管理的体现。

伦理决策中的伦理判断主因素对绿色供应链管理中的内部绿色管理实践有直接正向影响作用。这与企业本身的绿色管理制度与绿色决策有关，即要把企业中的一些管理事项制度化、决策化。

伦理决策中的伦理行为主因素对绿色供应链管理中的内部绿色管理实践有直接正向影响作用。其主要原因是我国陆续颁布相关环境管理法律法规，国家越来越注重企业社会责任管理，每年公布社会责任上榜企业名单，诚信成为企业合作的根本，消费者青睐对社会公益事业做出奉献的企业，使企业不得不加强内部绿色管理来提升自己的形象与品牌，获得社会的认同和政府的支持，从而提高经济效益、社会效益和环境效益。

（3）对环境伦理管理实践的影响

伦理决策中伦理判断主因素对绿色供应链管理中的环境伦理管理实践有着直接正向影响作用。这与企业究竟是从利益的角度去考虑还是从社会道德的角度去把握有关。由于我国大多数企业是站在经济利益的角度上考虑环境伦理问题，企业把社会道德作为一个辅助目标，没有完全从环境意义上遵循道德行为准则。但目前我国企业对这方面越来越重视，认识到了符合伦理的判断能够保护环境，提高企业形象。

伦理决策中伦理行为主因素对绿色供应链管理中环境伦理管理实践有直接正向影响作用，显然守法经营、诚实守信、履行责任对遵守环保法律法规、建立社会信任体系、履行对环境责任感和社会责任感等方面有很大的促进作用。因为企业的这些行为就是实施绿色供应链管理的表现，而商业伦理问题最近几年在我国不断出现，这与企业以利润最大化为目标有关系，这还需要时间去完善。

伦理决策中伦理认知主因素对绿色供应链管理中环境伦理管理实践的影响不是很显著，一方面反映了绿色供应链企业在合作关系方面还处于低级水平，还不能完全信任合作伙伴；另一方面反映了供应链企业在实施绿色管理时，如果能够逃避监督或惩罚，其极可能不遵守道德准则和国家环保法规，同时说明我国企业的思想素质还未达到“经济上的道德人”。

本书共提出 9 个假设，其中 8 个假设完全得到了验证支持，1 个假设不支持，见表 5-26。

表 5-26　假设验证结果汇总

编号	假设内容	结果
H1a	伦理认知对绿色采购管理具有直接的正向影响	支持
H1b	伦理判断对绿色采购管理具有直接的正向影响	支持
H1c	伦理行为对绿色采购管理具有直接的正向影响	支持
H2a	伦理认知对内部绿色管理具有直接的正向影响	支持
H2b	伦理判断对内部绿色管理具有直接的正向影响	支持
H2c	伦理行为对内部绿色管理具有直接的正向影响	支持
H3a	伦理认知对环境伦理管理具有直接的正向影响	不支持
H3b	伦理判断对环境伦理管理具有直接的正向影响	支持
H3c	伦理行为对环境伦理管理具有直接的正向影响	支持

第 6 章　伦理决策下实施绿色供应链管理决策机制

随着商业丑闻及社会道德问题的出现，企业在实施绿色供应链管理时对伦理决策问题越来越重视，社会各界也广泛关注，并已开始步入实践阶段。但是供应链企业由于各种原因不会自觉进化成“道德人”，我国企业要想在合理的伦理决策下实施绿色供应链管理，道路是艰辛和曲折的。这主要表现在以下几个方面。

（1）理论层面问题

1）西方企业经济伦理及环境伦理已经从探索阶段进入操作阶段，在实践中也取得了实际性的效果。这为探讨伦理管理问题提供了丰富的理论基础与实践经验。但不可否认的是，我国许多企业正处于转型时期，在注重功利价值的同时，还需提高社会价值。

2）伦理问题判断正确与否只有在实践中才能获得。由于人的认知能力及规范调节能力等的有限性，伦理决策只能提供“空洞的”方法与目标，不能推出“实质性”的规范模式。

3）绿色供应链管理在我国还是初步实施阶段，各种理论还需完善。伦理这个“理论上的巨人”在我国企业实践中更加是一个“实践中的侏儒”。

（2）实践的挑战

“知易行难”是人及企业普遍存在的规律，即认识道德容易，使行为符合道德难。在实践中，绿色供应链企业决策者“道德上的承诺”实质上是伦理困境的结果，而不是出发点。但是要达到这种结果，决策者必须要克服自利倾向，意识到企业决策可能对其他节点企业造成的影响，将道德的法律约束力（形象、尊严、良心等）转化成敬业奉献的良知良能，把德化作为伦理管理的最高目标。为此，企业界必须遵循帕斯卡的格言“作为行动的人思考，作为思想的人行动”。只有这样，我们才能为合理的伦理决策在绿色供应链管理中找到空间，并且努力实施。

（3）面临的困境

我国具有几千年的儒家德治文化思想，拥有非常丰富的伦理管理资源，但是企业实施绿色供应链管理实践相对薄弱、商业经验匮乏、国际市场竞争严酷、与时俱进的中国式供应链管理欠缺，都对我国企业实施绿色供应链管理中制定合理的伦理决策构成了一定的障碍。适应时代需求，构建符合我国实际情况的供应链伦理管理模式，是当今学术界、企业界和伦理界应该思考与关注的问题。

本章主要研究伦理决策下企业实施绿色供应链管理中节点企业如何合作及政府在其中的作用机理。一方面，对伦理决策下绿色供应链风险评价机制进行分析，通过设计风险评价指标体系，运用风险评价流程，结合层次分析法与模糊综合得分法，分析与合作伙伴合作的风险程度；另一方面，对伦理决策下绿色供应链管理中政府协调机制进行分析，通过对伦理决策下绿色供应链供求模型分析，探讨政府利用补贴形式去协调绿色供应链管理，并提出相应的协调对策。

6.1 伦理决策下绿色供应链风险评价机制

21 世纪以来，随着经济的发展和环境的破坏，要求实施绿色供应链管理来推动整条绿色供应链的运行，特别是近几年商业事件不断涌现。例如，2012 年肯德基的“问题鸡肉”[①]等事件，使供应链运行过程中任何一个环节出现问题都可能导致整条供应链的瘫痪，这些事件都涉及商业伦理及社会道德问题。这些问题已经受到政府和企业界的广泛关注，引起了社会的激烈讨论，也成为社会不得不正视的问题。然而这些问题产生的原因都与企业内部管理或者未对供应链企业提供的产品进行严格的监管，或者供应链与外部环境之间的交往互动有关；加之现代企业的竞争由企业间品牌竞争转为供应链间的竞争，绿色供应链管理中企业遵守伦理规范，已成为企业提高竞争优势、顺应时代发展趋势的必然要求。因此，为了在合理的伦理决策下实施绿色供应链管理，不能只关心本企业的伦理规范，还应采取与上下游供应链企业沟通与合作等方式，在绿色供应链中纳入共同的伦理规范，并对合作企业的伦理规范进行风险预警、监督和控制，使各企业在伦理道德间的合作风险减少到零。

Zsidisin（2003）认为大部分企业意识到了供应链上供应商风险问题，但是许多企业未采取实际行动去减少风险，只有少数企业进行了采购风险评估，并涉及伦理道德上的评估。朱庆华（2013）认为供应链越来越复杂，供应链风险越来越高，并对供应链风险进行了分类及探讨了伦理管理方面的风险问题。Chalotra（2012）通过实证研究对供应链中的伦理问题进行了委托—代理关系分析，提出了规避风险对策。Chen 和 Slotnick（2015）指出供应链企业间要重视信息共享、资源共享，在相互共享的基础上进行合作与平等交易，在采购供应商原材料时要遵守信用与契约，在合作上降低风险。国内主要是从风险类型、原因及措施等宏观方面研究了绿色供应链风险评价问题，从伦理道德方面研究绿色供应链风险的文献非常少，以下主要对国内绿色供应链风险评价相关文献进行回顾。颜江（2007）认为家电企业绿色供应链管理中的风险主要来自供应商选择、生产运营、外界环境及道德风险等，并提出了一系列的风险控制对策。李艳平（2010）对广西 100 家制造业的绿色供应链风险评估等相关问题进行调查跟踪，运用 SPSS 统计分析法，构建了绿色供应链风险评价指标体系，分析了广西制造业绿色供应链风险发展现状和问题，并得出结论，广西制造业绿色供应链风险管理最大的问题是绿色供应链文化意识不强。陈乐（2009）对绿色供应链风险进行了分类，并提出了一

① 张焱．肯德基“危鸡”[N]．民主与法制时报，2012-12-31（B03）．

些风险管理方法。例如，建立应急处理机制、信息共享机制，加强对绿色供应链企业的激励等。马丽娟（2012）认为绿色供应链管理中每一个环节都可能面临内部风险、外部风险和中间风险，这 3 个一级指标可用 16 个二级指标来衡量，并且通过模糊评价法将风险量化，进而进行有效的控制。王丽杰和刘宇清（2014）分析了绿色供应链风险的特征、类型和问题，并从信息共享机制、信任机制和应急管理机制等方面探讨了绿色供应链风险管理的措施。

目前，国内外学者对基于伦理决策下绿色供应链风险的研究可以概括为 3 个部分：绿色供应链风险内涵及类型的研究、绿色供应链风险中相关伦理问题控制措施的研究、绿色供应链风险指标体系建立的研究。本节在界定基于伦理决策下的绿色供应链风险内涵基础上，利用相关理论，探讨伦理决策下绿色供应链风险管理体系结构；基于实证调研和统计分析法构建伦理决策下绿色供应链风险评价指标体系，对其进行综合评价，并从绿色采购管理风险、内部绿色管理风险、环境伦理管理风险等角度探讨绿色供应链风险。本书融合了企业伦理决策、绿色供应链管理、风险评价方法等元素，为在符合伦理决策下实施绿色供应链管理实践提供理论依据，同时有利于供应链企业结合自身特点、切实承担伦理责任，也有利于降低供应链上企业的合作风险。

通过对前人研究成果的分析与总结，本书认为基于伦理决策的绿色供应链风险是指绿色供应链上关于伦理责任方面存在的风险，即由于企业在进行管理决策时不遵守伦理规范或社会道德，在特定客观条件下，在产品从物料购买到报废回收的整个过程中，由不确定性因素引起社会事件的发生，影响企业品牌声誉、员工士气、道德凝聚力、消费者的认同力，影响供应链整体环境安全运行，造成供应链上整体成本增加、供应链效率下降和无法达到绿色供应链管理预定目标，甚至造成损失的可能性。因此，在经济快速发展的现代化进程中，企业的利益关系更加复杂，承受的伦理责任不断加大，为了确保企业的可持续健康稳定发展，企业必须加强伦理决策方面的绿色供应链风险管理。

6.1.1 伦理决策下绿色供应链风险评价工作流程

由于我国的绿色供应链风险评价还处于起步阶段，需要建立起与国际接轨，又能符合我国科技水平和企业实际情况的绿色供应链风险评价规范。但是，我国现行的绿色供应链管理体制对伦理决策方面的风险控制并没有西方国家那样的具体规定，因此，从伦理决策方面对绿色供应链进行风险评价还只是个例，从理论到实践、从法律到技术等各个方面都需要研究者去探索和完善。通过对相关文献的研究，本书认为伦理决策下绿色供应链风险评价包括 6 个阶段，即数据获取阶段、过程迭代阶段、分析识别阶段、监测结果阶段、交流沟通阶段和方案处理阶段。具体的步骤是：①分析伦理决策表征采集相关的绿色供应链数据；②通过绿色供应链数据采集系统对风险信息数据进行处理；③对绿色供应链效应表征进行风险识别与评估；④借助绿色供应链风险指标体系与评价方法判断风险可能造成的影响；⑤如果风险表征值为 A，表示绿色供应链处于正常状态，则继续采集数据，如果风险表征值为 B、C、D，则说明绿色供应链处于警戒状态；⑥进入警戒状态后，应采取相应措施缓解风险；⑦如果警戒状态转入危机状态，就要选择合适的预备方案，如果没有合适的预备方案，就要重新制订预案；⑧在预备方案基础上，制订风险处理方案；⑨制订处理方案时，与风险管理者进行交流与沟通；⑩实施风险处理方案，进行风险评价。

伦理决策下绿色供应链风险评价具体的工作流程图如图 6-1 所示。

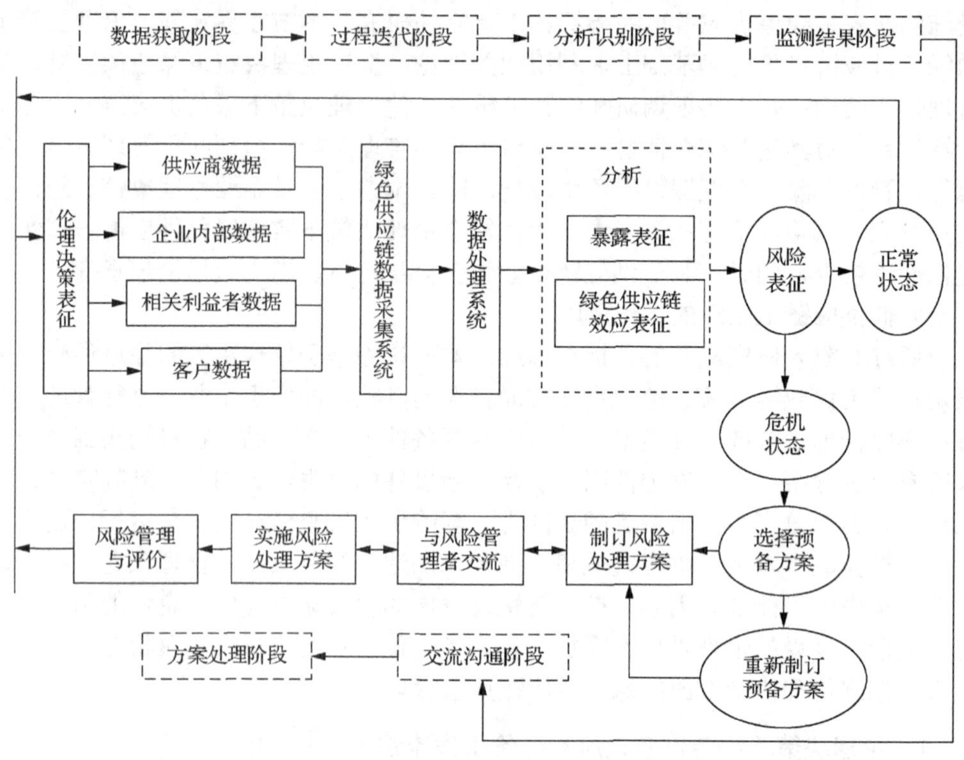

图 6-1　伦理决策下绿色供应链风险评价工作流程图

6.1.2　伦理决策下绿色供应链风险评价指标设计

本节主要采取对企业和专家问卷调查的形式进行数据资料收集，并参考调查数据信息确定伦理决策下绿色供应链风险评价指标体系及其权重。本节主要以汽车制造业为例对伦理决策下绿色供应链管理风险进行评价。

（1）调查对象的选择与问卷设计

由于本书主要从绿色采购管理、内部绿色管理和环境伦理管理 3 个方面探讨汽车制造业绿色供应链风险评价指标，调查的问题会涉及供应链企业多方面情况，调查对象主要选为上海大众、上海通用、北京现代和广汽本田等汽车制造企业中从事供应链业务活动（如采购、生产、物流、销售、品质、环保、人力资源、研发技术等）的相关员工、中高层管理者和供应链专家，其中主要以中高层管理者为调查对象。问卷设计以基于伦理决策的绿色供应链风险评价指标的确定为目标，针对一级指标层和二级指标层获取两两指标的相对重要性比较信息，以便构建对比矩阵进行层次分析。问卷发放的方式主要有 3 种：一是与专家面对面进行沟通与交流，让专家填写问卷并对问卷中列出的指标进行删减或补充；二是直接到企业进行调查，现场回收问卷；三是邮寄给被调查的企业和供应链专家。共发放问卷 120 份，回收问卷 106 份，回收率为 88.3%，经分析整理后，有效问卷 101 份，有效问卷率为 84.2%。通过问卷调查方式确定各级指标权重的原始数据，由此建立判断矩阵，分别计算一级、二级指标的权重及其相应特征向量，随后计算 CI 值，将计算结果和随机一致性指标 RI 值进行一致性检验。最后，有 92 份通过了检验。

（2）风险评价指标体系设计

随着跨国公司在多国规模的扩大化和绿色经济全球化发展，全球绿色供应链越来越普及，供应链之间的竞争不仅体现在国内之间的竞争，而且已经走向全球供应链竞争，竞争态势越演越激烈。然而在利润的驱使下，各国政策制度的不一致性，必然会给绿色供应链上企业带来一系列商业问题。例如，大气环境污染、虚假广告、不正当竞争、偷工减料、假冒伪劣产品、产品绿色标准等，严重影响了企业可持续发展和消费者权益。正是在这样的背景下，基于伦理决策的绿色供应链风险评价越来越受到关注。本书在国内外研究成果的基础上，根据专家意见及实际情况，结合问卷调查数据统计，将基于伦理决策的绿色供应链风险从针对供应商的绿色采购管理风险、企业本身的内部绿色管理风险和针对利益相关者的环境伦理管理风险 3 个维度进行测量，并在广泛搜集国内外学者关于伦理决策下绿色供应链风险评价测量题项的基础上整理出评价指标体系，见表 6-1。

表 6-1　伦理决策下绿色供应链风险评价指标体系

目标层	一级指标层	二级指标层
伦理决策下绿色供应链风险评价指标体系	绿色采购管理风险	绿色产品合格风险
		利益共享风险
		知识共享风险
		绿色战略联盟风险
		信息共享风险
		社会道德风险
		公平、公正、公开风险

续表

目标层	一级指标层	二级指标层
伦理决策下绿色供应链风险评价指标体系	内部绿色管理风险	绿色观念风险
		绿色决策风险
		绿色生产风险
		绿色物流风险
		绿色认证风险
		环保技术风险
	环境伦理管理风险	诚实守法风险
		环境价值观风险
		环境正义风险
		认证标准伦理化风险
		环境责任风险
		可持续发展环境观风险

6.1.3　伦理决策下绿色供应链风险评价

在我国，由于道路及相关基础设施越来越完善，加之汽车价格越来越便宜，汽车已经成为家庭常用交通工具。根据中国汽车工业协会2020年1月发布的数据，2019年我国汽车产量为2572.1万辆，销量为2576.9万辆，产销量较2018年同比下降7.5%、8.2%。2019年我国汽车产销量虽然有所下降，但是我国汽车制造业规模比较大，产业关联度比较高，带动性比较好，产值比较高，涉及面比较广，从业人员比较多，产业链条比较长，所以汽车制造业绿色供应链企业的伦理决策执行情况对社会具有重大影响，不仅有助于社会的和谐，同时也是企业服务社会的重要体现。汽车制造业绿色供应链包括从零部件采购到整车交付的全部过程，是最复杂的供应链系统之一，是典型的全球供应链竞争。它是以整车制造企业为核心，通过上游汽车零部件供应企业和下游汽车销售企业等一系列企业的协同作业；主要是以整车制造企业为中心，通过对物流、信息流、资金流的控制，从原材料采购开始，经过中间生产到最终产品制成，最后由销售网络把产品销售给消费者，形成了从供应商的供应商、供应商、制造商、中间商、零售商，最后到客户手中的一个整体的绿色供应链网络结构，在整个供应链系统中具有代表性。以甲汽车制造企业、乙汽车制造企业和丙汽车制造企业为例，运用上述评价指标体系进行调查和度量，对其绿色供应链风险进行研究，对汽车企业的可持续发展具有重要的实用价值。同时这几家制造企业主要生产系列轿车、商务车和越野车，在汽车行业具有代表性和普适性。因此，选取的这几家汽车制造企业基本能代表我国汽车制造业整体绿色供应链风险状况，通过评价与分析这几家企业在伦理决策下的绿色供应链风险，为我国汽车制造企业在伦理决策下的绿色供应链风险预警与防范提供决策参考。

（1）样本的选取及数据来源

本书把甲、乙、丙三大汽车制造企业作为样本进行实证分析。数据来源主要是由汽车制造业供应链风险评价专家、企业相关管理人员和高等院校供应链风险研究人员等 10 人组成绿色供应链风险评价专家小组。获取数据方式主要是通过现场调查、网络在线调查和问卷邮寄等方式获得表 6-1 中绿色供应链风险评价指标相关数据，运用 SPSS 17.0 统计分析软件通过 AHP 分析法获得伦理决策下绿色供应链各级指标的权重，通过模糊评价法获得各级指标的综合得分，再通过归一化处理得到一级指标的权重与总体得分。

（2）量表的信度与效度分析

采用 SPSS 17.0 进行数据分析。第一步，可靠性检验。用一致性指标 Cronbach'α 系数来检验量表的信度，如果因子的 Cronbach' α值超过 0.7，表示具有较好信度，值为 0.5～0.7，被认为可靠性一般。通过检验，绿色采购管理风险、内部绿色管理风险、环境伦理管理风险 3 个变量的信度分别为 0.826、0.872、0.745，除了环境伦理管理风险小于 0.8，其他两项均大于 0.8。第二步，进行主成分分析来检验量表的效度。笔者用 Bartlett 检验并观察，结果显示绿色采购管理风险、内部绿色管理风险、环境伦理管理风险 3 个变量的 KMO 值分别为 0.815、0.863、0.792，均超过 0.7。这说明所调查的问卷是有效的、可信的。

（3）风险评价指标权重及综合得分计算

表 6-1 所列的伦理决策下绿色供应链风险评价指标体系中，指标层各指标权重的确定非常重要，因为它关系到评价结果的准确与否。采用层次分析法确定指标权重，然后用模糊评价法确定绿色供应链风险的评价等级与分数。

1）基于层次分析法的评价流程。

第 1 步，逐层进行成对比较，构造判断矩阵。

邀请多位专家分别对评价指标体系的各个指标逐层进行成对比较，得到多个判断矩阵。构造判断矩阵的关键指标是标度，我们采用 Saaty 的 9 级标度法（表 6-2）。综合各位专家意见后的判断矩阵是取各位专家的均值，因而得到的判断矩阵如下：

$$A_p=\begin{bmatrix}\frac{1}{m}\sum_{P=1}^{m}a_{p11} & \frac{1}{m}\sum_{p=1}^{m}a_{p12} & \cdots & \frac{1}{m}\sum_{p=1}^{m}a_{p1n}\\ \frac{1}{m}\sum_{p=1}^{m}a_{p21} & \frac{1}{m}\sum_{p=1}^{m}a_{p22} & \cdots & \frac{1}{m}\sum_{p=1}^{m}a_{p2n}\\ \vdots & \vdots & & \vdots\\ \frac{1}{m}\sum_{p=1}^{m}a_{pn1} & \frac{1}{m}\sum_{p=1}^{m}a_{pn2} & \cdots & \frac{1}{m}\sum_{p=1}^{m}a_{pnn}\end{bmatrix}=\begin{bmatrix}b_{11} & b_{12} & \cdots & b_{1n}\\ b_{21} & b_{22} & \cdots & b_{2n}\\ \vdots & \vdots & & \vdots\\ b_{n1} & b_{n2} & \cdots & b_{nn}\end{bmatrix}$$

表 6-2　Saaty 标度法

i 指标与 j 指标比	极重要	很重要	重要	略重要	同等重要	略不重要	不重要	很不重要	极不重要
标度值	9	7	5	3	1	1/3	1/5	1/7	1/9

注：取 8、6、4、2、1/2、1/4、1/6、1/8 为上述标度值的中间值。

第 2 步，计算各要素的权重。

根据判断矩阵，计算出判断矩阵的特征向量。特征向量就是各指标相对上一层指标的相对重要程度，即权重向量。计算特征向量的步骤如下：第一，将判断矩阵的每一列元素作归一化处理，其元素的一般项为 $\overline{a_{ij}}=\dfrac{a_{ij}}{\sum\limits_{k=1}^{n}a_{kj}}(i,j=1,2,\cdots,n)$；第二，将每一列经过归一化处理后的判断矩阵按行相加 $\overline{W_i}=\sum\limits_{j=1}^{n}\overline{a_{ij}}(i=1,2,\cdots,n)$；第三，相加后的向量再归一化处理，所得的结果 W 即所求特征向量 $W_i=\dfrac{\overline{W_i}}{\sum\limits_{j=1}^{n}\overline{W_j}}(i=1,2,\cdots,n)$；第四，通过判断矩阵 A_p 和特征向量 W 计算判断矩阵的最大特征根 $\lambda_{\max}=\sum\limits_{i=1}^{n}\dfrac{(A_PW)_i}{nW_i}$。

第 3 步，判断矩阵的一致性检验。

在实际中，因为判断矩阵的数据往往通过问卷调查、专家访问等方法确定，显然会出现不完全一致的情况，需要对判断矩阵进行一致性检验。检验步骤如下：

第一，计算一致性指标：$\mathrm{CI}=(\lambda_{\max}-n)/(n-1)$。如果 $\mathrm{CI}=0$，有完全一致性；CI 接近于 0，有满意的一致性；CI 越大，不一致性越严重。第二，为了衡量 CI 的大小，引入判断矩阵的平均随机性指标修正值 RI。RI 是随机构造 500 个成对比较矩阵，计算其一致性指标值 CI，然后平均得 RI，见表 6-3。第三，计算一致性比例 CR：$\mathrm{CR}=\mathrm{CI}/\mathrm{RI}$。当 CR<0.1 时，认为判断矩阵具有满意的一致性，否则就要对判断矩阵加以校正。校正方法：主观法，即集中专家智慧，靠经验校正；客观法，即定量诊断法，首先诊断出毛病所在，然后由专家适当改变比例，最终达到满意目的。

表 6-3　随机一致性指标 RI

n	1	2	3	4	5	6	7	8	9	10	11
RI	0	0	0.58	0.90	1.12	1.24	1.32	1.41	1.45	1.49	1.52

2）风险评价指标综合得分计算。绿色供应链风险第 i 指标 $U_i=\{U_{i1}\quad U_{i2}\quad \cdots\quad U_{ij}\}$ 的权重可以由层次分析法得到，表示为 $W_i=\{W_{i1}\quad W_{i2}\quad \cdots\quad W_{ij}\}$，则 i 指标集 U_i 的模糊评价集如下：

$$B_i=W_iR_i=(W_{i1}\quad W_{i2}\quad \cdots\quad W_{ij})\begin{bmatrix} r_{i11} & r_{i12} & r_{i13} & r_{i14} \\ r_{i21} & r_{i22} & r_{i23} & r_{i24} \\ \vdots & \vdots & \vdots & \vdots \\ r_{ij1} & r_{ij2} & r_{ij3} & r_{ij4} \end{bmatrix}=(b_{i1}\quad b_{i2}\quad b_{i3}\quad b_{i4})$$

向量矩阵 $B_i=(b_{i1}\quad b_{i2}\quad b_{i3}\quad b_{i4})$ 为第 i+1 层绿色供应链风险指标的评价等级 $V=\{V_1,V_2,V_3,V_4\}=\{$优秀，良好，合格，不合格$\}$ 所对应的模糊向量子集。用 i+1 层模糊评价集和隶属度矩阵得到绿色供应链风险的模糊评价集为

$$B=WR=(W_1,W_2,W_3,W_4)\begin{bmatrix} B_1 \\ B_2 \\ B_3 \\ B_4 \end{bmatrix}=(b_1,b_2,b_3,b_4)$$

将绿色供应链风险各指标评价等级与其相对应的分行向量矩阵表示为 $CT=\{C_1,C_2,C_3,C_4\}=\{100,90,80,70\}$。

最后，笔者得到绿色供应链风险评价指标的最终得分，计算公式如下：

$$\text{SCORE}=B\times CT$$

根据上述公式的计算结果，伦理决策下绿色供应链风险评价指标综合得分与等级见表 6-4。

表 6-4　伦理决策下绿色供应链风险指标综合评价标准

得分	绿色供应链风险指标等级
90 分以上	优秀级（A）
80～89 分	良好级（B）
70～79 分	合格级（C）
69 分以下	不合格级（D）

（4）风险值测定模式

绿色供应链是由各个独立的经济组织组成的整体链条，各个成员之间必然存在合作，合作就会有风险，有风险就会有价值。合作风险价值主要是由风险程度决定的，在选择绿色供应链上企业合作时要了解风险价值，就要对合作企业的风险程度进行评价。在伦理决策下绿色供应链风险程度评价是决策实施结果对某一事件或事物的伦理责任带来的影响或各种可能性的伤害程度，在评价风险度时，就要把各种可能都考虑进去，其办法就是利用权重来评价与企业合作的风险。伦理决策下绿色供应链风险评价的步骤如下：①权重的计算，评价指标权重通过层

次分析法能够算出来；②指标的综合得分，指标的得分通过模糊评价集能够算出来；③计算指标的平均期望值，由于绿色供应链风险存在着多项指标，各项指标的权重不一样，评价风险度时先要把平均期望值算出来，平均期望值 $\overline{E}=\sum_{i=1}^{n}X_iP_i$（$X$ 表示伦理决策下绿色供应链风险评价的指标，P 表示概率）；④用标准差来判断绿色供应链风险度的大小，风险度的大小通常用各种指标值与平均期望值之间的标准差来评价，公式为 $\delta=\sqrt{\sum_{i=1}^{n}(X_i-\overline{E})^2P_i}$，甲企业标准差小于乙企业标准差，则认为甲企业的风险小，但是要有个前提，那就是甲企业平均期望值同时要大于或等于乙企业平均期望值，如果甲企业平均期望值小于乙企业，我们就得用标准差系数来评价风险度大小；⑤计算标准差系数，标准差系数又称为标准离差率 σ'，计算公式为 $\sigma'=\frac{\sigma}{\overline{E}}\times100\%$，标准差系数小，就认为风险度小。

（5）伦理决策下绿色供应链风险值计算

利用风险评价指标权重及综合得分公式计算 3 家汽车制造企业的伦理决策下绿色供应链风险评价指标权重及综合得分，计算结果见表 6-5。

表 6-5　伦理决策下绿色供应链风险评价指标比较

指标情况	甲企业		乙企业		丙企业	
	综合得分	权重	综合得分	权重	综合得分	权重
绿色采购管理风险	86	0.356	82	0.356	75	0.356
内部绿色管理风险	93	0.245	90	0.245	84	0.245
环境伦理管理风险	81	0.399	80	0.399	70	0.399

利用表 6-5 中的数据，再根据风险值测定模式计算 3 家企业伦理决策下绿色供应链风险评价指标的标准差系数，计算结果如下：

$\overline{E_{甲}}$= 86×0.356+93×0.245+81×0.399=85.72

$\overline{E_{乙}}$= 82×0.356+90×0.245+80×0.399=83.162

$\overline{E_{丙}}$= 75×0.356+84×0.245+70×0.399=75.21

$\delta_{甲}=\sqrt{(86-85.72)^2\times0.356+(93-85.72)^2\times0.245+(81-85.72)^2\times0.399}$=4.680

$\delta_{乙}=\sqrt{(82-83.162)^2\times0.356+(90-83.162)^2\times0.245+(80-83.162)^2\times0.399}$=3.991

$\delta_{丙}=\sqrt{(75-75.21)^2\times0.356+(84-75.21)^2\times0.245+(70-75.21)^2\times0.399}$=5.458

$\delta'_{甲}=\frac{\delta}{\overline{E}}$×100%=4.680/85.72×100%=5.46%

$$\delta'_{乙}=\frac{\delta}{\overline{\overline{E}}}\times 100\%=3.991/83.162\times 100\%=4.80\%$$

$$\delta'_{丙}=\frac{\delta}{\overline{\overline{E}}}\times 100\%=5.458/75.21\times 100\%=7.26\%$$

（6）基于伦理决策的绿色供应链风险评价结果分析

通过对上述 3 家汽车制造业企业标准差系数的计算结果，甲企业为 5.46%，乙企业为 4.80%，丙企业为 7.26%，都少于 10%，说明这 3 家企业均处于低风险状态，表明汽车制造业企业绿色供应链总体上来说运行状况良好，与汽车供应链上企业的合作在伦理责任方面的风险是较低的。但是上述 3 家企业中乙企业的标准差系数最小，说明乙企业的伦理决策下绿色供应链风险最小，与它合作更值得信任。

本节在总结前人研究成果的基础上，结合实际设计了一种更为合理、客观、全面、系统、科学、实用的基于伦理决策的绿色供应链风险评价指标体系；同时，运用层次分析法对各指标的权重进行判定，运用模糊综合评价法对各指标进行打分，运用风险测定法对企业在伦理决策下绿色供应链风险度进行评价，从而可以得到较为客观的评价结果，较为有效地对绿色供应链风险度进行评价，进而有助于为企业选择合作伙伴提供可靠的依据。通过对基于伦理决策下绿色供应链风险度的评价，根据风险度的大小可以给合作企业设计绿、黄、橙、红四种颜色表示（绿色：极低风险的合作企业；黄色：低风险的合作企业；橙色：中风险的合作企业；红色：高风险的合作企业），如表 6-6 所示。进而对绿、黄、橙、红合作企业采用不同的管理方法。必须注意，对合作企业的分类是动态的，要根据在不同时期的表现调整等次。

表 6-6　伦理决策下绿色供应链风险度及运行状况

风险度值	风险预警度	指示颜色	绿色供应链运行状况
5%以下	极低	绿色	绿色供应链风险极低，企业运行状况好，发展前景广阔，不确定性因素对其影响极小
4.99%～10%	低	黄色	绿色供应链风险低，企业运行状况一般，可能存在一些影响其未来发展的不确定性因素
10.01%～20%	中	橙色	绿色供应链风险中，企业运行状况较差，存在一些不确定性因素对其影响
20.01%以上	高	红色	绿色供应链风险高，企业运行状况很差，许多不确定性因素影响其未来发展

绿色合作企业：通过制定企业伦理责任标准和订购单等限制性条款要求履行，不必积极沟通。

黄色合作企业：积极地介入绿色供应链管理，经常了解合作企业的伦理规范与社会道德，要求合作企业提供伦理决策报告等。

橙色合作企业：采取一些手段，对合作企业进行积极交流与沟通，强烈要求其改进表现和持续监督，定期对合作企业进行测评。

红色合作企业：采取强有力措施，直接与这些企业对话，限制其合作条款或放弃与这些企业的合作。

6.2　伦理决策下绿色供应链管理中政府协调机制

绿色供应链管理在改善环境的同时，资金、技术和人员等方面的原因将导致企业生产绿色产品的成本和市场售价都高于传统产品，这会导致供应商没有动力生产绿色原材料及半成品，制造商没有动力投入人力、物力和财力开发绿色技术和生产绿色产品，因而市场上没有足够的绿色产品供给。然而政府及社会对环境保护、资源节约又非常重视，积极倡导企业生产绿色产品，同时加大企业对环境破坏的惩罚力度，消费者对绿色产品的需求量又在不断加大。在这种困境下，有的企业违背社会伦理道德，生产伪劣假冒产品冒充绿色产品，制造虚假广告，进行商业贿赂及诈骗，封闭产品信息等。另外，供应链上企业作为以利润最大化为目标的独立个体，很多企业认为自己的主要责任是经济利益，伦理责任是次要的，在履行伦理责任时不积极、不主动，而是消极地服从政府安排；或者在有经济实力的时候，就履行企业伦理道德，积极主动参与社会责任活动，在经济实力不佳的情况下，就违背企业伦理道德，逃避社会责任。鉴于上述情况，为实现绿色产品供求均衡、企业制定合理的伦理决策及企业和社会的可持续发展，结合绿色供应链企业特点，运用供求理论构建绿色供应链供求模型，探讨政府的最优补贴政策，既实现了企业的趋利性，又让企业主动承担企业伦理责任，以达到保证各方决策与环境、伦理责任相融的目的，确保各节点企业在整个供应链上的绿色性及制定合理的伦理决策，使绿色供应链管理真正带来经济效益、环境效益和社会效益（包括企业社会知名度、社会道德、社会责任等）。

6.2.1　伦理决策下绿色供应链供求模型构建

随着社会的发展和人们对美好生活的追求，国家越来越重视绿色产品的生产，对大多数产品规定了最低绿色度（绿色度水平用 h 表示，h 越高表示产品的绿色度越好）。企业为了适合消费的需求和国家的相关法律法规政策，也在逐渐地实施绿色供应链管理，这是企业生存与发展的趋势。绿色供应链管理涉及个人素质、领导方式、企业伦理、消费者、生产企业、社会大众、政府等方面的因素，为了便于分析，假定模型中只包括需求者（消费者）与供给者（生产商）这两个主要利益主体，供给者设定为两个：生产商 1 与生产商 2，并且生产商 2 生产的产品绿色度要高于生产商 1 生产的产品绿色度，$h1$ 和 $h2$ 分别表示生产商 1 与生产商 2 的产品绿色度水平。为了推动环境保护，促进社会资源节约，提高企业绿色生产积极性，政府通过制定相关政策制度对超过某个等级的绿色产品进行适当的经济补贴，以鼓励企业生产高绿色度产品。

本节针对企业实施绿色供应链管理，考虑消费者需求量、消费者环境偏好、供给者需求量、产品绿色度及政府经济补贴等因素的情况下，绿色产品供给与需求关系如何达到均衡。由于经营理念、产品成本、生产技术，以及激烈的市场竞争，产品的绿色度是各不相同的，在这里考虑两种供给者情况，一种是产品超过了政府规定的补贴等级政府给予补贴的产品，我们称之为超过了政府补贴的绿色产品（exceed the state-subsidized green product，ESGP）；另一种是产品达到了政府规定的最低生产与销售等级但是没有达到补贴等级的产品，我们称之为低于政府补贴的绿色产品（below the state-subsidized green product，BSGP）。假定需求者也有两种策略可以选择：购买与不购买。需求者与供给者的策略组合如图 6-2 所示。

		供给者（绿色产品生产商）	
		超过政府补贴的绿色产品	低于政府补贴的绿色产品
需求者（消费者）	购买	购买，ESGP	购买，BSGP
	不购买	不购买，ESGP	不购买，BSGP

图 6-2 需求者与供给者的策略组合

假设政府已实行了补贴政策，即需求者购买了 ESGP 产品，可享受到政府优惠 s，需求量是 q_2，则 ESGP 产品价格是 p_2-s；需求者购买了 BSGP 产品得不到政府优惠，需求量是 q_1，则 BSGP 产品价格是 p_1；需求者不购买 ESGP 产品，需求量是 0，ESGP 产品价格是 p_2-s；需求者不购买 BSGP 产品，需求量是 0，BSGP 产品价格是 p_1。根据参数的定义，需求者与供给者的需求量矩阵如图 6-3 所示。

		供给者（绿色产品生产商）	
		超过政府补贴的绿色产品	低于政府补贴的绿色产品
需求者（消费者）	购买	(q_2,p_2-s)	(q_1,p_1)
	不购买	$(0,p_2-s)$	$(0,p_1)$

图 6-3 需求者与供给者的需求量矩阵

（1）模型的建立

1）绿色产品的供给——企业供给链。绿色产品受到消费者青睐和社会看重，企业生产绿色产品的目的是多样的，主要表现：一是满足绿色消费者需求；二是符合国家的相关法律法规；三是实现供应链企业的经济效益、社会价值和环境绩效。绿色产品的需求来源于消费者，绿色产品的供给来源于供应链企业。运用绿色供应链企业价值理论，构建绿色产品供给链，把从供应商经过中间商到消费者提供绿色产品的过程划分为绿色决策设计、绿色采购、绿色制造过程、运作与管理等环节。消费者需求是一切绿色产品价值创造的目的和依据，也是企业生存与发展的根源。绿色供应链企业根据消费者需求进行绿色设计、绿色生产、绿色销售，并在市场中进行价值传递，从中获得收益，完成绿色产品价值的回收。

2）绿色产品的需求——消费者需求链。从广义上来说，绿色产品是指有利于环保性的产品，具备以下 4 个主要特征：一是产品的核心功能符合消费者的绿色期望——环保与节能；二是便于企业进行市场推广；三是产品的技术与质量符合国家环保要求；四是与传统产品相比，更具有市场竞争力。其中，最主要的是由于环保性与节能性，绿色产品越来越受到消费者的青睐，在市场上构成了一种绿色产品消费者需求链。市场需求是企业供给的导向，绿色消费者需求导致了绿色供应链企业价值的供给，继而消费者根据自己对绿色产品的认识、偏好和成本等信息，形成一种绿色产品满意度。然而在购买过程中，消费者通过价格、质量、款式等方面权衡与评价绿色产品的期望收益，同时受到绿色意识、公众压力和政府补贴等方面的影响，决定是否购买绿色产品及进一步进行价值决策。

3）伦理决策下绿色供应链供求模型。通过上述分析，绿色供应链企业供给链和消费者需求链有 3 个联结点：消费者需求、市场和政府。消费者需求是绿色产品需求的源泉，也是绿色供应链企业价值创造的目的和依据，绿色产品价值的获得必须在市场中完成，并支付一定的绿色成本，绿色产品最大的缺点就是成本较高。由于成本较高，政府需要进行一定的经济补贴，促使企业尽量生产环保性产品来满足绿色产品市场需求，促使企业生产环保产品减少对大自然的污染。绿色供应链企业也只有通过市场来完成绿色产品价值的传递，同时获得一定的利润，实现绿色产品价值的回收。通过消费者需求、市场和政府把绿色产品需求链与供给链联系起来，通过政府去推动企业制定合理的伦理决策来评价绿色产品的“绿色表现”是否尽到了社会责任，同时供应链企业对其进行拉动，构建伦理决策下绿色供应链供求模型，如图 6-4 所示。

（2）模型的参数

对本节涉及的参数作如下汇总。

ESGP：达到或超过了政府补贴的绿色产品；BSGP：低于政府补贴但达到政府最低要求的绿色产品。

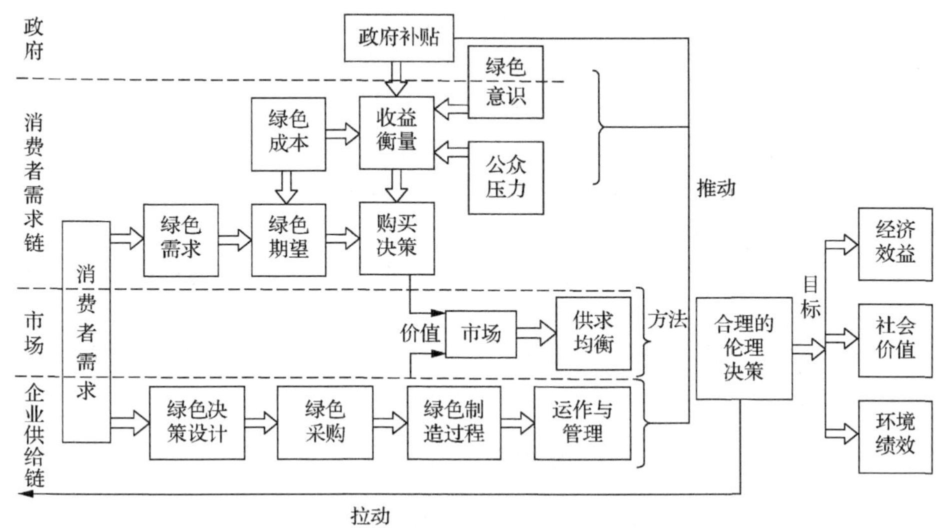

图 6-4　伦理决策下绿色供应链供求模型

h：产品绿色度水平。h_0 表示政府规定的最低绿色度要求，达到了 h_0 方可生产与销售，h_1 和 h_2 分别表示供给者 1 与供给者 2 的产品绿色度，$h_2>h_1$，h_2，$h_1 \geqslant h_0$。

s：政府的补贴。s 表示政府规定的绿色度补贴下限。

θ：需求者对产品的绿色偏好程度，代表着需求者的类型，$\underline{\theta}$ 表示购买低绿色产品与高绿色产品没有什么差异，$\overline{\theta}$ 表示需求者具有极高的产品绿色偏好程度。

p_1，p_2：分别表示供给者 1 与供给者 2 的绿色产品价格。

q_1，q_2：分别表示供给者 1 与供给者 2 的市场需求量。

c_1，c_2：分别表示供给者 1 与供给者 2 的边际生产成本。

π_1，π_2：分别表示供给者 1 与供给者 2 的收益函数。

W：社会福利。

U：消费者的剩余，$U_{总}$ 为消费者的总剩余。

M：消费者总人数。

V：生产商剩余。

Y：购买 BSGP 产品所产生的边际环境损害成本。

X：购买 ESGP 产品所产生的边际环境效益。

（3）模型的假设

在绿色供应链供求模型中，由于涉及多种元素，在不改变问题实质的情况下，对一些复杂的条件加以简化，假设如下：

1）社会总福利为政府总收益，设为消费者总剩余与生产商总剩余、ESGP 产品所带来的边际环境效益之和，再减去政府对供给者补贴和 BSGP 产品所带来的边际环境损害成本。

2）需求者的收益与产品价格、绿色意识、公众压力和消费者偏好等因素有关，需求者对产品绿色的偏好程度θ在[0, 1]之间服从均匀分布，且只有当$p_2 = p_1 + p_2(\theta - \underline{\theta}) + (h_2 - h_1)$时，$\theta$类型的需求者才愿意购买 ESGP 产品。

3）市场为双寡头市场，即只存在供给者 1 与供给者 2。

4）供给者 1 与供给者 2 均达到或超过了政府规定的绿色度水平最低要求，政府对绿色度高的产品进行补贴。供给者 2 的产品达到或超过了政府规定的补贴下限，即供给者 2 生产 ESGP 产品；供给者 1 则低于政府规定的补贴下限，即供给者 1 生产 BSGP 产品。

5）供给者 1 与供给者 2 实施绿色供应链，需要付出的成本为c_1与c_2，假设$c_2 > c_1$，$p_2 > p_1$。

6.2.2　伦理决策下绿色供应链供求模型分析

从图 6-4 伦理决策下绿色供应链供求模型分析可知，消费者需求链与企业供给链的焦点是市场（即消费者的需求），消费者根据自己的绿色认识与需求达到绿色期望，然后通过成本、价格等方面的衡量，最终实行购买决策；企业则通过消费者需求确定绿色原材料供应、绿色生产与制造、绿色运作与管理、绿色营销、绿色物流、绿色销售，最后把绿色产品流向市场。由于消费者与企业都是理性的，目标都是追求各自的最大利益，然而为了达到绿色产品的供求均衡，实现经济效益、社会价值和环境绩效相互协调与统一的目的，政府需进行宏观调控，实行政府补贴、鼓励与惩罚等形式才能使市场供求均衡，并且通过相关的规定促使企业制定合理的伦理决策，体现企业的社会责任感，最终实现经济效益、社会价值与环境绩效“三重底线”目标。下面主要来探讨政府应该如何进行补贴及补贴多少才能使市场供求均衡。

（1）消费者需求链分析

假设在一个完全竞争市场中，完全信息的条件下，市场中存在一种产品两种不同类型，每个消费者最多能购买一个单位的产品，并且两种不同类产品具有不同的绿色度，绿色度越高，环保性能越好，价格也越高。BSGP 产品的绿色度为h_1，ESGP 产品的绿色度为h_2，其中h_1、h_2为固定常数，$h_2>h_1>0$，两类产品的销售价格为p_1、p_2，$p_2 > p_1$，θ在$[0,1]$之间均匀分布，消费者的剩余为U，消费者的剩余U与θ之间关系函数为

$$U = \theta h_i - p_i\text{，}(i = 1, 2) \tag{6-1}$$

式中，θ_1表示消费者购买 BSGP 产品的偏好程度，此时，由$\theta_1 h_1 - p_1 = 0$，得到$\theta_1 = \frac{p_1}{h_1}$；同理，$\theta_2$表示消费者购买 ESGP 产品的偏好程度，得到$\theta_2 = \frac{p_2}{h_2}$。

设M为消费者总人数，则消费者对 BSGP 产品和 ESGP 产品的需求函数q_1和q_2分别如下：

$$q_1 = (\theta_2 - \theta_1)M = \left(\frac{p_2}{h_2} - \frac{p_1}{h_1}\right)M \tag{6-2}$$

$$q_2 = (1 - \theta_2)M = \left(1 - \frac{p_2}{h_2}\right)M \tag{6-3}$$

（2）企业供给链分析

由于超过政府规定补贴绿色产品的科研费用、生产工艺要求等方面都要高，一般情况下，$c_2 > c_1$，政府对 ESGP 产品的补贴为 s（$s \geqslant 0$），则企业生产 BSGP 产品与 ESGP 产品的利润函数分别为

$$\pi_1 = (p_1 - c_1)q_1 = (p_1 - c_1)\left(\frac{p_2}{h_2} - \frac{p_1}{h_1}\right)M \tag{6-4}$$

$$\pi_2 = (p_2 - c_2 + s)q_2 = (p_2 - c_2 + s)\left(1 - \frac{p_2}{h_2}\right)M \tag{6-5}$$

由于企业追求的是利润最大化，利润最大化的条件是 $\frac{\partial \pi_1}{\partial p_1} = 0$ 和 $\frac{\partial \pi_2}{\partial p_2} = 0$，得到企业的最优销售价格是

$$p_1^* = \frac{h_2 h_1 + 2h_2 c_1 + h_1 c_2 - h_1 s}{4h_2} \tag{6-6}$$

$$p_2^* = \frac{h_2 + c_2 - s}{2} \tag{6-7}$$

将式（6-6）与式（6-7）代入式（6-2）与式（6-3）得到企业最优的供给量如下：

$$q_1^* = \frac{(h_1 c_2 + h_1 h_2 - h_1 s - 2h_2 c_1)}{4h_1 h_2}M \tag{6-8}$$

$$q_2^* = \frac{(h_2 + s - c_2)}{2h_2}M \tag{6-9}$$

将式（6-8）与式（6-9）代入式（6-4）与式（6-5）得到企业最优的利润如下：

$$\pi_1^* = \frac{(h_1 c_2 + h_1 h_2 - h_1 s - 2h_2 c_1)^2}{16h_1 h_2^2}M \tag{6-10}$$

$$\pi_2^* = \frac{(h_2 + s - c_2)^2}{4h_2}M \tag{6-11}$$

从式（6-6）～式（6-11）分别对 s 求导，得到的结果如下：

$$\frac{\partial p_1^*}{\partial s} \langle 0;\quad \frac{\partial p_2^*}{\partial s} \langle 0;\quad \frac{\partial q_1^*}{\partial s} \langle 0;\quad \frac{\partial q_2^*}{\partial s} \rangle 0;\quad \frac{\partial \pi_1^*}{\partial s} \langle 0;\quad \frac{\partial \pi_2^*}{\partial s} \rangle 0$$

从上面分析结果发现，当政府采用补贴政策后，BSGP 产品的销售价格降低；ESGP 产品的销售价格降低；BSGP 产品的需求量减少、ESGP 产品的需求量增加；

BSGP 产品供给者的利润减少、ESGP 产品供给者的利润增加。

（3）政府最优补贴分析

在市场经济条件下，绿色产品的供求矛盾主要是依靠价值理论的作用进行调节的，即通过价格机制的作用，促进绿色产品的供给与需求从不平衡到平衡，从而达到整个供应链上绿色产品供给与需求的均衡。均衡点的价格又称为均衡价格，均衡点所对应的绿色产品数量称为均衡需求量与供给量。如图 6-5（a）所示，D 为绿色产品需求曲线—需求量与价格成反方向变化，S 为绿色产品供给曲线—供给量与价格呈同方向变化，E 点为均衡点，E 点所对应的价格 p_0 为均衡价格，Q_0 为均衡量。当绿色产品价格高于 p_0，绿色产品供给曲线在 B 点，绿色产品需求曲线在 A 点，市场上出现绿色产品供大于求的现象，价格会趋于下降。如果价格降至绿色产品供给曲线 G 点、需求曲线 F 点时，市场上又会出现供不应求现象，价格就会趋于上升，直到达到均衡点，绿色产品供给量与需求量相等为止。

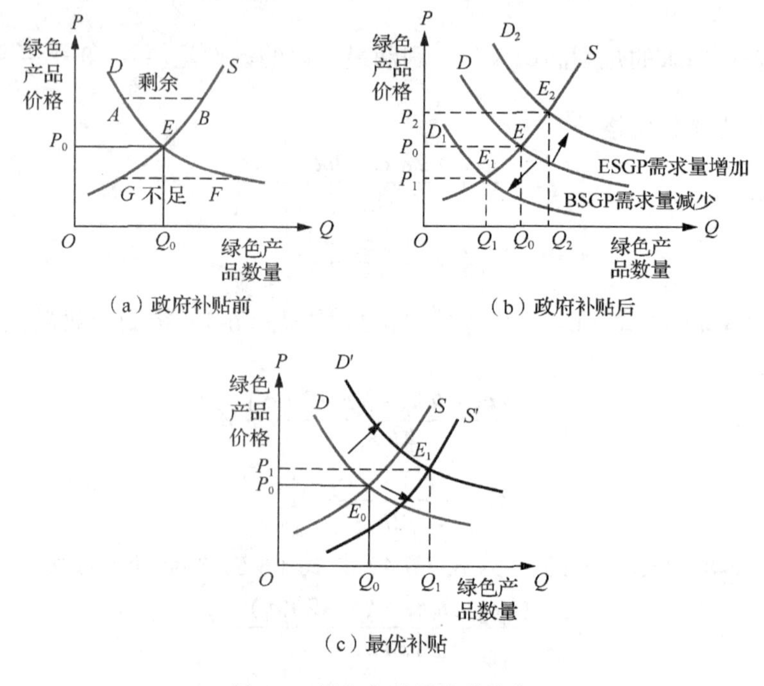

图 6-5　绿色产品供求的均衡

通过对消费者需求链与企业供给链的分析可知，政府不实行补贴，企业达不到“三重底线”目标，当政府进行补贴时又会导致 ESGP 产品需求量增加、BSGP 产品需求量减少，从而导致供给量与需求量的不均衡，如图 6-5（b）所示。只有在最优补贴的情况下才会使绿色供应链供求达到平衡，也就是说供给量与需求量同时发生变化从而导致绿色供应链绿色产品的动态均衡，如图 6-5（c）所示。

政府采用经济政策工具对生产 ESGP 产品的企业进行适当补贴，以鼓励与引导供应链上绿色企业更好地生产绿色产品。政府主要是根据社会福利最大化目标去制定最优的补贴政策去推动绿色供应链供求达到均衡。社会福利与消费者总剩余$U_{总}$、生产商剩余 V、购买 BSGP 产品所产生的环境成本 Y、购买 ESGP 产品所带来的环境效益 X、政府补贴金额 s 及其调整因子等有关。消费者总剩余$U_{总}$、生产商剩余 V 和社会福利 W 的函数为

$$U_{总}=\left[\int_{\theta_1}^{\theta_2}(\theta h_1-p_1)\mathrm{d}\theta+\int_{\theta_2}^{1}(\theta h_2-p_2)\mathrm{d}\theta\right]M \tag{6-12}$$

$$V=\pi_1^*+\pi_2^* \tag{6-13}$$

$$W=U_{总}+V+Xq_2-Yq_1-sq_2 \tag{6-14}$$

由社会福利最大化的条件 $\frac{\mathrm{d}W}{\mathrm{d}s}=0$，得到政府的最优补贴金额函数 s^* 为

$$s^*=\frac{6h_2c_1+8h_2X+4h_2Y-12h_2^2-4h_2c_2-3h_1c_2-3h_1h_2}{4h_2-3h_1} \tag{6-15}$$

通过对上述公式的运算，能够发现政府的最优补贴与 BSGP 产品的边际环境损害成本 Y 和 ESGP 产品的边际环境效益 X 之间有着密切关系。当 BSGP 产品的边际环境损害成本达到一定程度时，政府要进行足够多的补贴才能实现绿色产品供求均衡，因此当 BSGP 产品边际环境损害成本与 ESGP 产品边际环境效益不在适当的比例时，政府要禁止生产商生产 BSGP 产品。

通过构建伦理决策下绿色供应链供求模型，并且针对模型进行了分析，分析结果如下。

针对消费者：有的经济学家认为现在是注重道德市场经济的时代，市场对产品的消费越来越趋向于伦理消费，即消费者愿意支付一定的价格购买那些符合伦理道德要求的产品和服务，或抵制不符合伦理道德的产品。所谓符合伦理道德的产品，是指那些公平交易、无商业欺诈、注重环境保护、符合社会公德，在生产和消费过程中对人、环境和社会危害非常小的产品。实际上，绿色产品的消费就是伦理消费的一种体现。因此，要加强消费观念的转变与宣传，提高绿色消费意识和增强社会贡献意识，增强绿色产品购买的自觉性，真正实现绿色供应链的稳定和协调发展。

针对企业：一个符合社会主义核心价值观的企业不仅要重视经济效益与环境绩效，还要注重企业的社会伦理道德，即重视企业的社会观与世界观。企业积极主动实施对社会有益的行为，不生产危害人们生命安全产品，不与企业进行非正当竞争，不与社会发生摩擦，不给自己留下污点。因此，绿色供应链企业既要加大对环保技术的研发力度、节约资金、降低成本，与供应链上下游企业实行资源共享、信息共享、人才共享，提高供应链竞争优势，通过实施绿色供应链管理实现产品升级换代，提高绿色产品的绿色度和环境效益；又要设定企业伦理目标，制定并执行企业伦理守则，加强伦理管理。

针对政府：通过宣传教育，提高全民环保意识，让全民认识到绿色经济的重要性与必要性；加强政府规制，普及环保法规，规范企业市场行为，加大对污染环境的惩罚力度；通过课题等方式与学术界合作对消费者偏好、产品绿色效益、企业绿色运营与管理进行跟踪调研，采取补贴政策以保证主动实施绿色供应链的企业和高绿色度的产品有利可图，使绿色产品达到供求平衡和实现社会福利最大化；在市场机制下，当 BSGP 产品边际损害成本较大，利润高于 ESGP 产品时，科学地制定最优补贴金额，从而使企业遵守伦理道德规范。

需要说明的是，首先，伦理决策下绿色供应链供求模型假定需求方与供给方处在完全竞争市场、完全信息的条件下，不完全信息下的供求情况是模型改进的方向；其次，假设消费者对绿色产品环境偏好程度呈均匀分布，在实践中有可能是分散式分布或其他分布类型；最后，主要讨论的是绿色供应链管理中政府采用补贴形式促使企业制定合理的伦理决策去实施绿色供应链管理，然而在现实情况下，还有其他方式能使企业在合理的伦理决策下实施绿色供应链管理。

6.3　伦理决策下绿色供应链合作创新绩效机制

经济增长模式由要素驱动转向创新驱动，让创新成为驱动发展的新引擎，企业通过创新可以在产品、流程、组织等方面获得竞争优势。随着企业的专业化程度不断加深，企业很难完全拥有进行持续创新所需的全部资源。企业通过参与绿色供应链节点中的合作创新，可以获得自身稀缺的资源和技术，实现资金、物资、技术和知识在整个绿色供应链中各节点企业间的流动，最终提高自主创新能力。合作创新绩效是合作创新的直接结果体现，一方面体现在绿色供应链经济效益的增加，另一方面体现在顾客价值和社会价值的创造。然而在合作创新过程中，有个别企业因不道德行为对社会价值造成严重损害，最终不被社会公众接受而退出市场。三鹿奶粉事件，严重损害了消费者的身体健康和社会的利益，因此绿色供应链的持续发展需要供应链上每家企业都遵循社会道德标准。核心企业作为绿色供应链的枢纽，影响着非核心企业的行为和态度。核心企业的领导风格是影响联盟成功或失败的重要因素。绿色供应链企业间的合作创新是围绕核心企业进行的整合资源、共创价值的过程。合作成员不能仅停留在追求企业价值的层面，客户价值及社会价值的创造也应得到重视，而社会价值的创造要求企业具有伦理意识。目前越来越多的学者开始注重对伦理型领导的研究，但主要研究的是伦理型领导对员工行为和态度的影响，伦理型领导对合作创新绩效的影响研究较少，还有待进一步探究。

6.3.1　伦理型领导与绿色供应链合作创新绩效的维度分析

（1）伦理型领导的维度分析

Trevino（1992）等将伦理型领导划分为以人为本、采取伦理行动、设置伦理标准和伦理责任、拓展伦理意识、执行伦理决策 5 个维度。Khuntia 和 Suar（2004）将伦理型领导分为“授权”“动机和性格”两个维度，认为授权是指领导下放权利让下属参与计划制订、目标设定和决策部署，提高下属的分析问题与解决问题能力；动机和性格是指伦理型领导的动机都是为他人和企业着想，而领导的性格也嵌入动机之中。Brown（2006）开发了一个包含“道德人”和“道德领导者”两个维度的量表，以测量员工对伦理型领导的感知。Resick 等（2006）开发了包括正直、利他主义、集体主义倾向和激励 4 个维度共 15 个题项的伦理型领导测量工具。合作创新是企业通过整合资源更好地创造企业价值、顾客价值和社会价值的过程，而这一过程的完成需要各成员具备集体主义和利他主义倾向，以及建立公平合理的利益分配机制激励企业的合作意愿。

（2）绿色供应链合作创新绩效的维度分析

企业的合作创新绩效体现在两个方面，一方面是结果绩效，如新产品的数量、投入产出率、创新能力提升等；另一方面是过程绩效，如企业间合作关系的满意度，企业获得合作伙伴认可程度等。过程绩效是结果绩效得以实现的基础。Lee 和 Cavusgil（2006）将合作创新绩效划分为合作强度、合作稳定性和知识获取 3 个维度。Ganesan 和 Sridhar（2016）将合作创新绩效分为短期绩效和长期绩效，认为短期绩效是为了通过市场效率来获取利润，而长期绩效的实现则有赖于企业间良好的伙伴关系。李随成和杨婷（2009）将合作创新绩效分为客观绩效与主观绩效，客观合作绩效包括技术创新的速度、产品生产成本的降低幅度、新产品投入市场的速度和新产品的种类 4 个指标；主观合作绩效包括合作目标达成程度和合作满意度两个指标。李玲（2011）用关系稳定程度、合作满意程度、创新能力提升 3 个方面来衡量合作创新绩效，认为成员企业间的稳定性能够促进长期合作，形成长期合作战略伙伴关系。这种长期的合作战略伙伴关系首先可以降低机会主义行为发生的概率，促进合作创新的持续性，一定程度上可以提高创新绩效；其次，成员的合作满意程度可以影响企业合作意愿，是衡量合作是否成功的一个重要主观指标，成员的合作满意程度高有利于建立相互信任的合作关系，实现信息、知识、技术等资源在成员间的高效流通；最后，企业与其他利益相关者进行合作创新的最终目的是提升自己的创新能力。

6.3.2　伦理型领导与绿色供应链合作创新绩效的关系分析

（1）伦理型领导与关系稳定程度

持社会交换理论的学者认为，权力来源于对资源所有者的依赖。绿色供应链企业间的创新合作依赖于外部资源的可信度、融合度和共享度。在合作过程中，个别企业会利用自身资源优势牟取私利，损害链条整体利益，破坏合作关系。但是，供应链上核心企业的伦理型领导在合作过程中非常重视树立道德榜样，恪守诚信，关心供应链上的整体利益，遵守非核心企业的社会伦理标准。核心企业伦理型领导的集体主义倾向体现在资源的积极共享上，以实现绿色供应链的整体目标，提高整个绿色供应链的竞争优势。这种伦理型共享机制将减少资源的不对称性，减少企业利用资源的排他性优势谋求自身利益的行为。在绿色供应链管理中，核心企业伦理型领导能够根据企业的动机与性格营造良好的伦理氛围，在这种良好的氛围中，各成员企业不损害合作伙伴的利益，自觉坚持个人利益服从集体利益，维持成员关系的稳定性，促进长期合作伙伴关系的建立。

（2）伦理型领导与合作满意程度

绿色供应链上合作满意度受多种因素的影响，其中利益分配机制的影响最为严重。Beamon（1999）指出，公平的利益分配机制是企业在绿色供应链一体化中进行合作的前提，一旦合作创新的成员企业在商业交往过程中受到利益分配不公，就会因不满而退出合作。在合作期间，供应链上每家企业都会从链条上总的经济效益、社会效益和环境效益中衡量自己的产出和投入是否匹配、合理，投入与产出的不公平会降低企业对合作关系的满意度。核心企业的伦理型领导坚持公平、公正、公开、廉洁原则，会科学合理地评价合作伙伴的投入成本，建立相对合理的利益分配机制，并且伦理型领导的集体主义、利他主义表明，在绿色供应链上不仅仅要重视自身利益，更要重视整体利益及非核心企业的利益，以提高非核心企业的组织归属感和合作满意度，增强链条上的核心竞争力。此外，伦理型领导要求自身及其成员企业主动承担社会责任，树立道德榜样，提升原材料、半成品、成品或服务的品牌形象，提升绿色供应链中各节点企业的高风亮节形象，提升各成员的自我满足感，全面提升合作关系满意度。

（3）伦理型领导与创新能力提升

创新能力是指在以原有资源、知识、经验和技术为基础的改造、制造、换代新型事物的活动过程中，不断提供具有综合性价值的新理念、新方法、新事物、新发明的能力。当今企业间的竞争与其说是人力、物力、财力的竞争，不如说是创新能力的竞争。持价值创造理论的学者认为，在当今复杂多变的环境下，企业创新源于供应链上新知识、新材料、新发明的获取和应用，主要包括消费者的需求理念、市场的信息知识、合作企业的整合技术及研发能力等。绿色供应链上核心企业伦理型领导的公开、开明、诚信、集体、利他主义等管理特点，有利于建立心心相系、共同携手的合作战略伙伴关系，为新理念、新知识、新发明的交流与传播提供良好的平台。此外，伦理型领导运用有效的激励措施，能够调动合作企业创新的主动性与积极性，提高企业在整个绿色供应链中的形象、地位、自我价值和满足感，进而增强资源整合的意愿与主动性。绿色供应链可以通过企业自主创新发明、内部优势资源整合、社会外部资源融入来提高合作创新能力。

伦理型领导对促进绿色供应链合作创新绩效有着积极作用，因此应注意塑造和标榜伦理型领导的影响力。首先，重视道德榜样带头作用。绿色供应链上成员企业领导者应该树立伦理道德榜样，尤其是那些处于绿色供应链核心位置的关键人物，更应身先士卒。通过道德榜样和伦理行为自觉地规范自身行为，杜绝不良行为的产生，提升领导影响力，不仅要通过规章制度强制约束成员企业的不良行为，还要带动其他企业共同行动，促进整个绿色供应链上伦理氛围的形成。其次，注重道德行为在成员企业内部的强化。绿色供应链上良好的伦理氛围形成后，可以通过积极的激励强化伦理行为，使成员企业的经济价值观、社会价值观、生态价值观和行为规范逐步一致，促进整条供应链伦理文化的内化。绿色供应链成员企业伦理倾向的形成和固化，对成员间合作创新能力的增强、合作创新绩效的提升都具有重大作用。

第 7 章 伦理决策下实施绿色供应链管理的途径

随着国际经济形势的多变化、社会环境的复杂化和消费需求的动态化，仅凭产品、价格、渠道、促销等因素已经难以创造竞争优势。为此，企业为了生存与发展，除了必须扎根在产品、价格、渠道、促销上，还需竞相联合上、下游企业，制定符合伦理的决策，开展符合时代要求的绿色管理，并通过分工合作获得整体最佳优势，以便达到共赢。这样，以往企业间的竞争模式不复存在，取而代之的是以符合伦理的决策和绿色管理为基础的协同竞争的供应链与供应链之间的竞争模式。在此模式下，如何构建管理评价体系，如何进行企业伦理建设，如何实施绿色供应链利益分配措施，如何推动企业慈善伦理实践路径等已成为理论研究与企业界迫切需要解决的问题。

7.1 伦理决策下绿色供应链管理评价体系

7.1.1 合理伦理决策的绿色供应链管理竞争力评价体系

绿色供应链由各个企业为了各自利益组成的一条共同利益链。企业是随着人类活动发展到一定阶段后对商品的需求而产生的，是商品经济的产物。企业是依法设立的以营利为目的的从事生产经营活动和服务活动的独立核算的经济组织。企业是社会中的一个成员，不仅追求经济利益，还要注重环境保护和遵守社会伦理道德。然而，作为绿色供应链上的企业，绝不能只从个人伦理决策方面进行绿色供应链管理，而是应该以遵守整条供应链的伦理道德规范为出发点，因为现代企业的竞争是供应链与供应链之间的竞争。有关研究表明，绿色供应链企业间的合作，从整体伦理规范角度进行决策比从个人伦理规范角度进行决策更具有竞争优势。Sharma 和 Vredenburg（1998）提出，各个组织已经把环境保护与伦理问题纳入企业行为中。企业间资源与能力也是产生竞争优势的关键条件，由于其伦理规范性，因果关系暧昧，这些竞争能力不易被竞争对手模仿（Teece et al.，1997）。文献表明，事实上，要想获得企业的竞争优势，公司就需要采取环境保护和伦理决策战略。然而，应该指出的是，由于资本的必要性决定了所有企业必须把环境保护和伦理问题充分地纳入经济可持续发展的可行性分析中。

竞争功能不是局限于一个组织内，而是适用于供应链上两个或两个以上的企业之间进行相互联系与交流（Duschek，2004）。通过分析与研究，证实了伦理决策与绿色供应链管理实践之间存在着关联性。例如，与供应商在绿色战略联盟方面的合作就属于伦理决策。建立竞争力与资源共享优势，与供应商和客户维持良好的关系（Rungtusanatham et al.，2003）是企业在供应链中成功实施环境保护与伦理决策合作的前提条件。合作不同于其他形式的互动，如在监控方面，它涉及以一个积极主动的姿态与其他供应链参与者进行实质性的接触，是组织间的交换过程，而不仅仅是为了按最低标准降低安全风险和预防突发事件的发生而采取的一系列活动，进而去维护一个组织的竞争地位（Vachon and Klassen，2006）。

现代企业的竞争已经从企业间的竞争转向供应链的竞争（Hult et al.，2007），供应与分销管理能力成为企业的核心竞争力。现代企业更需要在供应链中实施伦理规范、环境标准并进行灵活的互动，因为绿色供应链发展目标不可能被传统的营运管理所控制和影响。有效地实施绿色供应链管理应该是密切地、长期地与合作企业在业务上建立一种双方相互依赖的合作伙伴关系（Spekman et al.，1998）。在企业特长资源上的合作能够产生一种特定关系，Duschek（2004）认为它是企业间竞争优势的决定性因素之一。当与合作伙伴存在一种长期关系时，它们更应该加深彼此间的联系。在供应链中实行机会主义行为，反而会导致一种无效的绿色供应链管理。在特长资源合作中也应实施基于伦理决策的绿色供应链管理，如供应商提供绿色产品就应该在合理伦理决策下进行。

在实施绿色采购战略的时候，供应链管理能力的关键就是维持每家企业或整个供应链的可行性（Bowen et al.，2001）。同时，企业实施绿色供应链管理的目标就是在企业内部培养竞争力与资源。企业间合作时，这些竞争力与资源会产生非常重要的价值，如在共同开发产品时会产生非常重要的价值（Vachon and Klassen，2006）。由于文化的变化和伦理道德的发展性，这些竞争力和资源会随着时间的推移而改变。

通过以上分析，绿色供应链管理的主要功能是通过环境保护和伦理决策的合作产生宝贵的企业间资源和可持续竞争优势的催化剂。图 7-1 对 GSCM 作为催化剂的作用进行了概括。

研究表明，基于绿色供应链管理能力的企业间合作应该朝着伦理决策方向加强和建立一种长期的业务合作伙伴关系。为了实现这个目标，绿色供应链企业间应该进行交流、沟通和商讨，构建适合自身情况的伦理决策下绿色供应链管理竞争力评价指标，对所在绿色供应链进行竞争力评价。这个评价体系应该包括伦理指标与非伦理指标，并综合考虑整条供应链上的绿色战略目标，明确各个企业的 SWOT（优势、劣势、机会与威胁），进而在动态中进行完善与改进，只有这样才能促使绿色供应链稳定、健康和可持续发展。

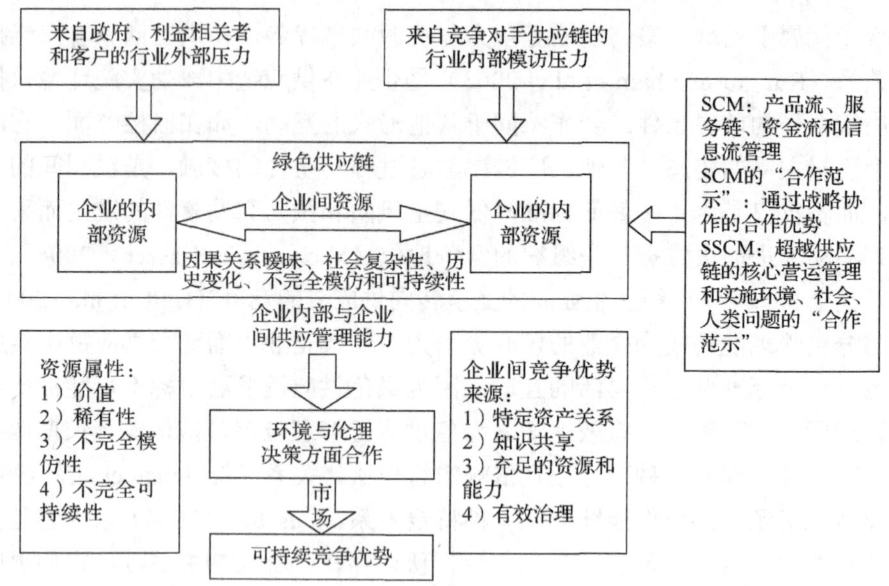

图 7-1 GSCM 作为企业间竞争优势催化剂的功能图

7.1.2 绿色供应链管理企业信任评价体系

相互信任是绿色供应链合作伙伴之间长期紧密合作的结果。信任对绿色供应链管理本身来说也是非常有价值的，它是推动所有供应链参与者实现承诺的保证，也是供应链参与者的共同愿望，它是企业间知识共享和培训学习等核心领域的润滑剂，能为企业间的合作打下坚实的基础，如在产品开发与设计方面。合作伙伴之间的信任是非常重要的，特别是当企业处在发展的低谷时期，只有信任才能使企业在供应链内同时瞄准各种绿色发展目标，实行多种形式的合作。企业间的关系越不好，它们之间的合作结果也就越不利于企业发展，只有拥有较多的资源和较强的能力，才不容易被竞争对手复制。因此，培育供应链企业之间的相互信任是实施绿色供应链管理的关键。

绿色供应链企业之间的关系可以看作一个团队，绿色供应链是否具有竞争力，关键在于团队成员之间及成员对整个团队的信任是否在不断增强。团队成员要提高自己的信任度，就应加强自身的学习及提高自己的综合能力，同时加强对其他成员的尊重与了解，使整个团队的整体能力超越成员个体能力之和，从而增强成员对团队前景的信心及信任。绿色供应链企业间信任关系的形成及信任的增强会受到多方面因素的影响，信任关系及其影响因素如图 7-2 所示。

绿色供应链上的企业在区域上有很大的分散性，在构成上有很大的复杂性，在利益上有很大的个体性，企业之间彼此了解、交流、沟通和监督等方面都有很大的难度。对每一个成员企业进行信任记录、跟踪、反馈与公示，供其他成员企业在进行交易与合作时参考。一旦某些成员企业出现不良信任行为记录，由于信息的公开性、透明性，很快就会被其他绿色供应链成员企业知道，放弃与其合作，这样可以规避绿色供应链成员企业在合作过程中的道德风险，促使企业间深度融合。绿色供应链成员企业的信任评价可通过以下步骤来完成。

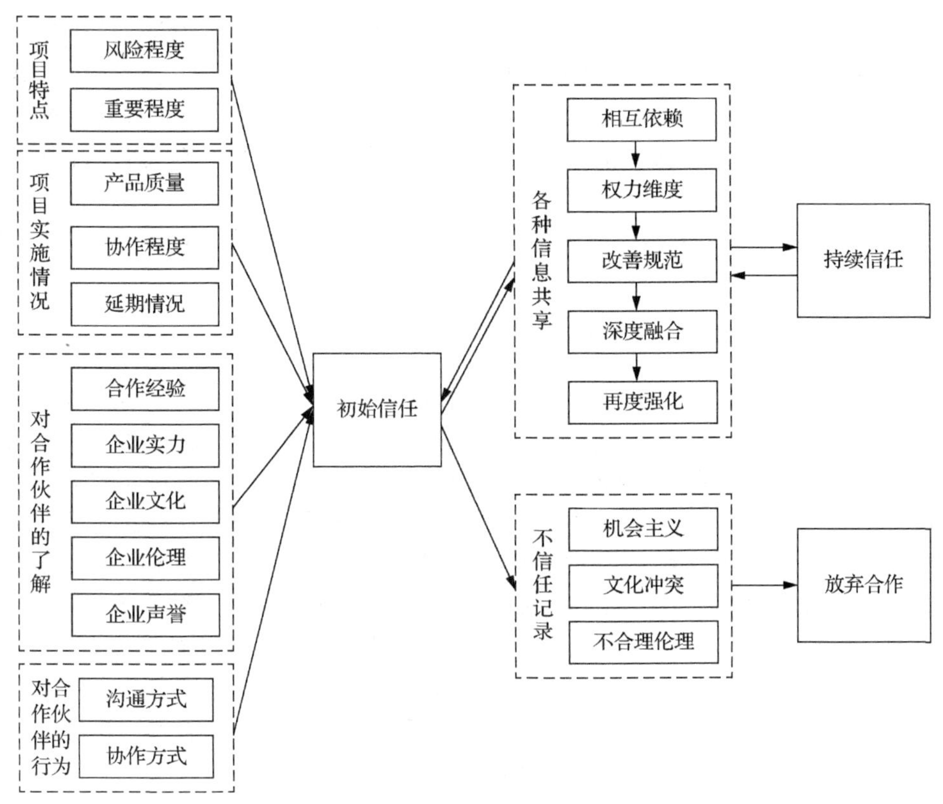

图 7-2　绿色供应链企业间信任关系及其影响因素

1）确定评价指标。对企业的信任评价是基于过去交易合作经验和现在表现情况等一系列因素的综合评估，并且对其未来进行预测。通过相关文献研究及实地调查与采访，在绿色供应链中，对企业间信任评价主要涉及如下要素：第一，企业合作的项目特点，主要包括项目的重要程度和项目的风险程度；第二，企业合作的项目实施情况，主要包括产品质量、协作程度和延期情况；第三，对合作伙伴的了解，主要包括历史合作经验、企业实力、企业文化、企业伦理和企业声誉等；第四，合作伙伴的行为情况，主要包括交流沟通方式、协作方式等。

2）进行信任评价。以上 4 个方面的要素作为信任评价一级指标，权重分别为 P_1、P_2、P_3、P_4，$P_1+P_2+P_3+P_4=1$。通过层次分析法及专家打分法确定权重及设定评价等级（优秀、良好、合格、差、很差），各项因素的分值分别用 D_1、D_2、D_3、D_4 表示，则得到信任评价公式为

$$S = P_1D_1 + P_2D_2 + P_3D_3 + P_4D_4 \tag{7-1}$$

在由 x 个成员组成的绿色供应链中，在 m 次合作后，第 n 个成员企业对第 y 个成员企业进行评价，其信任评价公式为

$$S_{mn} = P_1D_{mn1} + P_2D_{mn2} + P_3D_{mn3} + P_4D_{mn4} \tag{7-2}$$

为提升绿色供应链企业之间的相互信任，最好的方法是按信任评价指标从自身做起，在行业内树立良好的形象与信誉。为了提升良好的信任，企业要制定和完善合理有效的社会契约，建立公平的收益分配制度，构建有效的道德风险防范措施，了解合作伙伴的合作经历，收集合作者的可信度信息，经常与合作者进行交流沟通与信息共享，实行企业文化整合，文化整合主要包括 3 种模式，即同化模式（$A+B=A$）、创新模式（$A+B=C$）、隔离模式（$A+B=A+B$），实施战略匹配等。

7.1.3 绿色供应链管理企业环境伦理评价体系

环境伦理又称生态伦理，随着环境危机的出现而出现。企业在实施绿色供应链管理的过程中，人们逐渐意识到绿色供应链管理的实质不仅仅是经济、环境和技术的问题，更重要的是企业伦理和企业价值问题。因此，企业对人类中心论和功利主义论进行了深刻的反思，并要建立一种以保护环境为出发点的伦理规范和道德准则。正是在这种情况下，环境伦理通过对人与自然之间关系的伦理原则、准则和实践的研究与探索，把人类的伦理道德扩展到整个生态环境中，从而为保护环境，处理人与人、人与自然、人与社会的相互关系，提供新的科学理论指导。

世界与生命，无论其本身还是其与伦理学的关系，在任何国家都未能像在中国思想里那样显得如此重要，早期中国的老子、庄子、孔子、孟子等就是以一种奇特的吸引人的方式去解决世界观问题。在人类社会中，任何人与企业都会对环境造成一定的影响，只是影响力不同而已。环境伦理实践不是孤立的，它处于其他社会实践活动的相互关系中。为了建立良好的环境伦理体系，绿色供应链企业要从自身做起。一方面，企业要树立环保意识和伦理意识，把经济目标、社会目标和环境目标同整个供应链协调起来，用实际行动让员工体验到环保与伦理的重要性。另一方面，通过宣传和社会舆论，倡导企业在合理伦理决策下从事绿色供应链管理，实现我国社会经济可持续发展目标。

在绿色供应链管理视角下，企业的环境伦理以伦理责任为核心，以环境保护、生态友好为原则，以内部绿色管理、绿色采购、绿色技术、绿色形象、绿色标志、社会道德为具体衡量标准的伦理价值规范。为了提高绿色供应链的绿色度和竞争力，绿色供应链企业应该建立一套环境伦理评价体系，这个体系不仅要包括合作伙伴绿色管理方面的内容，还要包括伦理道德方面的内容，具体如图 7-3 所示。

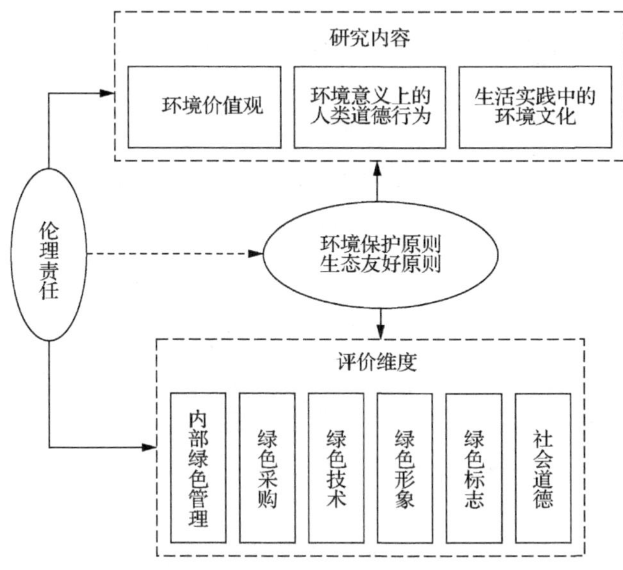

图 7-3　绿色供应链管理下的环境伦理评价体系

图 7-3 中的 6 个方面的评价维度是相互联系、相辅相成的。绿色形象、绿色标志和社会道德是企业文化伦理层面的体现，内部绿色管理、绿色采购和绿色技术是企业制度层面和技术层面的双重体现。基于绿色供应链管理下的环境伦理评价体系思路分析见表 7-1。

表 7-1　基于绿色供应链管理下的环境伦理评价体系思路分析

评价方面	主要内容
评价原则	环境保护原则、生态友好原则、系统评价原则
评价方法	环境因子的关系分析、环境因子的伦理特征分析、环境因子的综合系统分析
评价思想	以环境系统价值和伦理规范分析为基础，以绿色供应链管理为内容进行定性和定量的评价
评价标准	以伦理规范和绿色管理体系为标准
评价指标	内部绿色管理、绿色采购、绿色技术、绿色形象、绿色标志、社会道德
环境价值观	自然是否具有内在价值，是否只有人才能成为关怀的对象，人是否对非人类存在物负有直接的道德义务
环境意义上的人类道德行为准则	经济发展与保护生态，个别利益与整体利益，维护弱势群体利益，政府、企业、社会的全方位生态保护，生态伦理的制度化水平
生活实践领域中的环境伦理问题	环境保护中的环境伦理问题，消费方式中的环境伦理问题，科学技术中的环境伦理问题，人口与环境伦理问题，可持续发展的环境伦理问题，市场经济中的环境伦理问题

总之，绿色供应链的生态本质决定了企业必须树立环境伦理观，并对其环境影响进行量化及承担环境伦理责任。企业承担环境伦理责任是由企业内部可持续发展的重要性、外部生态环境恶化的紧迫性和社会道德丧失的严重性共同决定的。因此，建设绿色供应链管理企业环境伦理评价体系是绿色供应链企业的必然选择。

7.2　绿色供应链企业伦理建设

绿色供应链企业伦理建设不是一朝一夕建好的，而是一项复杂的、漫长的和艰辛的系统工程，需要从绿色供应链企业外部、绿色供应链企业间和企业本身建立一套框架体系。

7.2.1　绿色供应链企业外部伦理建设

外部伦理建设通过外部力量的引导、强制和监督，使绿色供应链企业的市场行为符合经济规则和伦理规范。例如，通过社会舆论、协会监督及政府立法来打击编造假账、打击假冒伪劣产品、制裁欺诈行骗行为、惩罚环境污染和不公平交易的企业行为，维护社会道德。外部伦理建设主要可以通过以下方面来增强。

（1）正确地利用社会舆论

社会舆论是优化道德建设、增强社会责任感的重要环节，即通过对伦理的宣传和表彰等，针对某个特定的客体、利益相关的“多数人”对企业伦理形成一个大致相同的意见，以语言或非语言形式表达“多数人”的要求、情绪和态度，通过一定的传播途径进行交流和碰撞，而企业要顾及在消费者、行业内和社会公众心目中的地位、形象，考虑企业的可持续发展，在制定决策时就会采用符合伦理的经营行为，并努力树立良好的伦理形象，遵守企业伦理规范。社会舆论可以强化或弱化绿色供应链企业在合作中的伦理行为，从而对企业产生一种潜移默化的作用。特别是现在的新媒体的快速发展，使信息传播更加流畅，为大众行使知情权、参与权、监督权等提供了条件，进一步推动社会舆论不断向前发展；同时有一些不道德的人利用网络等新媒体制造虚假信息，误导公众，毁坏个人、企业及政府形象，从而从中获利。这就要求大众媒体获取正确的信息，坚持正确的舆论导向，用健康的内容引导和教育民众，对欺诈行骗、假冒伪劣产品、不守信用等不良企业道德形象施加强大的舆论压力。

发挥舆论和消费者的监督。企业要争取到最大的市场份额，首先要攻克消费者群体。因为消费者是绿色供应链企业销售环节的最终对象，也是绿色供应链管理活动的检验者和监测者。消费者对企业的监督作用非常重要，不仅有助于企业树立良好的企业形象，还有利于纠正企业伦理建设中的不足。此外，舆论也是现代社会对绿色供应链管理进行监督的重要手段，舆论导向是企业伦理建设的重要风向标。社会舆论不仅可以促进公民对伦理道德的认知，还可以对伦理道德进行监督。合理的舆论可以帮助企业建设伦理道德和赢得市场份额，从而获得巨大的经济和社会效益。

（2）构建完备的法律体系

企业伦理与法律有着密切的关系，两者都是调节人的行为及企业的行为，为企业与企业、企业与社会、企业与相关利益者相互关系提供约束标准。不符合伦理的行为不一定违法，但违法的行为一定违背伦理。法律是国家统治的工具，体现的是强制性与外在性，而伦理道德是通过传统习惯、个人信念及社会舆论起作用，体现的是自觉性与内在性。遵守法律就是遵守最起码的行为规范，一旦违反了“最起码的行为规范”就会追究其责任，一般的不道德行为可以通过社会舆论、社会监督约束。法律与伦理道德在作用上是相互补充的。道德行为是制定法律的依据，一些法律起初是一般的道德行为，随着行为的严重性和普遍性加剧，不道德行为便上升到法律层面。道德行为可以促使人与企业遵守法律，法律可以制止严重的不道德行为。伦理道德是一种精神范畴，法律是一种硬约束，在限制和约束伦理的法律环境中谈伦理建设。

加强伦理的规范性。伦理虽然是一种软约束，但是不能完全以抽象的原则去制约企业，而要形成具体的行为准则。这一具体的过程既要遵循传统习惯，又要与时俱进制定与当代社会相符合的行为规范。此项工作需要由整个社会来规范，主要通过建立健全法律体系对其进行约束，优化社会道德环境。例如，我国颁布了《合同法》《消费者权益保护法》《广告法》《反不正当竞争法》《环境资源保护法》等法律，对绿色供应链企业能够形成一种强约束，能够增强绿色供应链企业的伦理意识，但是据编者的调查结果，我国的法律体系还有待进一步完善，很多企业不能守法经营。因此，任何企业有任何违法行为，如生产假冒伪劣产品、欺诈行骗等，政府应该对其进行严厉制裁，以及加大对企业不符合伦理行为的处罚，同时提高执行者素质与水平，在执行的过程中廉洁奉公、按章办事，为企业合理伦理决策提供一种良好的法律环境。

构建法律体系规范的绿色供应链管理。法律对于人们的社会活动有强制的约束作用，人们的行为一旦超出法律所规定的界限就要受到相应的惩罚。它采用了严格的强制手段，强化了人们的行为，对人们进行伦理教育。在法律的约束下，人们就会克制自己的行为，法律的约束也就变成了自我约束。同理，法律对绿色供应链的规范和管理同样有着约束性作用，促使着企业规章制度的完善，从而促进企业伦理道德的建设。

（3）强化社会的严密监督

社会监督主要是指消费者、政府、协会和行业部门的监督。一家企业能否真正地可持续发展下去，最简单的原则就是让消费者满意。由此可见，消费者对企业的影响非常大，企业也非常重视消费者，消费者的维权意识能够使企业在合理伦理决策下实施绿色供应链管理。作为社会经济管理者的政府，也要对企业进行强有力的宏观调控，政府可通过一系列的政策、法规和规划引导企业进行符合伦理的决策行为；同时发挥各种协会与行业部门的作用，主要可以通过制度和行规协调绿色供应链企业减少不合理伦理决策行为。监督机制必须随着经济与社会的发展健全与完善，需要注意的如下：第一，监督者也要接受监督，监督者与被监督者不能有利益瓜葛，否则就达不到效果；第二，监督的目的主要是使企业的决策行为符合伦理，为了社会环境的优化，而不能为了某种利益和偏好去干涉企业的经营。

7.2.2　绿色供应链企业间伦理建设

绿色供应链企业间的伦理建设主要针对供应链成员的伦理规范建设，通过激励机制、企业间的监督机制、伦理沟通机制来加以强化。

（1）构建系统的激励机制

为了与供应商与销售商建立持久的合作关系，企业必须针对不同的合作伙伴制定激励机制。绿色供应链上每个成员需要建立风险共担、利益共享的机制。供应链企业要共同承担因购买环保原材料或半成品而给整个供应链上环境绩效带来的成本及其他风险。同时，也要分享实施绿色供应链管理带来的利益，如政府对生产制造企业给予的价格或财政补贴。为了实施绿色供应链管理，政府要为整个供应链和社会做出贡献的符合伦理的行为进行奖励，如增加订单或实行价格优惠等，从而提高持续开展绿色供应链管理的积极性，要对不符合伦理的行为进行处罚，如进行罚款、限定进货量等。只有把这两种方式结合起来运用，才能充分发挥实施绿色供应链管理的有效激励机制作用。发达国家如美国、英国、德国、日本等的汽车制造企业，已经形成了对实施绿色供应链管理的供应商和销售商进行一定奖励的习惯。

通过对伦理决策下绿色供应链管理实践及其影响因素的调查与分析，首先在针对供应商的采购管理阶段，为了避免供应链成员间的恶性竞争、不合理伦理决策、不信任影响，供应链企业间要建立一套绿色采购标准，在核心企业的领导下，大力研究绿色生产、绿色技术，在成员间分享绿色供应链管理的成果，在社会舆论及其监督下制定合理伦理决策，当然这些行为需要政府的大力协调与激励，最后基于伦理决策视角，本书构建了伦理决策下实施绿色供应链管理的激励机制模型，如图 7-4 所示。

绿色采购管理主要是针对上下游企业间相互合作及监督进行激励。采购企业在绿色供应链管理中担任着重要的角色，采购的途径、货物、服务、人员或行为方式等都直接影响企业的伦理决策和环境管理。例如，采购人员通过关系渠道进行采购，对企业伦理及绿色材料的采购都会产生很大的影响。因此，要在合理的伦理决策下制定相应的绿色采购标准，制定系统的激励措施，双方共同遵守，这样双方才能长期、持久地进行合作。

内部绿色管理主要包括绿色设计、绿色生产、绿色包装、绿色营销等方面。内部绿色管理能增强企业的资源利用率，通过技术的改进和科学的管理，从源头上节约成本和做好环保工作，能加大节能减排力度，保护生态环境，能让企业在绿色供应链管理方面承担一系列社会责任。凡是对供应链企业及社会做出贡献的个人或集体行为都应该得到奖励，如利用工资、奖金或奖状表扬等。

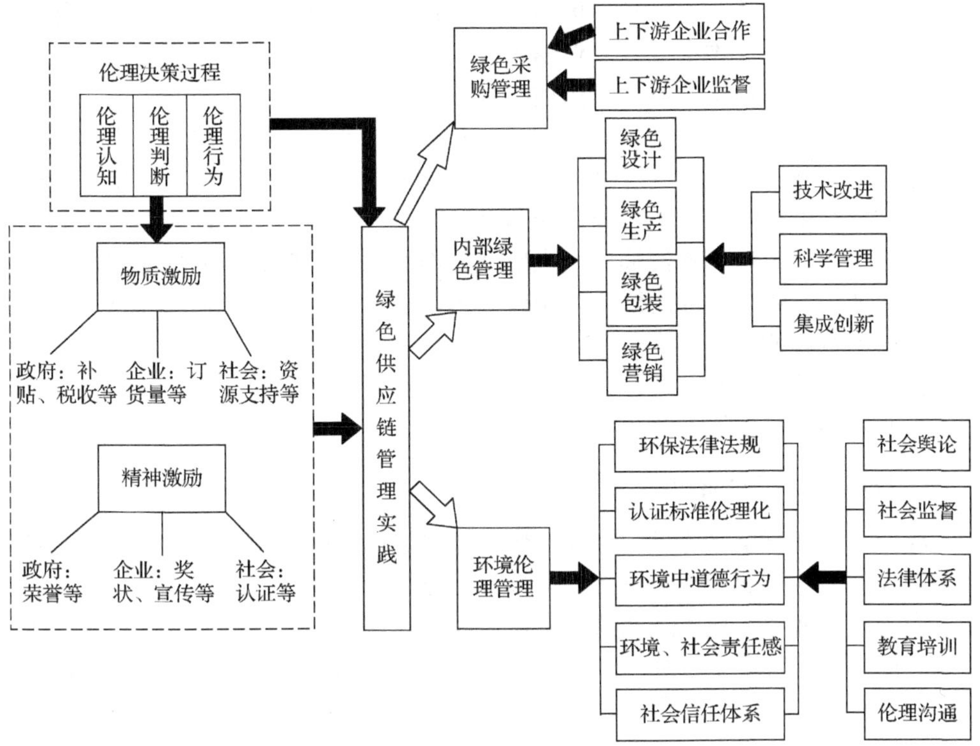

图 7-4　伦理决策下绿色供应链管理激励机制模型

环境伦理管理主要包括遵守环保法律法规、认证标准伦理化、环境问题中的人类道德行为、履行对环境和社会的责任感、社会信任体系等。现代企业环境伦理管理应充分利用网络技术进行管理，如绿色供应链企业可建立“伦理管理信息系统”，及时跟踪与反馈各成员企业在环境伦理方面的信息。同时，将环境伦理管理信息与订单、价格、报酬等激励方式挂钩，明确激励的对象、内容和程度，使行为与其后果直接联系，对符合伦理的行为进行奖励，对不符合伦理的行为进行惩罚，以保证伦理决策下绿色供应链管理思想的形成和共享。

（2）建立供应链上企业间的相互监督

为了确保绿色供应链企业在合理伦理决策下实施环境友好实践，供应链企业间要持续进行相互监督，如定期进行环境审计、定期进行道德风险评价等。如果在审计中发现某个绿色供应链企业存在环境问题或伦理问题，监督委员会可以在恶劣后果发生之前要求出现问题的供应链企业在规定的时间内进行整改及对其进行惩罚，否则更换供应商/生产商/销售商。为了规范企业的社会道德标准和提高环境审计的效果，监督委员会要经常要求供应链企业进行伦理标准化认证，如获得 ISO 14001 环境管理体系认证，获得 ISO 9000 质量保证体系认证，获得 SA 8000 社会责任国际标准认证，获得 OHSAS 18001 职业健康与安全卫生管理体系认证等。例如，沃尔玛“工厂评价”的主要指标：一是社会道德标准；二是环保；三是质量保证；四是成本；五是企业的设计创新能力。

（3）建设供应链企业间伦理沟通机制

在我国传统的企业管理模式影响下，企业与企业间不会有太多的平等，如果不进行充分有效的沟通，企业之间很容易产生冲突，甚至造成严重后果。供应链企业间的外部伦理沟通机制主要是指与外部利益相关者的沟通，如与供应商、销售商、消费者、政府等的沟通。与供应商的沟通主要是就绿色采购伦理问题进行相应的沟通；与销售商的沟通主要是就公平、公正、公开的伦理问题进行专门的沟通；与消费者的沟通主要是就宣传广告、产品质量、环境保护、公益事业、社会责任等方面的伦理问题进行沟通；与政府的沟通主要是就学术活动、研究机构、慈善事业、环保行动等方面的沟通。

7.2.3 绿色供应链企业内部伦理建设

经营者管理整个绿色供应链的运作，参与绿色供应链的各个环节。因此经营者的领导能力与企业伦理建设密不可分。企业经营者要树立崇高的追求目标，通过自身的不懈努力，使利益相关者利益最大化，使社会变得更加和谐美好。企业经营者要在经营管理中选择合适的方式与手段实现企业目标，既要在管理过程中努力提升自己，还要帮助员工在事业上取得成功。这就要求企业经营者要不断提升自身的修养和加强企业的内部伦理建设。

（1）内部伦理管理制度化

如同企业有财务部、营销部一样，负责企业伦理事务也应有专门的部门。内部伦理管理主要包括设立伦理专门机构、设立伦理主管、建立伦理规范等。由于伦理道德属于精神范畴，仅从思想上谈提高伦理水平，达不到好的效果。我们要把企业伦理的准则形成各种管理制度，把抽象的东西具体化。内部伦理管理制度化主要通过企业章程、员工手册、社会责任报告、年度报告及各种合同等文本来体现。从制度着手进行伦理建设，一方面可以避免道德说教，另一方面可以避免伦理规范的不确定性。据调查，美国 65%的公司建立了员工道德行为准则，世界 500 强企业中，有 95%的公司建立了各自的伦理规范标准。根据零点调查公司调查结果，一旦将商业伦理用制度化确定下来，就能推动企业的可持续发展。

（2）强化内部伦理沟通

内部伦理沟通主要是指管理者与员工之间的沟通，可以通过设立伦理主管、伦理信箱、伦理热线等方式，并通过网络及其他通信散发信息来强化内部沟通。世界 500 强中，有 54%的企业成立了道德委员会并设立了伦理主管，专门处理企业由于各种活动引发的伦理事务，并有一定的程序，如调查—汇报—处理—申诉—沟通—反馈；51%的企业开通了伦理信箱或伦理热线来获取伦理信息。500 强企业中，大多数企业的伦理主管直接由高层管辖，并有 52%的企业采用电话及其他方式听取内外部有关伦理问题的意见及建议。

（3）加强伦理教育与培训

企业的伦理教育通过对伦理规范的讲授、典型的塑造、思想的碰撞、心灵的交流等方式感化、引导和约束员工，使企业伦理在员工内心被自觉接收。研究人员发现，仅仅通过教育不足以强化伦理规范，还需对员工进一步进行培训及在外部（供应商、销售商、顾客）进行广泛传播，从而扩大伦理规范对企业的行为及决策的影响，使道德约束上升到道德责任与义务层面。总之，通过教育与培训提炼企业的管理宗旨、企业文化、价值观、经营理念、职业道德等伦理规章。

绿色供应链企业内部的伦理建设主要是从发挥企业全体员工自觉性、能动性角度出发，强调企业本身伦理建设的重要性，培养全体员工集体荣誉感、环境责任感与社会责任感，从而制定合理的伦理决策。绿色供应链企业之间伦理建设是为了保证整条供应链的可持续竞争力，在社会上树立良好的形象与品牌，企业之间进行伦理沟通、相互监督，形成共同的伦理观，并采取相关的激励机制奖励成员企业做出符合伦理的决策，以及惩罚成员企业违背伦理道德的决策。绿色供应链企业外部伦理建设侧重的是对企业在伦理方面的限制与约束，督促企业遵守社会伦理道德。

绿色供应链企业伦理建设是企业这个主体在社会实践中充分发挥主动性、能动性的过程。只有企业从内心上遵守社会伦理道德，认同伦理合理性，才能真正在社会生产交往过程中不只考虑自身利益，而是站在整条供应链的利益上抉择合理的决策。企业内部伦理建设是根本，企业之间伦理建设是保障，企业外部伦理建设是保证。企业伦理建设的推动力在于企业家、全体员工的共同认可及企业之间的共同协作，否则，企业只能被动地应付社会舆论和政府的法律法规，并且伦理建设也只是纸上谈兵。政府的调控与约束不能决定企业成功或失败，但是成功的企业都有约束自己的道德规范和规章制度，在处理绿色供应链成员之间的关系时，有自己的道德底线，同时遵守供应链上的共同伦理规范与社会契约，从而形成自己的伦理定位。

绿色供应链企业内部、企业与企业之间及企业外部伦理建设是一个相互协作的活动过程。在社会实践中，讲道德的企业有时会因不遵守道德规范的企业造成利益及名誉上的损失。因此，绿色供应链企业道德水平的提高会受到多个领域道德水平的影响。例如，环境保护中的环境伦理、消费方式中的消费伦理、政治活动中的政治伦理、科学技术中的科技伦理、企业交往活动中的企业伦理等。整条供应链上社会道德水平的提高会使企业自觉加强内部的伦理建设，反过来，企业内部伦理建设的完善也会影响供应链上其他企业的伦理行为。但是企业伦理建设还需通过外部伦理建设的强制性才能使企业自觉遵守伦理规范。因为只有在任何情况下企业都能遵守社会道德规范，才能真正实现伦理建设的内部控制状态，但这不是所有人或企业能做到的。美国社会心理学家做了一项有趣的实验：在一条非常偏僻的道路边，停放着一辆敞开门的豪华轿车，车内放了一些贵重物品，然后在距离轿车比较远的地方安置了几台可以从各个角度监视轿车及附近情况的摄像机。有人驾车经过，有的会折回来，在确信周围没有人时，会将轿车内的贵重物品拿走。经过多次实验证实，顺手牵羊的有绅士、淑女、民工、白领人士及蓝领人士等。

从上面的实验可以得知，当其处于行为可逃避监督或惩罚的情况下，无论什么身份的人，都极可能不遵守道德准则。绿色供应链企业伦理建设不仅要从内部及企业之间着手，外部伦理建设也是非常重要的。合理的伦理规范能使企业获得消费者的支持、政府的认可和社会的认同，从而在绿色供应链管理中树立一个良好的企业形象与知名度，形成自己的核心竞争力。

7.3　伦理决策下绿色供应链利益分配的保障措施

绿色供应链利益的获得具有长期性和风险性特点，同时还会受到伦理困境的影响。当企业利益与法律或伦理相抵触时，有的成员企业认为“只要有足够的经济利益，其他的可以不考虑”，或者“违法的事情不做，至于伦理问题则不多考虑”，或者“灵活处理，想尽办法避免法律处罚和社会舆论”，或者“宁愿少获利，也要保证决策符合伦理与法律要求”等。所以绿色供应链利益保障的设计需从企业目标、企业合作、信息共享、制度约束入手，主动适应全球采购规律，构建伦理决策机制，并将企业伦理渗透到日常管理活动、企业战略、企业交易活动等各个方面，使企业在追求经济利益的同时，实现伦理道德与利润的双赢，并不断提高伦理决策意识，把企业对环境和社会的责任当作最高目标，而把利润看作企业实现“三重底线”的副产品，从而超越功利主义，达到利润、道德、环境与社会的完美协调，实现“四轮驱动”，即利润、道德、环境与社会是绿色供应链管理宗旨与目标的 4 个支撑点，促使企业像有 4 个车轮一样前进。“四轮”之间是相互影响、相辅相成、相互促进、密不可分的，它对企业实施绿色供应链管理有着决定性的作用。

7.3.1　促进合作措施

（1）完善合作伙伴选择标准

绿色供应链的运行，在链条上会涉及资金流、物流、信息流，以及需要合作企业投入大量的资源。合作企业之间是紧密相关、相互联系的，一旦某个合作伙伴实行非合理伦理决策或发生危机，会给其他成员造成一定的经济和环境资源损失，可能导致整条供应链面对舆论的谴责。选择合作伙伴，是绿色供应链降低风险、树立形象和实现伦理决策的重要途径。科学合理地选择合作伙伴，可以借鉴西方国家供应链的成功经验，不仅考虑价格，还要从前文提到的绿色供应链风险评价相关指标体系来进行衡量。通过不断的交流或者根据以往的合作经验了解合作伙伴是否具有良好的声誉和社会责任感，从而判断是否可进行更深层次的合作，能否实现环境保护，能否按合理伦理决策保质保量完成绿色供应链中所承担的任务等标准来选择合作伙伴，同时还要考虑选择实力雄厚、竞争力强、能够互补的企业进行合作。但是，在我国市场经济体制还不是十分完善的情况下，许多企业并没有按上述标准选择合作伙伴，而是以付出“道德代价”换取暂时的利益，这是不妥的。我国企业要从多方位、多角度关注合作伙伴，维护整条绿色供应链在社会大众中的道德形象，最大限度地实现客户价值，真正实施绿色供应链管理。

（2）实行合作伙伴动态评审

绿色供应链利益的持续获得和提高，需要合作伙伴的齐心协力，而合作伙伴要达到完美的合作与协调，就需要建立绿色供应链合作伙伴动态评审机制，以此来实现对合作伙伴及整条绿色供应链的实时监控。同时可以及时地发现绿色供应链上存在的问题，并有针对性地提出相应的绿色解决方案，让绿色供应链管理顺利进行。随着市场环境的不断变化和对企业社会道德要求的不断提高，绿色供应链上合作伙伴的道德规范、核心竞争力、社会责任感等都处在动态变化之中。

（3）进行合作激励

由于全球日益增长的环境问题和道德意识问题，供应链作为社会的重要组成部分，从最原始的材料供应到最后把产品销售给顾客，使企业之间进行信息流、物流和资金流等方面的协调与合作是必需的。因此，整个绿色供应链管理的目标就是获得竞争优势，超越对手的绿色供应链管理。随着绿色供应链管理“合作范示”（Marcotte et al.，2009）的发展，战略合作是产生竞争优势的关键因素。企业可通过教育培训、绿色技术、道德规范等来提高整条绿色供应链的综合能力，以此来激励供应链成员共同发展。例如，与供应商合作注重社会道德标准、允许其他企业参与自身的绿色决策、与其他企业保持步调一致的绿色行动、与合作企业共同研发绿色产品，这样既能资源共享和优化配置，又能提高整条绿色供应链的核心竞争力。淘汰激励是通过制造一系列的危机感来激发合作企业，使其保持一定的优势，避免被淘汰出局。当绿色供应链企业合作关系出现了危机，惩罚是不能解决问题的。正确的处理方法是通过交流沟通、共同努力，进行相应的契约和机制设计，结合所有问题部门进行问题整改和有效协调，来共同控制问题的扩延并得到及时解决。

7.3.2　制度约束措施

（1）规范供应链企业道德契约

从契约论的角度来说，企业伦理特征是绿色供应链企业之间隐含契约的客观内在要求。据相关文献研究，企业所有的经济活动、社会活动都与企业是否符合伦理的经营行为有着密切关系。为了使绿色供应链利益合理合法，保证合作伙伴间实行公开、公平、公正原则，并能真正实现“义”与“利”的统一，就应该用道德契约来规范绿色供应链企业的行为，从而优化企业伦理道德环境。目前，我国绿色供应链管理还不够完善，主要原因之一是企业伦理道德丧失，而伦理道德丧失尤以缺乏契约道德最为突出。例如，企业利用资产重组、债务重组等假手段拖欠货款的“三角债”就是一个很好的例证，它们只顾逐利，忽略环境，不顾道德与法律，甚至无视契约。规范企业道德契约主要可以从以下几方面着手。

1）绿色供应链企业的合作建立在一致意见的基础上，契约对任何当事人都有约束力且必须遵守。

2）绿色供应链企业的合作建立在平等互利的基础上，任何第三方（包括政府在内）都应该尊重当事人意见。

3）在公平竞争的环境下签订契约，这就要求国家法律对其进行保护，当事人不遵守契约，政府就要对其进行惩罚，绿色供应链就会把它淘汰。

供应链企业道德契约的关键问题如图 7-5 所示。

（2）进行行为约束

除了道德契约约束，绿色供应链上合作伙伴还需要设置不同的行为约束机制，如监督机制、评价机制等贯穿于整个绿色供应链管理之中，防止绿色供应链利益的损失和破坏绿色合作行为的发生，以此使绿色供应链管理得到可持续、稳定和良好的发展。对绿色供应链上企业进行监督，可通过政府、社会舆论、声誉等来达到目的。另外，还可以建立考核指标体系，对绿色供应链管理的各种行为进行监控与考核，并对考核不合格的企业实行相应的制裁或放弃与其合作。

（3）主动适应全球采购规律

在经济全球化发展的今天，绿色供应链核心企业不再局限于国内企业，更多的跨国公司担任着重要的角色。这些国际采购公司不是以低廉的价格作为唯一决定因素，它们更看重伦理道德与环境等因素，然而我国大多数企业依然打价格战，最终导致它们在采购商面前一次又一次失利，连准入门槛都达不到。一些有关环境、管理的国际标准已经成为国际市场的准入门槛，最为典型的有 ISO 14001、OHSAS 18001、SA 8000、ISO 26000 等国际标准，这些有关环境保护、安全卫生、社会责任等认证体系迫使我国企业寻找发展出路。

在面对国际上通行的认证采购标准，绿色供应链管理企业要忍受“阵痛”，借助外部压力承担起更多的伦理道德责任、安全生产责任和环境管理责任，使绿色供应链既能获利又能适应国际新趋势。从国内现实来看，社会公众对企业的工作环境、福利待遇和社会责任等呼声越来越高；从国际趋势来看，“血汗工厂”已经逐步退出市场。从长远来看，以“道德代价”获取暂时利益的行为已经不能被人们接受，因为企业道德形象在社会经济活动中扮演着重要角色，企业能否积极承担伦理道德责任、安全责任、环境管理责任与经济效益有着密切联系，经济全球化将这一趋势推广到世界各地。因此，与其抱怨，不如从这些方面积极主动地实施绿色供应链管理。

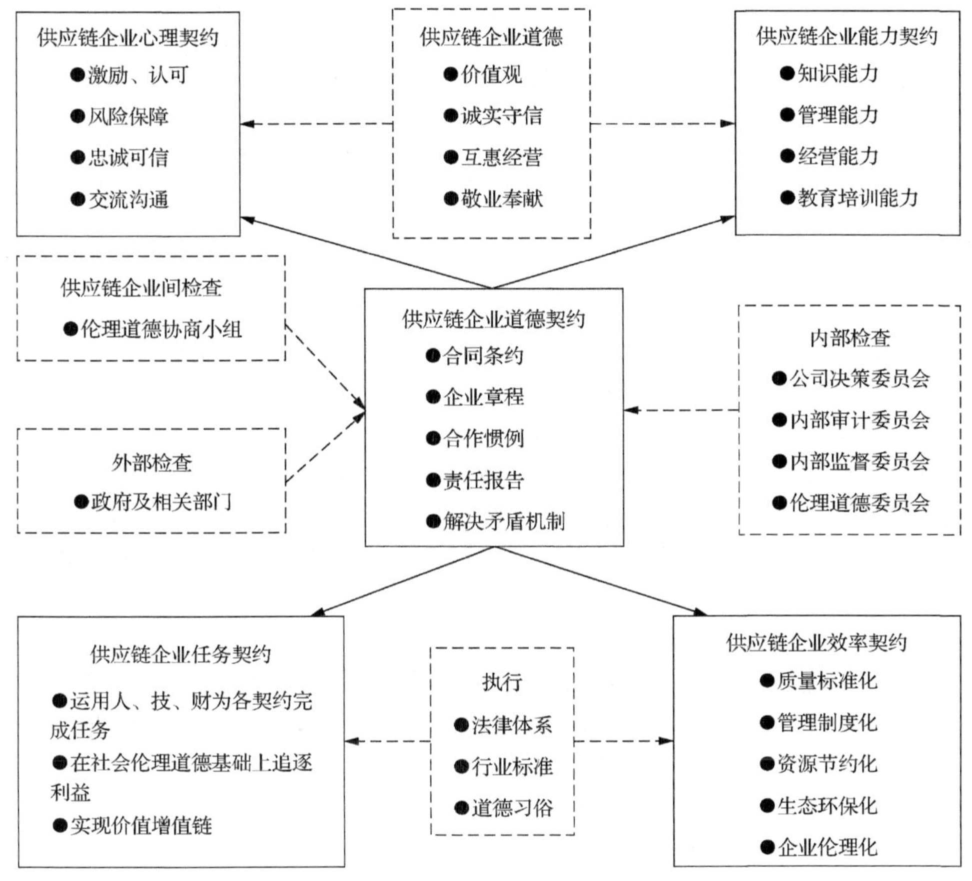

图 7-5　供应链企业道德契约的关键问题

7.3.3　社会信用措施

“诚者不伪，信者不欺。”诚信是伦理道德建设的基础，是企业无法用金钱购买的无形资产，也是企业在实施绿色供应链管理中立足的根本。诚信是企业社会表现的具体体现，企业社会表现又是制定企业伦理决策和采取社会响应策略的结果。笔者在卡罗尔（Carroll）模型的基础上，探讨了伦理决策下的企业社会表现模型，该模型的第一个方面是关于企业伦理决策的，包括伦理认知、伦理判断和伦理行为 3 个方面；第二个方面是关于企业社会回应的连续体，主要包括企业可以采取的社会回应战略有反应、防御、适应和主动寻变 4 种；第三个方面是涉及社会或利益相关者问题的，如图 7-6 所示。

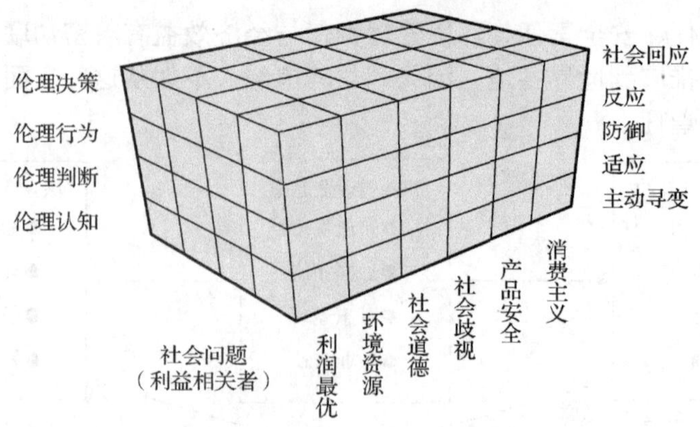

图 7-6　伦理决策下的企业社会表现模型

对绿色供应链管理企业采取相关诚信策略，有利于取信于企业员工，取信于节点企业，取信于顾客，同时也有利于取信于相关利益者群体。尽管对绿色供应链企业来说，诚信不是所有，但是离开了诚信就什么都没有了。现实生活中，丧失诚信的企业举不胜举。但是，近年来我国也有不少知名企业在诚信建设上有了成功的实践。例如，海尔集团提出了“先卖信誉后卖产品”的企业伦理理念，联想集团则提出了“诚实做人，注重信誉，坦诚相待，开诚布公”的企业伦理道德准则。

（1）发挥绿色供应链管理中信用调节器作用

在绿色供应链管理中，信用机制需要多方面的因素进行调节保护。通过绿色供应链整体利益的驱动，信用机制能够促使企业积极主动地遵守企业伦理道德，加强诚信建设。信用机制调节器如图 7-7 所示。

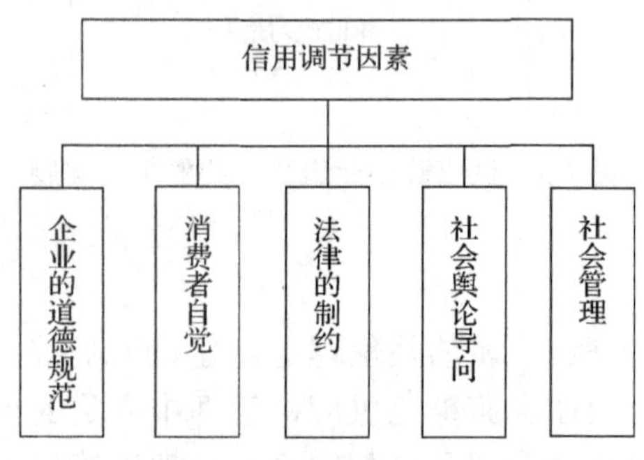

图 7-7　信用机制调节器

1）企业的道德规范。企业在绿色供应链中扮演着各种角色，如“供应商”“采购商”“生产商”“销售商”等。企业有什么样的道德规范在很大程度上会影响绿色供应链的道德状况。当旧的企业道德规范不能维持绿色供应链发展，而新的伦理责任与环境责任还没树立时，就会出现恶劣的道德状况。因此，必须加强企业的道德规范建设。

2）消费者自觉。消费者是企业的衣食父母，消费者的一举一动都会对企业形成一种无形的压力，同时消费者通过这种力量来维护自身的利益。

3）法律的制约。企业的社会道德是自律的，同时还需通过他律来加强企业道德建设，这就是法律。一方面可以防止道德准则被破坏，另一方面可以保证绿色供应链企业间的合作竞争环境。

4）社会舆论导向。绿色供应链企业为了自己的声誉，避免社会舆论的谴责，往往不会损害他人利益。

5）社会管理。利益驱动会激发企业对利润最大化的追求，在没有约束的条件下很容易导致不道德行为的发生。因此，对利益驱动与道德规范进行调控显得尤为重要，而社会管理能够起到此作用。

（2）建立绿色供应链管理企业间信息交流平台

绿色供应链企业在合作过程中要实现信息交流与共享。首先，要加强企业间的信息交流与管理，即供应商、生产商和销售商了解相互之间的信息，并且能对成员企业的变化有着敏捷的响应能力。其次，构建网络化的面向绿色供应链的制造信息系统平台。该平台主要是为了上、下游企业信息与资源的共享，要有能够提供原材料各种参数测试及回收处理数据库；绿色生产、销售数据库；国际、国内环境保护标准数据库；企业道德规范数据库；绿色供应链风险评价数据库等，通过相关数据进行相应的分析，了解绿色供应链上企业的相关动态。最后，建设信息交流与共享平台。绿色供应链合作伙伴要有有效的交流渠道与窗口，具体渠道可通过宣传手册、信件、简报、网络等方式进行交流，参加交流的人应包括生产、采购、销售、环境、技术、伦理委员会等部门，并且要与咨询公司、社会团体、政府及非政府组织展开交流。同时，要利用现代传播媒体建立交流平台，构建经验、信息与资源共享机制。

建立绿色供应链管理企业间信息交流平台后，还需采取以下措施促使成员间信息共享顺利实施：①公开、公平、公正分配信息共享带来的额外利润；②共同承担需求不确定风险；③兼顾成员企业及绿色供应链整体的效用；④实施价格歧视策略激励成员企业；⑤建立长期稳定的合作关系。

（3）组建绿色供应链管理企业伦理协商小组

本书主要从绿色采购管理、内部绿色管理和环境伦理管理 3 个方面探讨绿色供应链管理，企业伦理协商制度对于绿色供应链管理其他影响变量来说，权重不是很高，但成员在合作过程中一定要重视伦理协商制度的建设。绿色供应链上的成员企业都是一个独立的经济实体，有着各自的追求目标，有时为了一定的利益而不顾企业道德，这样肯定会导致成员企业间在伦理方面存在一些争议或冲突，而解决这些矛盾的最有效合理的方法是协商处理。在当今复杂多变、竞争激烈的环境中，只有绿色供应链成员完全融合为一体，遵守社会道德，有着共同的利益，才能提高绿色供应链的可持续竞争力。为了加强成员间伦理协商制度的建设，本书认为可以组建一个针对绿色供应链管理过程中出现的伦理问题的协商小组，该小组由成员企业安排 1～2 名中高层技术或管理人员或者成员企业道德委员会中的人员组成。这个小组要定期举行现场会议和视频会议，解决前一时期在合作过程中出现的伦理问题，并预防后期可能出现的伦理问题。通过不断的交流、沟通与协商，不仅能将问题扼杀在萌芽状态，还能完善伦理道德规范，增强企业间的信任度与依赖度。总之，伦理协商小组的建立有利于加强整个绿色供应链的道德规范建设，良好的道德规范有利于成员企业进行深层次的合作，为企业更好、更快地解决当今商业伦理问题提供有力的帮助与扶持。

7.3.4　“推”与“拉”措施

“推”与“拉”措施就是用伦理营销的理念解决绿色供应链管理中的伦理决策问题。对于在合理伦理决策下实施绿色供应链管理，可以借鉴市场营销观念，通过加大“推”与“拉”两个方面的力量促使绿色供应链企业制定合理的伦理决策。具体措施如下。

（1）发挥政府的主导作用，创造规范的宏观环境

“推”的手段。为保证在合理伦理决策下实施绿色供应链管理，其根本就是在企业道德规范建设下，成员企业从环境保护、资源节约、经济道德、社会责任等方面进行的企业管理。但是我国企业伦理道德建设还处于起步阶段，绿色供应链管理还不完善，企业对伦理责任与环境责任还缺乏主动性，远远没有西方国家的自觉行为；加之企业的主要目标是利润最大化，在自利思想的影响下，其行为往往与道德、环境不相融。因此，需要外部力量对企业施加压力，保证绿色供应链企业制定出合理的伦理决策，从而进行绿色供应链管理。外部力量即政府的干预和监督，亦即政府的推动力。政府的推动主要可以采取政府强制管制措施、经济激励手段、政府直接提供或经营环境“服务”。

“拉”的手段。根据我国企业管理的特点，在吸收和借鉴西方国家伦理管理经验的基础上，确立我国的伦理道德体系，加强企业的环境管理，引导企业走上合理的伦理决策道路。通过教育、宣传、培训，加强企业的道德规范建设和环境管理，做好社会舆论及相关利益群体的监督工作，促使企业正确认识在合理伦理决策下实施绿色供应链管理的必要性。

（2）加强绿色供应链的规范管理，塑造良好的中观环境

“推”的手段。制定与国家环保标准相适应的企业环境管理制度及与社会道德规范相适应的伦理准则。作为成员企业共同遵守的制度与行为规范，监督链内企业的动态，在企业价值观、企业文化、信息交流平台和绿色供应链风险评价等方面进行对接或者部门间进行耦合匹配，提高绿色供应链成员企业的认同程度。把制定的环境管理制度、道德行为规范和成员企业认同程度等作为链内企业进行合

作和评价的必要条件。同时，发挥核心企业在绿色供应链管理中的表率作用，由于核心企业在供应链上扮演着主角，其环保程度和伦理行为等方面都会对其他企业产生影响，核心企业必须要加大环境管理强度和伦理管理力度，用实际行动推动其他企业进行规范管理。

“拉”的手段。建立链内企业间的教育和培训制度，在绿色供应链管理方面做得好的企业对链内其他企业进行定期培训，以及相互之间进行学习与配合，提高链内企业的整体绿色供应链管理水平。

（3）规范链内各企业的内部管理，打造良好的微观环境

“推”的手段。绿色供应链管理推动企业的可持续发展，要想实现供应链上成员的战略合作，就要规范内部管理，主要包括决策层对绿色供应链管理的重视和企业内各部门之间的协调与合作。规范伦理决策下绿色供应链管理企业中的内部管理，首先要提高管理层及员工的环保意识，实现“三重底线”的完美结合，最大可能减少产品对环境和社会造成的各种消极影响。其次要营造企业内伦理管理氛围，制作伦理工作手册，规范企业员工（包括管理者）与供应商、销售商、顾客、企业主管部门及政府等利益相关者准则；实施严厉的奖惩制度，对遵守伦理规范行为的员工进行奖励，反之给予惩罚。最后要加强企业内各部门之间的协调与合作，通过研发、采购、生产、销售、质量和人力等各部门的协调与合作，从经济、环境、道德、技术、社会责任等各方面进行考虑，把对环境与伦理的关注有效整合到绿色供应管理体系中。例如，在熟人公司采购原材料时，组织企业内各部门有关人员成立协商组共同决策。

“拉”的手段。定期举行企业内环保知识与伦理规范学习培训班，让员工走出去交流与学习，对员工的环保行为与伦理行为进行检查、评估和监督，如果出现问题及时采取措施并解决。

7.4　慈善伦理推进绿色供应链管理的实践路径

7.4.1　政府向度：以慈善理念引导企业实施绿色供应链管理

（1）以慈善文化蕴涵慈善理念

慈善文化建设，是企业文化建设的重要内容，也是企业实施绿色供应链管理的重要条件。慈善理念的培育不是一朝一夕之事，需要良好的社会环境与文化环境。具体来说，更需要政府推动慈善文化的建设与发展。综观我国慈善文化的发展，编者认为可以分为 4 个阶段：第一阶段，先秦阶段（民国之前）。主要表现为“仁义观”“博爱观”“性善论”等方面，此阶段的慈善文化主要以儒家思想为指导，进而形成自身价值观、社会观，积德行善，乐于好施，以缓和社会矛盾，维护国家统治。第二阶段，近代阶段（民国至 1978 年）。主要表现为赈灾救难，同时

民间慈善得到广泛发展，慈善理念得到深入传播。第三阶段，现代阶段（1979～2010年）。由国内慈善理念到国内与国际慈善文化相结合的慈善理念。其中，政府在慈善文化建设当中发挥着重要作用，企业走上慈善救助之道。第四阶段，新媒体阶段（2011 年至今）。表现在赈灾、救难、扶贫、道德、社会责任等方面，其中企业的慈善理念进入深化、全面阶段，不仅救助社会，而且在供应链上对合作/竞争伙伴从生态、环保、社会责任、道德、情感等方面有着深深的慈善理念。因为现代企业的竞争不再是企业间的竞争，而主要是供应链与供应链之间的竞争。

（2）以慈善组织强化慈善理念

企业是一个独立的经济实体，企业的天职是谋求利润，这无可非议而且是企业生存发展的必要条件。然而，这不能成为企业拒绝进行慈善行为的理由。因为企业要从社会获得各种资源，需要从事各种社会活动，因此，它应该承担一定的社会责任，应该进行一定的慈善行为。但是，并不是所有的企业都愿意进行慈善活动，此时不但政府要出面给予引导，还应该成立民间慈善组织，以强化企业的慈善理念，进而推动企业慈善文化建设，以便进一步把慈善决策运用于供应链上的绿色管理。

（3）以慈善立法推广慈善理念

在国家及政府层面，应该专门针对企业慈善方面制定和颁布相关的法律法规及政策，对积极支持慈善事业的企业在土地、资金、税收等方面实行一定的优惠政策，简化企业慈善行为的程序，维护企业慈善的权利，满足企业慈善行为的愿望。这样企业在供应链上实施绿色管理时，通过慈善活动便“有法可依”和“有利可图”，对绿色供应链管理的实践有着重要的促进作用。

7.4.2 企业向度：以慈善责任促进企业实施绿色供应链管理

（1）提高企业的社会责任感

企业社会责任是指企业在追求经济效益的同时，还要最大限度地承担对员工、合作伙伴、债权人、消费者、社区、政府、竞争者、环境和弱势群体等方面的经济、法律、道德和慈善责任，是一种以群体为主体的社会责任感。它的表现形式多种多样，如提高产品质量满足消费者需要，捐款赈灾，捐款修办学校，节约资源并进行环境保护，供应链企业的社会形象塑造等。一般来说，企业进行慈善活动的多少与其社会责任感强弱有着密切的联系，在绿色供应链管理活动中，责任感强的企业会主动对供应链上其他企业进行慈善活动，社会责任感较弱的企业对供应链上其他企业进行慈善活动会较少，缺乏社会责任感的企业一般不会自觉对供应链上其他企业进行慈善活动。因此，要优化慈善伦理下的绿色供应链管理，就需要提高企业的社会责任感。

通过对上述几种情况的分析，供应链上企业社会责任感的提高需“内外兼修”，既要主动培育慈善责任，又离不开外部力量的施加与强化。具体可以从以下几方面来探讨。

1）当今企业并非纯粹的“经济人”。有的企业不愿意进行慈善活动，其主要原因就在于将自己视为纯粹的“经济人”。不可否认的是，企业为了生存与发展，不得不追求自身经济利益，因为企业是一个相对独立的经济实体，天性就是赚取利润。然而，企业同时又是一个只有在供应链上才能生存并进行物质财富创造的主体和环境保护的实施者。它要实现自身利益，就要以满足他人、社会及国家的需要为前提，承担一定的社会责任。供应链上的企业应该要具备为己性和利他性相结合的本性，才能实现真正意义上的国家倡导的绿色供应链管理。

2）当今企业只有依赖整条供应链才能生存发展。当今企业是一个供应链化程度相当高的生产组织，它要稳定、可持续的生存与发展，就离不开供应链上的供应商、生产商、销售商，也离不开各种知识、技术与科研力量，还离不开国家与政府的支持，更离不开消费市场。因此，企业不但要爱自己，还要爱整条供应链、整个社会。企业要懂得自己是在整体之中，为了整体并且通过整体才得以生存。

3）供应链上企业进行慈善行为并不是放弃正当权利。由于面临着正义与慈善之间似是而非的矛盾，有的企业一直在徘徊是否要进行慈善行为。这是因为它没有真正懂得两者之间的关系，加之我国慈善制度还不完全健全，它认为慈善就意味着牺牲自身利益。严格意义上来说，利益与慈善是既对立又统一的关系。供应链上企业一定要真正懂得帮助他人并不是放弃自己的正当权利。也就是说，整个社会、国家、企业或个人不能要求企业无条件承担社会责任，进行环境保护、绿色管理、慈善行为，而应该以尊重供应链上企业的正当权利为前提。

（2）培育以诚实守信为基础的契约精神

诚实守信不仅是我们对供应链成员最基本的道德要求之一，也是绿色供应链管理基础，是人格之本。慈善事业的伦理精神中，诚实守信是慈善伦理的重要内在要求。在慈善伦理下的绿色供应链管理中，最引人注目的问题就是供应链上企业的诚实守信问题。不仅施助者会出现诚信问题，受助者也可能会出现诚信问题。例如，有的供应链企业对产品的环保问题兑现了承诺，但是也有一部分企业不履行承诺或者对某一类型产品没有严格按要求执行环保标准。公信力是供应链上企业进行绿色管理的生命线，然而部分企业或个人也有可能将慈善活动作为牟取私利的场所。更有甚者为了自身利益，骗取信任从中获利。这些失信行为亵渎了慈善的伦理精神，违背了企业道德价值观和社会责任感。面对这些慈善问题，要正确选择供应链合作伙伴，树立大爱无疆的道德诚信，践行诚实的契约精神。例如，供应链上企业慈善活动的组织与落实，必须建立和健全相关制度，同时对从事慈善活动的工作者也必须严格考核，避免一些不道德现象的出现。

7.4.3　媒体向度：以慈善宣传带动企业实施绿色供应链管理

（1）舆论激励机制

新媒体时代，激励机制是多种多样的，同时也是不断调整与变化的。不管是多样还是多变，我们可以通过慈善宣传激励企业实施绿色供应链管理，主要可以从国家政府、非政府组织与大众等层面着手健全慈善宣传舆论激励机制。第一，国家政府层面，可以通过官方渠道公布实施绿色管理和进行慈善行为的企业，并给予一定的优惠政策或奖励措施；第二，非政府组织层面，全国性或地方性的慈善机构和组织与各企业保持经常性联系，通报各企业的慈善行为和绿色管理情况，建立评估表彰体系，并通过相关新闻媒体公布企业在慈善与环保方面的典型事迹；第三，大众层面，相关媒体通过适当的渠道和方式宣传受助者的感谢，在社会上形成赞赏企业慈善及环保的积极社会舆论。

（2）以事件为契机

新闻报道是媒体用语言、文字、图表等形式展示某一件事的一种方式。这一件事之所以会引起社会及人们的关注，是因为它本身就具有道德性、慈善性、社会性、国家重视性，并且同大多数人的期待或者利益息息相关。例如，企业的环保事件、产品的质量事件、政府的反腐事件等。正因为如此，要营造企业进行绿色管理的社会环境及慈善行为的社会氛围，人们就需要以环保事件的发生及企业所进行的慈善时机，充分地表达对企业节约资源、绿色生产、绿色采购、强烈的社会责任感及道德情感的期待，高度地肯定它们做出的这些与环保和道德息息相关的慈善行为。同时，人们也没必要去揣测企业进行慈善行为的动机与目的，以免影响它们的积极性。一旦企业树立了慈善理念，媒体进行了慈善宣传，社会形成了慈善舆论，人们关注了企业的慈善行为，做出慈善行为的企业就会具有良好的社会形象及倍感尊重，这样供应链上的企业就会更加主动积极地进行有关绿色、环保、道德等方面的慈善活动，从而进一步推动企业实施绿色供应链管理，形成一种良性循环。

（3）启动评价机制

企业的绿色供应链管理并非只是人民群众的共同想法，它本身就含有人们的评价、企业的评价、社会的评价和国家的评价。企业针对绿色供应链管理而进行的慈善行为，并非普通的评价，而是一种道德观的评价。这种评价是个人、企业、社会和国家根据自身的需要和道德标准进行的，它表达的是一种道德态度，因此也成为企业针对绿色供应链管理而进行慈善行为的外部压力。当然，这种评价不仅具有强制性，还具有引导性。正因为如此，供应链企业在做出是否进行相关绿色管理的慈善行为决策时，企业决策层必定会重视这种评价，并且以这种评价作为决策的依据。这里的关键是通过何种渠道与方式将这种评价明确地传达给企业。

为此，我们可以借助电视、报纸、杂志、广播、网站、QQ、微博、微信等大众传播媒体，向企业传达人们、社会和国家期待企业进行慈善行为的评价及对进行绿色管理的企业表示充分的肯定与赞赏，以便企业主动承担社会责任，积极地实施绿色供应链管理。

第 8 章　伦理决策下绿色供应链管理典型案例

在经济快速发展的今天，商业法律法规也在不断完善。在此期间，如何消除“边缘性”行为（不违反现行法律法规，但违反相关方利益、不履行社会责任、不遵守商业道德的商业行为）？这种行为在现行法律法规的限制之外，但会给社会及相关利益者带来损失甚至伤害。只有通过社会道德精神文明的宣传、舆论和完善相关法律法规，才能约束企业的不道德行为，至少有以下两个方面的问题值得关注。一是成本问题。宣传与监管成本过高会导致相关部门难以承受，同时由于在法律法规限制之外，有时也难以操作或不便出面。二是滞后问题。从不良商业行为的出现到引起相关部门的重视，完善相关制度及规定都需要时间。在这期间，很难评估不良商业行为对相关利益者的损失、社会公众的危害和社会的不利影响。从博弈论的角度研究伦理决策下绿色供应链管理，不仅符合社会道德问题的视角，而且是激发公民社会责任意识、净化我国市场经济环境的必由之路。除了道德宣传、社会舆论和制定法律法规，如何培养伦理型领导、提高管理层伦理决策水平、规范伦理道德行为、增强企业及绿色供应链上的伦理氛围，充分发挥伦理决策在绿色供应链管理中的人文道德潜能和社会价值效能，是一个很有价值的议题。

笔者 2008～2019 年一直从事企业管理研究，并多次到企业实地调查，探讨伦理决策与供应链管理人员的行为关系。结果表明，供应链上管理决策的伦理哲学逐渐由功利主义走向利他主义，越来越多的企业正在趋向社会价值贡献，因为只有这样才能满足消费者的需求和顺应社会的发展趋势。

近年来，国际上众多知名制造业企业通过开展绿色供应链管理工作，获得了良好的经济效益和社会效益。为提升我国绿色供应链管理水平，发挥典型企业的示范引领作用，我国在汽车、电子电器、通信、机械等重点行业开展了试点工作，下面列举 3 个企业绿色供应链管理典型案例，供相关企业相互学习借鉴，以期提升企业绿色供应链管理水平。

8.1　武汉钢铁集团绿色供应链管理实践典型案例

8.1.1　绿色供应链管理架构

武汉钢铁集团公司（以下简称武钢）是新中国成立以后兴建的第一家特大型钢铁联合企业，于 1955 年开始建设，1958 年建成投产。2020 年武钢集团形成了“1345”发展战略规划，以“引领产业园区业、繁荣钢铁生态圈”为使命，瞄准“产品力、品牌力、生态力”三层发展目标，聚焦“主题园区、城市综合体、产业新城、城市服务”四类核心业务，着力打造“项目策划、立体招商、项目管理、卓越服务、资本运营”五项关键能力，实施从厂区—园区—城区的发展路径，已成为驱动产业园区业持续繁荣的生态运营商。

钢铁业是典型的资源、能源密集型产业，从铁矿石、煤等原材料的开采、运输，到钢铁产品的制造、使用、最终废弃和回收，都会对环境产生一定的影响。据统计，长流程钢铁企业每生产 1 吨粗钢约消耗 0.7～0.8 吨煤炭、1.5～1.55 吨铁矿石，以及大量的石灰石熔剂等原料，吨钢固废产生量约 600 千克。“十三五”以来，伴随着生铁、粗钢产量增长，高炉渣、钢渣等大宗工业固废也呈增长态势。据测算，全国高炉渣由 2015 年 2.51 亿吨增长至 2018 年 2.70 亿吨，年均增长 3.7%；钢渣由 2015 年 1.04 亿吨增长至 2018 年 1.14 亿吨，年均增长 4.7%。2018 年我国钢铁工业固废产生量约占全国工业固废的 15%。因此，钢铁业的节能环保工作一直是社会关注热点之一。早在 2007 年，国务院在《关于印发节能减排综合性工作方案》中就明确提出，钢铁行业要加快淘汰落后产能、注重推广节能减排技术、深入开展循环经济试点项目建设。对于钢铁企业而言，实施绿色供应链管理不仅是提升自身经济效益及综合竞争力的迫切需要，而且是应对政府监管要求、社会公众压力的必然选择。

武钢的绿色供应链管理活动最初是从治理企业污染公害开始的。由于生产规模大，武钢的环境污染问题一直是公司所在地区的难题。“十五”开始，武钢逐步加大环保力度，先后与湖北省和武汉市签订节能减排目标责任书，成立由总经理任组长的节能减排工作小组，实施“两型企业”战略。随着治理污染公害、推进节能减排工作的推进，武钢对于企业社会责任的认识不断深化。2008 年，武钢成为国内首家发布企业社会责任报告的钢铁企业。2010 年，武钢下属的核心企业——武汉钢铁股份有限公司获得国际知名认证机构——挪威船级社（Det Norske Veritas，DNV）颁发的环境管理认证证书。截至 2019 年底，武钢已经连续 12 年发布企业社会责任报告。目前，可持续发展已经成为武钢生产经营的核心理念之一。武钢不仅提出了明确的环境保护总体思路，而且建立了较为完善的环境管理体系。深入推进绿色设计、绿色生产，打造世界级绿色供应链已经成为武钢的一项重要战略。

武钢企业社会责任报告提出，武钢环境保护的总体思路是发展循环经济，实施清洁生产。采用大型、高效的先进工艺技术装备和完善、先进、实用的污染物治理技术及设备，减少污染物排放，实现资源能源有效利用和污染物排放指标达国际先进水平。公司资源与环境总目标是“建设资源节约型和环境友好型企业”。如今，武钢已成为具有钢铁产品低耗制造功能、能源转换功能、社会大宗废弃物处理消纳功能的循环型钢铁企业，是钢铁企业发展循环经济和走可持续发展道路的领先者。

为协调指挥公司环境管理事务，武钢成立了由武钢安全环保委员会、公司安全环保部和二级单位安全环保部门组成的环境保护管理组织体系，武钢安全环保委员会是公司环境管理的最高组织机构。武钢先后制订完善了《武钢环境保护管理办法》《武钢主要污染物减排管理办法》《武钢环保考核细则》《环境污染事故应急管理办法》《二次资源综合利用管理办法》等管理制度，对污染减排目标管理、过程控制管理、统计监测管理、资源综合利用、考核等流程和要求进行详细规定，保证环境管理的规范有序。武钢不断强化绿色生态产品研发与生产，自主开发了一大批低消耗、低污染、高附加值、高技术含量的新产品；积极推行绿色采购，优先采购通过 ISO 14001 环境体系认证供应商的产品；坚持绿色生产，通过技术创新，深化节能减排潜力。上述措施不仅丰富了武钢的绿色供应链管理实践而且为武钢进一步推进绿色供应链管理奠定了坚实基础。

8.1.2 绿色供应链管理建设

（1）基于绿色供应链的物质环境建设

武钢的绿色供应链建设最初只是对生产过程所涉及环境问题的简单应对，而后逐步发展为与供应链全部利益相关方共同推动的主动行动。通过绿色设计、绿色采购、绿色生产、绿色回收等活动，武钢与供应链利益相关方有效地促进了物质环境建设。

1）绿色设计。武钢近年来一直致力于研发和生产低污染、低物耗、高技术含量和高附加值的绿色产品（表 8-1）。其开发的高磁感取向硅钢具有磁感应强度高、铁损低等特点，被广泛应用于制作各种大中型电力变压器和配电变压器。如果我国输变电行业全部使用这种高磁感取向硅钢，一年的节电量相当于三峡工程一年发电量。公司研制的 1.2 毫米、700 兆帕热轧高强极薄材通过热轧板代替冷轧板，每吨钢可以减少电耗 100 千瓦时，煤气 100 标准立方米，而且这种热轧高强极薄板可以大幅度降低物流运输业成本，一辆大客车使用该板材可以减轻车身重量700千克。

表 8-1 武钢绿色产品简表

行业	环境效益		
	减少地球温室效应 节能、减少 CO_2 排放	降低环境风险 环保化学品管理	创建循环型社会 循环利用、延长使用寿命
汽车业	轻量化、高安全性 高强度薄板、线棒材 简化用户加工工艺 超宽幅轿车板	对环境友好材料 无铅镀锌钢板 无铅易切削钢 汽车用无铬镀锌钢板	延长使用寿命、减少废弃 热镀锌高强钢
食品饮料	减轻饮料罐质量 减薄镀锡板		
家电 电机	简化用户加工工艺 家电用彩涂钢板 提高电机效率 高效无取向硅钢片	不含环境有害物质的材料 无铅热镀锌钢板 家电用无铬镀锌钢板 环保家电用彩涂板 环保无取向硅钢 减少噪声 高磁感取向硅钢	延长使用寿命，减少废弃 热镀锌系列产品 彩涂系列产品

续表

行业	环境效益		
	减少地球温室效应 节能、减少 CO_2 排放	降低环境风险 环保化学品管理	创建循环型社会 循环利用、延长使用寿命
电力能源	提高变压器效率 高磁感取向硅钢片 提高能源生产传输效率 高性能管线用钢		

2）绿色采购。武钢积极推行绿色采购，严格按照公司制定的《供方管理办法》选择供应商，定期对供应商进行审核评估，优胜劣汰。其强调要优先引进通过 ISO 14000 认证的供应商，并要求供应商积极承担社会责任，不破坏生态环境。对于生产、运输危险化学品的供应商，武钢则要求提供安全生产许可证、非药品类易制毒化学品经营备案证明等相关从业证件，相关企业还需要提供质量管理体系认证证书。武钢还要求供应商必须对所供应的货物做好保护措施，避免造成环境污染与损害。此外，通过建立战略合作关系，强化高性价比采购，武钢确保原材料来源能得到充分保障。

3）绿色生产。开展绿色生产，促进节能减排是武钢绿色供应链管理的重点。通过技术改造、工艺优化及节能技术开发，武钢的节能减排工作取得显著成效。武钢建设的两套 140 吨/时的干熄焦装置投入运行后每年节水 100 万吨以上，年减少粉尘排放量约 4 万吨，节约能源约 8 万吨标煤。新建的 7 米焦炉可以提高焦炭热强度 2 个百分点，相当于每炼 1 吨铁少用 6 千克焦炭，可节省 18 元，每年节约成本 1000 余万元，减少排放粉尘 200 吨，综合污染指标下降 25%。2014 年，武钢将投入 5 亿元用于烧结烟气脱硫设施建设和烧结机除尘器改造。项目建成后，武钢烧结烟气脱硫将实现“全覆盖”，每年可减排 3 万吨二氧化硫，相当于植树 25 万公顷。绿色生产极大地改善了武汉市青山区的环境质量，为企业所在社区居民提供了良好的居住生活环境。

4）绿色回收。钢铁生产过程中会产生大量的冶金渣、废钢、氧化铁皮、废气、废水等废弃物。武钢通过发展循环经济，有效实现资源的循环再利用。例如，利用冶金渣开发出超细粉、彩色路面砖、烧结助熔剂等产品，利用粉煤灰制作混凝土搅拌原料或制砖等。目前，武钢主要固体废弃物的二次利用率已经达到 95%以上。同时，武钢加快工业水的循环利用改造，先后完成了焦化、老三扎、蒸汽鼓风机、高炉冲渣水等多项直流水改循环水工程，仅蒸汽鼓风机、高炉冲渣水两项，年降低新水消耗量就在 1.5 亿吨以上。

（2）基于绿色供应链的文化环境建设

通过绿色设计、绿色生产等，武钢及其供应链利益相关方从物质环境方面有效地促进了绿色供应链管理的发展进程。在此过程中，武钢对员工绿色环保知识的教育、与专家研讨合作等方面也显著推动了社会文化环境建设。

1）员工教育。为了增强员工的环保意识，提升员工绿色管理能力，武钢定期举办环保培训和环保宣传周等活动。例如，举办污染物减排核查知识培训、模拟氧气管道爆燃事故应急演练等。武钢还通过开展节能讲座、节能知识竞赛、节能专题研讨会、经验交流会、群众性节能创新活动等多种形式，增强全员自觉节能意识。

2）专家研讨。武钢高度重视与业内专家开展环保新技术交流合作。近年来，武钢先后就冶金废水深度处理技术、冶金固废综合利用技术、二氧化碳排放量调查统计技术、冶金渣综合利用标准等问题与武汉大学、华中科技大学、武汉科技大学、中国建筑科学研究院、冶金工业信息标准研究院等多所高校、研究机构的专家学者开展合作交流。通过合作交流，武钢不仅解决了企业节能环保领域存在的实际问题，而且加强了企业与学校、企业与社会之间的联系，为科研成果转化提供了良好平台，为推动社会绿色环保意识发展做出有益贡献。

8.1.3 启示

武钢是国内较早开始绿色环保实践的国有特大型钢铁企业之一。经过多年探索，武钢已经初步建立了包括绿色供应链管理在内的一整套富有自身特色的可持续发展管理体系。目前，武钢的绿色供应链管理取得了一定成绩，不仅提高了企业的经济效益，增强了企业综合竞争力，而且改善了武汉市青山区的生态环境，有效地推动了青山区的可持续发展。因此，借鉴武钢绿色供应链管理实践对于推动我国企业绿色供应链管理具有重要意义。

（1）竞争压力是推动绿色供应链管理的动力

由于国家钢铁工业的快速发展，资源需求快速增长，全球范围内钢铁原燃料需求增加，交通运输及港口装卸中转能力紧张。此外，基于减少温室气体排放的压力、国际钢铁协会对于成员企业可持续发展政策目标的要求及国家节能减排战略的深入推进，也对武钢提出了新挑战。正是强大的外部压力推动了武钢更加关注企业社会责任和环保事项，并逐步建立起绿色供应链管理体系，而这又进一步优化了武钢的供应链，提升了武钢的市场竞争力。

（2）高管认知是实施绿色供应链管理的基础

实施绿色供应链管理需要企业的资源投入，因此高管对于可持续发展的认知和态度是企业实施绿色供应链的重要基础。武钢董事长曾明确指出，武钢要创新发展，将企业社会责任自觉融入公司发展战略中，要关注产业链的延伸和价值链的提升，努力打造绿色供应链。高管的社会责任意识为武钢实施绿色供应链管理减少了阻力，而外来的竞争压力则进一步提升了高管的社会责任自觉。

（3）开放合作是提高绿色供应链管理能力的捷径

开放合作是经济全球化、市场一体化时代企业的重要成长方式。在可持续发展领域，新的理论、技术层出不穷，尽管武钢在钢铁制造相关领域具有较强的技术优势，但是仅靠自身力量来推动企业乃至整个供应链的可持续发展是存在较大障碍的。因此，武钢选择了开放合作，强化自身与可持续发展领域世界一流的行业组织、学术机构的战略合作，分享可持续发展优秀实践经验，了解业界最新进展，这使武钢能够更快掌握可持续发展领域的前沿知识和实践情况。

（4）整体思考是提升绿色供应链管理有效性的前提

有效地实施绿色供应链管理不是企业简单开展几项环保工作，也不是仅凭企业自身就可以完成的，而是要求企业联合供应链全部利益相关者共同推进。因此，企业应该基于公司整体发展战略安排绿色供应链管理工作，明确绿色供应链管理的具体内容和方法。武钢在深入思考企业、社会可持续发展问题基础上提出了自身的可持续发展战略、环境保护总体思路及相应管理体系架构，对公司整体的可持续发展做出较为全面、具体的阐述。作为公司可持续发展战略的一项重要构成，绿色供应链管理不再是企业自身简单的环保工作，而是对供应链全部利益相关者可持续发展的管理，这样在一个更高、更全面的角度研究并推动绿色供应链管理有助于提升绿色供应链管理的有效性。

（5）着眼社会是评价绿色供应链管理绩效的根本

绿色供应链管理要求企业不仅要处理好企业内部的环境相关事务，而且要约束、带动、激励包括供应商、分销商、顾客在内的所有供应链合作伙伴共同承担环境责任、实施绿色管理。因此，对于绿色供应链管理的评价应该超越单个企业的层面。企业绿色供应链管理的最终成果将直接作用于企业及其供应链合作伙伴的物质和文化环境，决定了供应链企业的可持续发展水平。

8.2 北京汽车股份有限公司绿色供应链管理实践典型案例

8.2.1 绿色供应链管理顶层设计

（1）绿色供应链管理发展规划

北京汽车股份有限公司（以下简称北汽股份）已将绿色供应链管理理念纳入《中长期发展规划》等规划文件，制定或完善了《北汽股份绿色供应链管控办法》《北汽股份零部件询价与定点管理办法》《北汽股份潜在供应商评审管理办法》等配套管理制度。

（2）绿色供应链管理目标

北汽股份通过推行绿色供应链管理，实现公司整车产品在设计开发、生产制造、使用维护及回收利用等环节均满足《汽车产品有害物质和可回收利用率管理要求》《汽车禁用物质要求》等环保法规和标准；同时实现了培育优质供应商资源、缩短产品开发周期、提升产品质量水平、降低产品成本、减少产品资源消耗、降低产品对环境的影响等目标。

（3）绿色供应链管理机构及职责

北汽股份绿色供应链专项工作组由北汽股份汽车研究院（股份本部）、采购中心、质量中心、销售公司、生技中心，以及各生产基地等相关单位/部门组成，具体如图 8-1 所示。

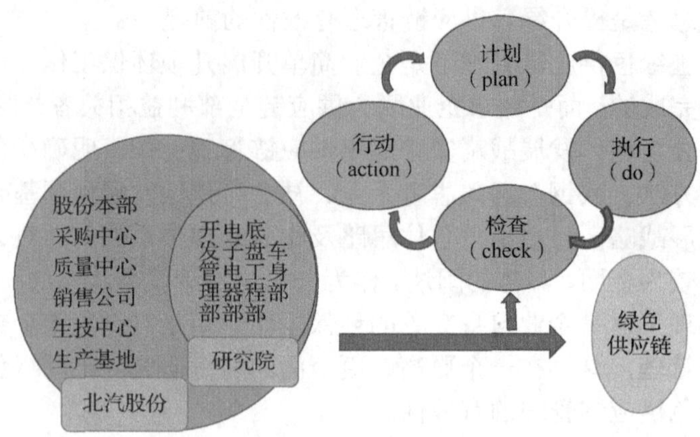

图 8-1　北汽股份绿色供应链专项工作组

在北汽股份绿色供应链管理体系中，汽车研究院负责研究解读国家相关政策法规，牵头建立公司级管理体系和标准体系，将相关要求嵌入整车开发流程中，并负责绿色供应链管理及整车性能管控等工作；采购中心负责依据《北汽股份绿色供应链管控办法》要求，增加对供应商的有害物质管控及材料数据收集等要求，将“产品符合有害物质限值要求”作为供应商选择前提条件；质量中心负责对汽车产品有害物质相关质量管理工作的过程进行监控，针对问题点，督促整改并记录反馈管理体系的运行及更改情况；销售公司负责产品绿色包装、存储及运输；各生产基地负责按照《生产一致性控制计划》进行信息一致性检查，并在产品检验文件中体现材料标识的检验要求，同时严格控制有害物质的使用，保证车用材料禁限用物质符合法规要求。具体如图 8-2 所示。

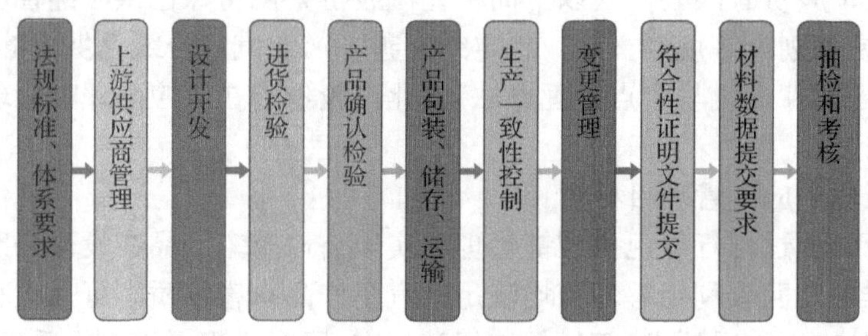

图 8-2　北汽股份绿色供应链管理体系

8.2.2　绿色供应商管理

北汽股份制定并实施了《北汽股份绿色供应链管控办法》《零部件包装技术规范》，优先从绿色环保工作突出并有积极表现的供应商处采购整车零部件、原辅料及产品包装，确保供应商提供的产品符合国家绿色环保等法规和标准要求，减少包装材料的使用。

汽车研究院负责牵头组织开展禁限用物质及回收利用管控工作，将此工作成功嵌入整车开发流程中，在零部件图纸、SOR（系统、零部件采购技术规范、要求、认可体系）、技术协议、试验验证计划等文件中加入禁限用物质管控要求，确保供应商提供的零部件/材料的有害物质含量，以及可回收利用性满足国家法规及标准要求。采购中心实施全供应链禁限用物质要求的《有害物质检测报告》《法规符合性承诺书》，按整车开发时间节点要求供应商进行中国汽车材料数据系统零部件及材料信息填报。各专业部门负责完成数据审核，以此模式进行整车所有零部件质量、成分、回收利用及禁限用物质含量等数据的收集管理工作，全面、准确、及时跟踪和分析整车有害物质和回收利用率性能。质量中心定期进行供应商零部件/材料的抽检抽查，对零部件/材料的采购、生产、检验等环节进行生产一致性管控，对于检测不合格的零部件由采购部门通知其供应商进行所属批次零部件的召回整改，确保整车符合国家法规及标准要求。

公司在供应商准入环节中体现环境表现要素，审核表中将供应商获得环境第三方认证证书作为关键项给予关注，强调识别环境因素及环境影响并采取相应控制措施及合规性评价的过程。公司每年度发布供应商绩效评价，组织供应商参加北汽股份供应商培训课程系列活动，将整车性能管控法规和中国汽车材料数据系统培训列入必修课程，实现对供应商的有效推进管控。

8.2.3　绿色生产

北汽股份绿色供应链管理贯穿于整车开发和生产流程（图 8-3）中，明确了各相关部门职责、工作完成时间节点及交付物。引入相关标准及工作内容，确保各项要求得到切实执行。公司禁止采用污染环境、危害人体健康的材料及加工工艺，优先考虑使用环保节能材料，应用并行工程的思想，以闭环运作的方式，在汽车产品设计研发、原材料生产、包装运输、产品生产制造、使用维护、回收利用及废料处理的全生命周期过程中，综合考虑材料的回收再利用及对环境的影响，提高资源利用效率，减少对环境的污染。

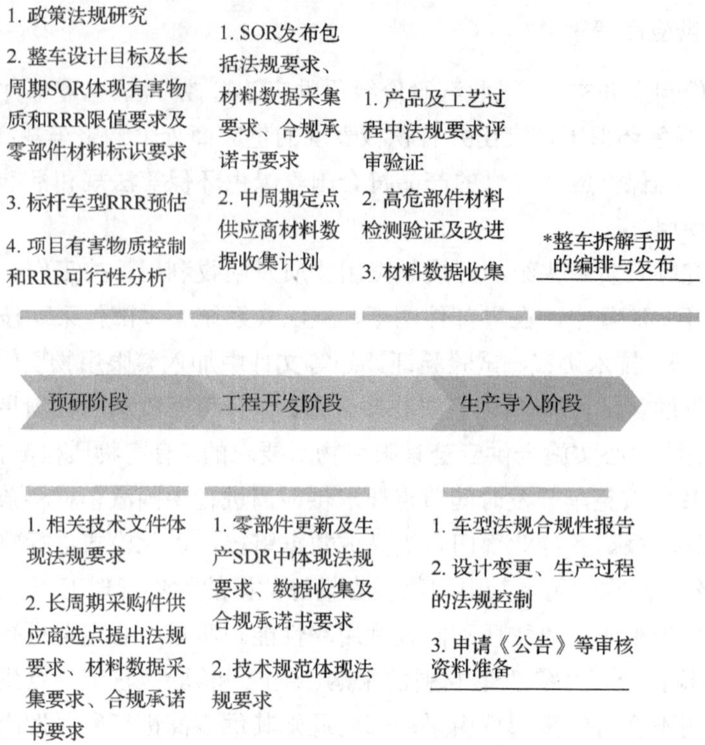

1. 政策法规研究
2. 整车设计目标及长周期SOR体现有害物质和RRR限值要求及零部件材料标识要求
3. 标杆车型RRR预估
4. 项目有害物质控制和RRR可行性分析

1. SOR发布包括法规要求、材料数据采集要求、合规承诺书要求
2. 中周期定点供应商材料数据收集计划

1. 产品及工艺过程中法规要求评审验证
2. 高危部件材料检测验证及改进
3. 材料数据收集

*整车拆解手册的编排与发布

预研阶段　　工程开发阶段　　生产导入阶段

1. 相关技术文件体现法规要求
2. 长周期采购件供应商选点提出法规要求、材料数据采集要求、合规承诺书要求

1. 零部件更新及生产SDR中体现法规要求、数据收集及合规承诺书要求
2. 技术规范体现法规要求

1. 车型法规合规性报告
2. 设计变更、生产过程的法规控制
3. 申请《公告》等审核资料准备

图 8-3　北汽股份绿色供应链管理流程

8.2.4　绿色回收

为加快建立以资源节约、环境友好为导向的采购、生产、营销、回收及物流体系，落实生产者责任延伸制度，保证报废汽车的无害化处理，指导回收拆解企业高效、安全完成拆解作业，科学、环保地处理废弃物，提升报废汽车回收拆解行业的环保水平和回收能力，北汽股份已加入“汽车产品生产者责任延伸研究工作组”，并按国家的相关政策和标准开展绿色拆解回收工作，发布了《北汽股份汽车拆解指导手册编制规范》和《北汽股份汽车拆解指导手册编制发布程序》。北汽股份已搭建中国汽车绿色拆解系统，全面开展绅宝、威旺、电动等系列全新车型的《整车拆解指导手册》编制工作。

8.2.5　绿色供应链信息平台和绿色供应链数据平台

北汽股份建立了供应商关系管理系统，已经实现信息实时发布，供应商通过供应商关系管理系统及时掌握相关环保法规要求，实现了绿色供应链管理信息数据双向流动。自 2012 年起，北汽集团每年发布社会责任报告，披露企业环境绩效，包括节能减排、环保措施等信息。

此外，汽车研究院建立了车用材料数据收集分析管理平台（图 8-4），通过中国汽车材料数据系统和环境合规系统，收集整车零部件材料信息，实现对汽车产品禁限用物质、可回收利用率及可再利用率的落地管控。

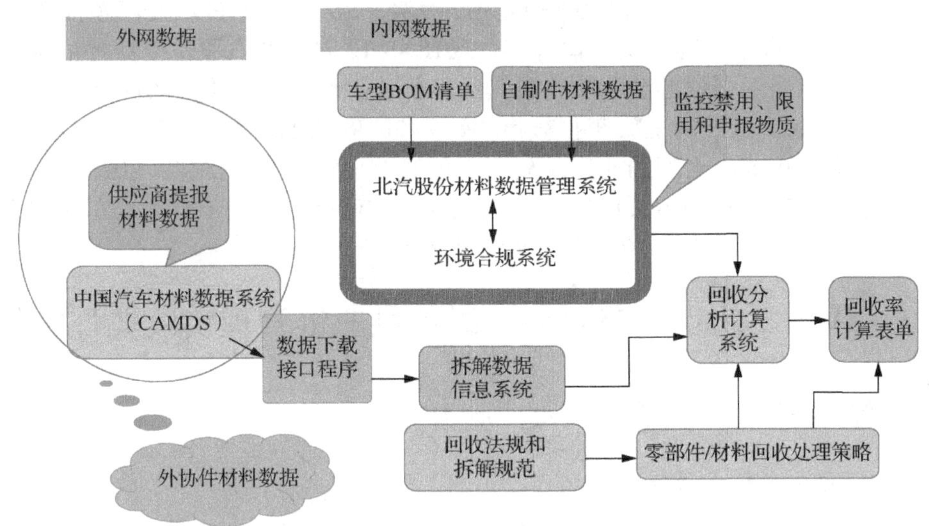

图 8-4　车用材料数据收集分析管理平台

8.2.6　绿色供应链管理取得的成效

北汽股份自实施绿色供应链管控以来，在汽车研究院、质量中心、采购中心、生技中心、生产基地及销售公司等各单位的共同协作下，通过不断的努力已取得如下成效。

1）北汽股份通过构建绿色供应链管控体系和 ELV（整车性能管控）法规管理体系，从研发源头实施绿色供应链管控，限制整车零部件有毒有害物质的使用。经计算，一款车型可避免经济损失近 1900 万元，经济效益显著。

2）北汽绅宝 D80、D70、D50 和 X55 车型在污染物排放、燃料消耗量、车内噪声、车内空气质量、车身涂装、有毒有害物质及整车可再利用率和可回收利用率等方面均符合国家环境保护标准《环境标志产品技术要求 轻型汽车》（HJ 2532—2013）中的指标要求，并已通过“环境标志产品”认证，进入“政府采购目录”，对北京汽车产品示范应用推广起到了积极推动作用，同时也对汽车行业绿色发展产生了积极影响。

3）在绿色环保方面取得了较为突出的成果。2014 年 10 月，北汽股份成为国内首家通过 ELV 管理体系审核的企业；2014 年 10 月 14 日，北京汽车绅宝 D70 成为国内首款通过“RRR”（汽车产品再利用和回收利用率）认证的车型；2014 年 11～12 月，北汽股份 ELV 管理体系“基于环境保护提供资源利用率为目标的系统工程”分别荣获北京市第二十九届企业管理现代化创新成果二等奖和北汽集团第三届管理创新成果一等奖；2016 年 6 月至今，北汽股份绅宝 X35、X65、D60、M50N、M40S、EV200、EU260 等车型先后通过 ELV 公告审核；2017 年 3 月，生态设计管理体系“基于以创建国家级生态设计示范企业为目标的系统工程管理创新”荣获北汽集团第三届管理创新成果三等奖；2018 年 3 月，北汽新能源获得 2018 年度中国汽车卓越品质金口碑奖；2018 年 12 月，北汽股份荣获香港国际金融论坛暨第八届中国证券金紫荆“最具品牌价值上市公司”奖；2019 年，北汽核心车型 BEIJING-EU5 新能源车型被市场评为 2019 年度最受欢迎车型；2019 年 12 月，北汽集团正式成为相约北京系列冬季体育赛事钻石合作伙伴；2020 年 3 月，在品牌金融（Brand Finance）发布的“2020 全球最有价值的 100 个汽车品牌”排行榜（Automobiles 100 2020）中，北汽排名第八十六位。

8.3 联想（北京）有限公司绿色供应链管理实践典型案例

8.3.1 绿色供应链管理顶层设计

1. 绿色供应链管理发展规划

联想（北京）有限公司（以下简称联想）持续保持行业领先，探索绿色供应链的建设与实施，支持公司在可持续方面的主要承诺：确保环保合规、防止污染及降低对环境的影响、努力开发领先的环保产品，以及持续改善全球环境。联想特别关注供应链的可持续发展，以合规为基础、生态设计为支点、全生命周期管理为方法论，探索并试行“摇篮到摇篮”的实践，实现资源的可持续利用。

2. 绿色供应链管理思路与方法

联想通过“绿色生产+供应商管理+绿色物流+绿色回收+绿色包装”5 个维度和一个“绿色信息披露平台”来打造公司绿色供应链体系，具体如图 8-5 所示。

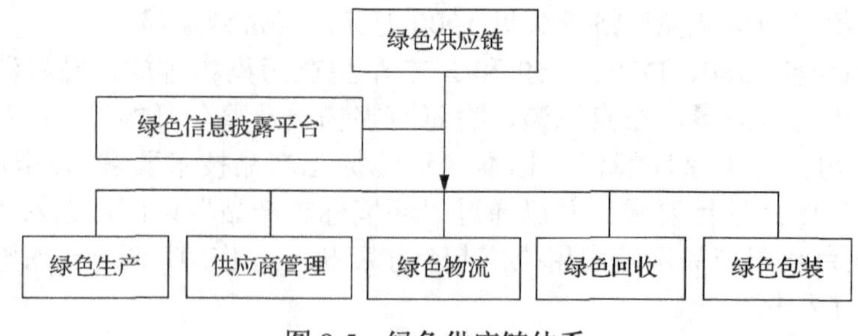

图 8-5 绿色供应链体系

（1）绿色生产

除遵守《电子行业公民联盟行为准则》及所有适用规则，联想也关注生产过程中的能源消耗问题。通过降低经营活动中的碳排放、提升再生能源使用量和加强绿色工艺的开发、推广使用来降低排放。

（2）供应商管理

联想采购部门拥有覆盖多个领域的标准化程序，制定了全面的供应商操守准则。联想关注供应商的环境表现，如有害物质的合规与减排、环保消费后再生材料使用、温室气体排放透明度及减排、避免使用冲突矿产等。

（3）绿色物流

联想物流部门致力于使用更环保的运输方式，减少运输设备的温室气体排放，并聘请外部监管机构落实改善措施。

（4）绿色回收

联想期望最大限度地控制产品生命周期的环境影响，加大可再利用产品、配件的回收，尽可能延长产品的使用寿命，同时对生命周期即将结束的产品提供完善周到的回收服务。

（5）绿色包装

联想一直致力于为产品提供绿色包装，通过增加包装中可回收材料种类、可回收材料的比例、减少包装尺寸、推广工业（多合一）包装和可重复使用包装等多种举措来打造绿色包装。

（6）绿色信息披露平台

联想的环保方针、政策、措施和成果，如产品的环保特性、对供应商的环保要求、体系维护情况等信息均在该绿色平台上进行展示和发布。

联想按照企业的发展、行业特点和产品导向，将绿色供应链管理体系融入环境管理体系中，制定目标并按年度进行调整，用定性和定量两类指标体系来规划企业内部各项环境工作的具体内容，并将绿色供应链的各个要求渗入体系的各个环节。

联想年度目标、指标及达成情况（绿色供应链部分）见表 8-2。

表 8-2　联想年度目标、指标及达成情况表（绿色供应链部分）

类型	指标	目标	评价指标	指标内容	备注
绿色生产	制造研发能源消耗	将与开发、制造及交付联想产品的能源效益最大化，将与其相关的 CO_2 当量排放量最小化	千兆瓦/台	保持全球能源强度比率于 2015～2016 财年的基础上+5%	已完成
			可再生能源发电量（兆瓦）	于 2020 年之前推动联想全球自有或租赁可再生能源发电量达 30 兆瓦	部分完成
			可再生能源所占百分比	相比上一财年，联想全球购入的可再生能源百分比将实现按年增长	已完成
	制造研发废弃排放	减低全球联想经营活动的绝对 CO_2 当量排放	CO_2 当量	通过制订全球计划，于 2020 年 3 月 31 日之前推动范围 1 及范围 2[①]的温室气体排放总量相较于 2009～2010 财年减少 40%，该计划将至少于每年进行一次评审及更新	已完成

① 世界资源研究所在关于企业温室气体排放清单编制的指南中提出。范围 1 是指企业辖区内的所有直接排放，主要包括企业内部能源活动、工业生产过程、废弃物处理等活动产生的温室气体排放；范围 2 是指发生在企业辖区外的与能源有关的间接排放，主要包括为满足企业生产与消费而外购的电力、供热和/或制冷等二次能源产生的排放。

续表

类型	指标	目标	评价指标	指标内容	备注
供应商管理	环保消费类再生塑胶（PCC）	所有业务单位的所有产品将包含一定的消费者用后循环再用含量（PCC）	包含 PCC 的产品百分比	通过监察及准备工作满足客户的 PCC 规定（如 IEE 1680.1）	已完成
				所有产品的业务单位将于各产品中使用 PCC	已完成
			各产品 PCC 百分比	在现有产品的下一代产品中保持或提高目前的 PCC 使用百分比	已完成
	供应商环境表现	尽量降低联想第一、二及三类供应商对环境的潜在影响	第三类供应商经审核百分比	100%的第三类供应商将根据联想规定接收审批及批准	已完成
		检查并推进联想供应商的良好环境管理实践	供应商无冲突情况	推动无冲突情况较 2015 年提高 5%	已完成
绿色回收	产品生命周期末端管理	确保客户能参与便利、可靠及合规的产品回收计划	回收计划全球覆盖百分比	确保联想产品所在的市场均可落实回收计划	已完成
	废弃物管理	尽量减低与联想经营活动及产品所产生的固体废弃物相关的环境影响	无害固体废弃物回收百分比	将全球无害废弃物回收率维持在 90%（+5%）以上	已完成
			废弃物强度	保持全球废弃物强度比率在 2015～2016 财年的基础上+5%	已完成
绿色包装	包装减量化、再利用管理	尽量减低包装材料消费并推进使用对环境可持续性有利的材料	FSC（Forest Stewardship Council，森林管理委员会）认证包装百分比	使用 100%获 FSC 认证或同等认证的原生浆包装	已完成
			100%使用 PCC 的包装百分比	根据出货量计，100%使用 PCC 的包装较上一年增加 10%	已完成
			包装体积/重量	至少将一种产品的体积或重量减少 5%	已完成
绿色物流	运输	为推进未来联想国际产品运输碳排放量的降低建立基础	CO_2 当量	精简运输供应商排放量报告流程	已完成

3. 绿色供应链管理机构及职责

联想全球环境事务部作为公司级的管理和执行机构，各事业部及全球职能部门（如供应链）均需向该机构报告相关计划（图 8-6）。全球环境事务部的成员主要来自标准与法规、研发、制造、采购等部门，负责战略与目标的制定、实施与推动落地，并解决实施过程中出现的问题，引导公司向可持续方向转型。

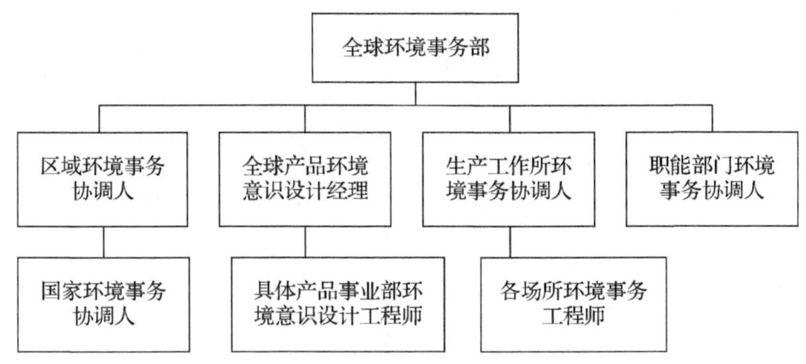

图 8-6　联想全球环境事务部组织管理架构

8.3.2　绿色供应商管理

（1）全面评估供应商环境表现

联想持续关注供应链的环境表现，监控和推动环境管理和实践，在自身取得绿色发展的同时，积极打造绿色供应链，从行业高度全面推进绿色设计和绿色制造。

联想于 2015 年制定实施了《供应商行为操守准则》，覆盖了可持续发展的各个方面，详细记载对供应商的环境表现期望，并导入公司级采购流程（图 8-7），进行供应商绿色管理、评估和监督。联想也制定了与《电子行业行为准则》在劳工、环保、健康安全、道德和管理方面要求一致的采购政策和流程，要求供应商建立《电子行业行为准则》标准操作规范，协助供应商制定运作模式，定期总结、分享和推广经验和成果。同时，要求占联想采购支出超过 95%的一级供应商遵守《电子行业行为准则》，并通过正式合约和独立的第三方《电子行业行为准则》审核来直接核实供应商尽职调查结果。在采购订单的条款、条件及其他正式协议方面，联想要求供应商遵守法律、法规及多项其他可持续发展的规定。2016 财年，联想采购支出的 77%来自满足《电子行业行为准则》的供应商，大多数供应商获得 ISO 9001、ISO 14001、OHSAS 18001 的正式认证。2017 年 9 月于成都举办了以“助力转型引领卓越”为主题的联想供应商质量论坛，就在质量领域联想与供应商如何通过创新合作，助力业务转型与变革，携手引领行业未来及新业务模式等话题展开讨论。百余家供应商齐聚一堂，并给龙旗等相关企业颁发了全球供应商“质量捍卫奖”。2018 年实施了“低温锡膏工艺”，这不但可以降低生产过程的温度来帮助减少二氧化碳的排放，也可以废除锡膏中铅的使用，从而推动全产业链的绿色升级改造，并倡导供应商按照此工艺改良产品。2019 年 9 月 19 日，联想集团个人电脑及智能设备（PCSD）供应商质量论坛在安徽合肥成功举办，来自全球电子产业链领域的 120 多家公司共计 200 多位合作伙伴，与联想集团全球供应链共商数字化时代的质量管理，携手提升客户满意度和提高产品质量。论坛探讨了“客户体验”“未来质量管理”“绿色发展”三个主题。联想与战略合作伙伴成立了“高质量与绿色发展联盟”。

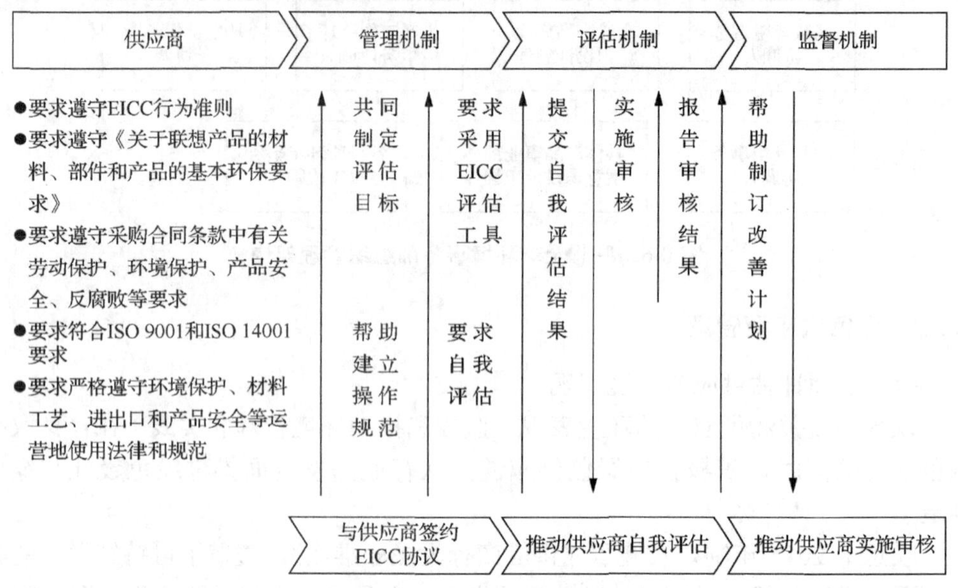

图 8-7 联想（中国）采购流程

在 2016 财年，联想完成收购整合并推动供应商计划覆盖率恢复至 95%（按开支计），以直接的方式或通过冶炼厂工作小组加强与冶炼厂的沟通。同时，联想还是行业中少数几家要求供应商制定碳减排目标的厂商之一。联想建立了碳报告体系，用于收集和分析全球供应链部门和环境事务部门确定的供应商碳足迹，并将供应商应对气候变化的表现和策略的评估将作为联想选择供应商的重要标准。

（2）供应商有害物质管控

联想是行业第一家推动供应商导入“全物质声明”措施来管控有害物质使用的厂商，助推了整个产业链有害物质的替代与减排。自 2014 年以来，通过引进并优化业内领先的材料全物质声明解决方案 FMD（Full Material Declaration）和 GDX/WPA 系统平台（产品生命周期管理平台+绿色数据交换平台）（平台基础流程如图 8-8 所示），联想大力推动供应链开展全物质信息披露，变革产品有害物质合规模式，提高环境合规验证效率，为产品废弃拆解、逆向供应链、材料再利用等提供依据，实现了有害物质的合规管理。

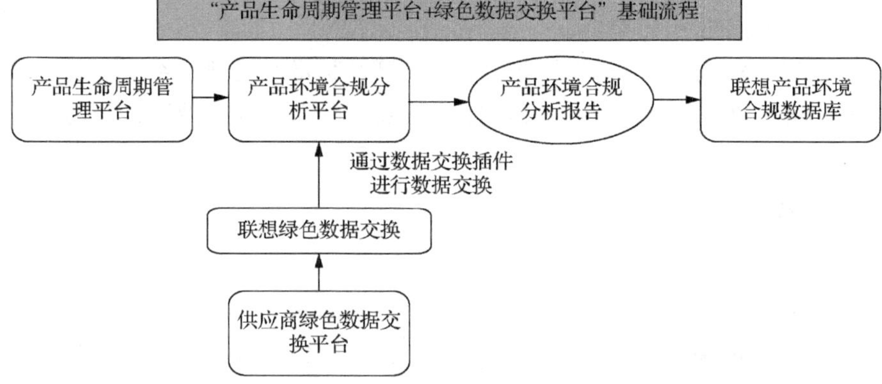

图 8-8　"产品生命周期管理平台+绿色数据交换平台"基础流程

截至 2016 年，手机和平板类产品全物质信息披露程度达 100%，笔记本类达 100%，台式机和服务器类达 92%。此外，联想基于此全物质信息披露平台获得的大数据分析，计算机类产品代比代有害物质种类使用降低约 1%。

（3）环保消费类再生材料

通过对供应链的高效管控和持续推进绿色技术，联想在 2008 年开始逐步引入环保消费类再生塑胶（PCC），成为业内第一家使用 PCC 的厂商，且使用量遥遥领先。这不但有助于材料的再利用、减少电子废弃物污染、降低二氧化碳排放，还避免了焚烧、填埋等处理方式带来的环境危害。废弃物处理如图 8-9 所示。

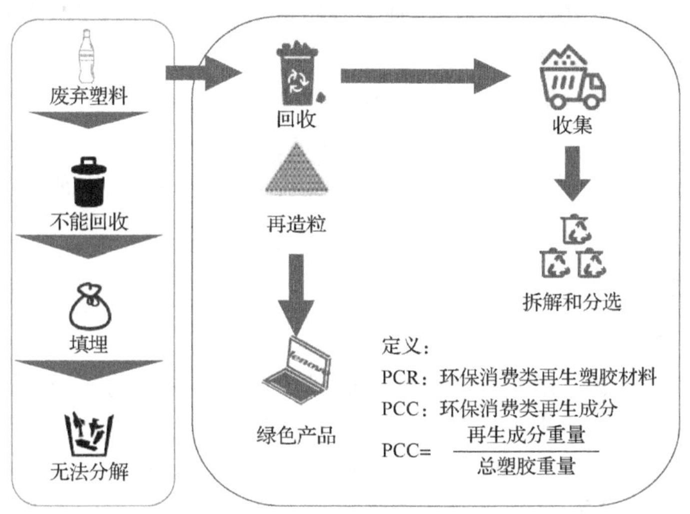

图 8-9　废弃物处理图示

联想有意识地扩大 PCC 在产品种类中的使用比例，逐渐扩展至包括 PC、服务器、显示器等在内的 PC+产品，并且所有材料均通过环保和性能认证。据测算，十年来，联想共计使用了约 9 万吨的 PCC，相当减排了约 6 万吨 CO_2。

（4）对供应商进行培训

2008 年以来，联想定期举办全球供应商环境标准与法规大会。通过宣传联想全球环境政策、方针、目标与指标，推动供应商全面合规、携手供应商提升自身环境表现。

8.3.3　绿色生产

（1）低温锡膏技术助力绿色生产

联想攻克了锡膏生产过程中的难题，提出了创新的低温锡膏工艺。这不但可以降低生产过程的温度帮助减少 CO_2 的排放，也可以废除锡膏中铅的使用，大幅提高印制电路板的良率。预计这项工艺每年可减少约 6000 吨 CO_2 的排放，相当于每年少消耗约 250 万升的汽油。

（2）"智造"助推绿色生产

通过联想私有云解决方案，实现了同城异地双活数据中心，保证了现有硬件资源下关键业务的连续可用性，而且整体架构具备高扩展性，可随时满足新业务需求；解决了联想以往多系统信息孤岛、重要数据无法共享的难题，大幅提升效率，降低耗电量，减少 CO_2 排放。

目前，联想一套 IT 应用系统上线时间从 60 天缩短为 1 天；系统实现了 99.99%的稳定性，每年停机时间不超过 1 小时；PUE（评价数据中心能源效率的指标）小于 1.67，每年节电 20 万千瓦时，减少碳排量 160 吨，应用成本整体降低 60%。

（3）可再生能源的替代利用

联想致力于在可行的情况下安装本地可再生能源发电装置。2016 财年，联想光伏太阳能电池板安装完毕并开始发电。依托公司的屋面和仓库资源，智慧光伏电站项目预计总装机容量达 11 兆瓦，年发电量约 1100 万千瓦时，可减排 CO_2 11 000 吨。

8.3.4　绿色物流

（1）具体措施

联想在 2012 财年确定产品运输的碳排放基准，用以协助监测联想的物流过程。通过与 DHL（德国邮政敦豪）紧密合作，联想持续优化物流方案，以最环保的方式运输产品。联想持续收集并计算产品运输排放量数据，工作和计划包括扩大排放数据收集范围到新增主要供应商，评估成本和排放量的关系，并仔细检查上游运输及配送的排放量。

（2）实施成效

联想全球运输团队与研发团队携手，针对空运开发出的全新轻型托盘仅 9.8

千克左右，深圳工厂已于 2016 年 3 月开始使用并于 2016 年 9 月前已推广到联想原始设计制造商。该举措将每年减少约 6600 吨 CO_2 当量排放。2016 年 5 月，联想中国手机制造商完成从使用木托盘向使用轻型胶合板托盘的转变，该转变每年可减少 4160 吨 CO_2 当量排放。联想全球运输团队还积极推广从中国到欧洲的货运采用铁路运输，已有 600 个以上的集装箱经由铁路运抵欧洲。全球运输团队也大力推动海洋运输业整合，减少中国制造厂的集装箱运输量。在亚太地区，联想是亚洲绿色航运网络（GFA）的创会成员，目标是促进及提高亚洲货运燃油效率，减少空气污染。在北美地区，联想是获得美国环保署 SmartWay 认证的伙伴。2018 年联想拓展了 SEC（shipping to end customers）体系，即为支持联想中国直供客户模式搭建的一套仓配一体、统仓共配物流管理体系。这个体系覆盖多种功能，如订单管理、仓储管理、配送管理以及可视化管理。这个体系使整个链条均处于统仓、统配的绿色模式，更适应联想做全新零售。2019 年联想加速了与全球 100 多家合作伙伴推进“绿色行动计划”，从仓储、包装到运输配送各环节展开“绿色”建设，实行无塑料物流。2019 年联想实施《绿色物流指标构成与核算方法》（GB/T 37099—2018）支撑联想物流业高质量、可持续发展。2019 年 11 月市场建设司郑书伟副司长对联想智能物流和区块链应用赞赏有加。2019 年联想集团在中国社会责任公益盛典暨第十二届中国企业社会责任峰会上获得了绿色环保奖。

8.3.5 绿色回收

1）着力于最大限度地控制产品生命周期的环境影响，加大对可再利用产品和配件的回收。同时，在全球范围内为消费者和客户提供包括资产回收服务在内的多种回收渠道，并进一步进行无害化处理，以满足特定消费者或地域需求。

2）实施成效。自 2005 年以来，联想共计从全球客户手中回收了约 9 万吨废弃产品，自身运营和生产产生的废弃产品回收达到了 6 万吨。联想也积极参与工业和信息化部牵头的四部委回收试点示范工作，是第一批入围该名单的 ICT（information and communications technology，信息与通信技术）企业。近几年，联想固体废弃物产生量及处理情况如表 8-3 和图 8-10 所示。

表 8-3 联想固体废弃物产生量 单位：吨

类别	2011～2012 财年	2012～2013 财年	2013～2014 财年	2014～2015 财年	2015～2016 财年
有害固废	11	13	27	210	79
无害固废	16.765	20.089	27.317	35.945	40.042

注：2014～2015 财年，联宝科技工厂集中处理累积的有害固废，故数量较其他年份有较大增长。

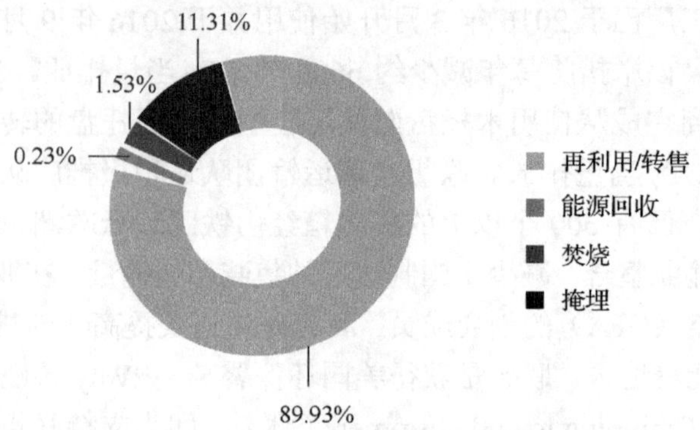

图 8-10 联想固体废弃物的处理

8.3.6 绿色包装

（1）具体措施

联想非常重视增加包装中回收材料种类、可回收材料的比例、减少包装尺寸、推广工业（多合一）包装和可重复使用包装。

（2）实施成效

自 2008 年以来，联想共计减少超过 2000 吨的包材的消耗。具体情况如下。

1）ThinkCentre 台式和 Lenovo 笔记本产品实现 100%再生料的包装（纸浆模塑和热塑）的配套使用。

2）Think 产品的纸箱已认证至少含有 50%的回收材料。对于整体瓦楞纸箱包装而言，回收料含量平均超过 70%。

3）95%的 ThinkPad 和 20%的 ThinkCentre 产品使用 100%再生料作为缓冲材料。

4）轻量化的包装将栈板利用率提升 33%，助力碳减排。

5）取消纸版用户手册，每年节省大约 3.5 亿张印刷页。

第 9 章　伦理决策下绿色供应链管理现状及发展

当前，环境问题日益突显，商业伦理问题频频涌现，各类企业在提升自身经济绩效的同时，还需兼顾环境绩效和社会绩效，这就要求企业提升自身实力，以及相关供应链上成员企业的环境管理能力和社会责任能力，从而获得最大效应及竞争优势。前面章节主要对伦理决策下绿色供应链管理实践及其影响因素进行了理论阐述与实证分析，并且将伦理决策与绿色供应链管理实践之间的相关性及其影响力进行了分析，还探讨了伦理决策下实施绿色供应链管理的对策与建议。本章主要是总结本书的发现，将本书所获得的结论进行阐述与总结，指出本书在哪些方面还存在着一些局限性，并提出今后将关注与研究的方向。

9.1　伦理决策下绿色供应链管理现状

随着经济和社会的进步，社会道德建设与绿色供应链管理不断深入与发展，从单个企业发展到全球化，从满足政策法规要求发展到公司战略选择。越来越多的企业不仅对绿色供应链上合作成员的赢利负责，而且对整条供应链上的环境负责，并承担相应的社会道德责任。

绿色供应链在绿色经济和环境可持续发展中起着至关重要的作用。“可持续供应链”“绿色供应链”“环保供应链”“亲环境供应链”等概念在已发表的科研论文中被互换使用。事实上，绿色供应链的关键目标是在不影响企业财务绩效的前提下改善企业环境，建立竞争优势。在工业化时代之后，环境污染、气候变化和全球变暖成为政府当局面临的最大挑战。绿色供应链以更好的形象和声誉改善企业的经济，而可持续/绿色供应链通过不同的绿色技术，包括在生产和物流运营中使用可再生能源，构建无污染的环境，减少碳排放和浪费。此外，产品的生态设计、回收和再制造技术显著缓解了废弃物问题，具有更好的环境可持续性。许多研究者对此进行研究，旨在寻找绿色实践、伦理领导与可持续供应链间的联系，结果发现了混合和不确定的结果，道德领导、内部环境管理和绿色信息系统可能支持和激励企业采用绿色供应链管理实践。但研究发现，道德领导对公司没有影响。采用绿色实践，包括产品的生态设计、绿色包装和分装、绿色营销和分销、逆向物流、可再生能源/生物燃料在运输和物流运营中的应用、绿色采购、绿色供应商选择、绿色仓储、绿色生产、再制造和回收技术等。此外，这些绿色实践还提高了企业的财务、环境、社会和运营绩效；绿色实践还降低了产品成本，并提供了出口机会。

在激烈的市场竞争中，绿色供应链管理是一种重要的管理模式，其管理成效决定着企业能否在市场上占有一席之地。企业在关注经济效益的同时还需注意环境效益和社会效益（企业伦理问题是当今社会效益中的焦点话题），即企业在追求利润的过程中，还应注重环境责任和遵循道义准则。企业开展绿色供应链管理不管是实行了有利于自然界的环保行为和有利于社会的伦理道德，还是实行了危害自然界的环保行为和危害社会的伦理道德，背后都隐藏着企业的伦理决策过程。这就要求供应链中各成员企业提高环境管理能力和伦理管理意识，从而获得可持续竞争优势。显然，在伦理决策下实施绿色供应链管理有助于实现这个目标。

研究国内外文献发现，成功实施绿色供应链管理需要加强企业伦理建设和重视环境管理，以及协调整条供应链关系。目前，在全球可持续发展的背景下，社会道德不断强化，环境规制更加规范，消费者绿色需求持续高涨，企业面临着重重压力。因此，在伦理决策下实施绿色供应链管理成为一种现实性与必然性趋势。通过对当前文献分析得知，探讨伦理决策对绿色供应链管理实践影响的研究成果非常少，而我国企业对伦理问题的重视也只是处于起步阶段。因此，为了加快伦理决策下绿色供应链管理实践的实施进度，企业必须把过去与供应商、销售商、客户等外部利益相关者的竞合关系变为互助关系，以“整体最佳”的思想整合资金流、物流和信息流，从企业内外部加强伦理建设，从战略的高度重视环境管理，通过整条供应链的价值增值来实现企业整体效益的增值。面对目前国内外复杂形式，绿色供应链管理的理念、方法和模式只有符合当今社会道德意识和环境管理制度，才能促进绿色供应链管理水平的提高，进而实现企业的可持续发展。

本书通过问卷调查和实地访谈，利用 SPSS 17.0 中的因子分析、相关分析、回归分析和 Lisrel 8.7 的验证性因子分析，实证分析了伦理决策对绿色供应链管理实践的影响。

9.1.1 伦理决策下实施绿色供应链管理的重要性

通过对相关文献研究，发现针对绿色供应链管理的研究主要是从绿色供应链基础理论、管理模式、影响因素、机制决策、绩效评价和以制造商为核心等方面进行探讨。本书结合当前对社会道德与环境管理的重视及发展趋势，提出在伦理决策下企业实施绿色供应链管理的可行性。这是因为在当今复杂的国际经济形势下，注重伦理道德的企业在激烈的市场竞争中立于不败之地，经济绩效遥遥领先。在伦理决策下实施绿色供应链管理模式对企业是非常重要的，因为伦理决策已成为绿色供应链企业实现“整体最佳”的重要条件及绿色供应链管理自身，绿色供应链内部、成员企业合作、绿色供应链与外部环境交往互动等都有着明显的伦理决策特征。重要性主要表现为以下几个方面：第一，绿色供应链管理长久发展需要合理的伦理决策；第二，政府监管力度加大，要求在伦理决策下实施绿色供应链管理；第三，社会责任高调推出，要求通过合理伦理决策实施绿色供应链管理；第四，伦理决策是绿色供应链企业持续发展的关键影响因素。

9.1.2　伦理决策与绿色供应链管理实践的主因素

通过对相关文献的回顾与梳理，以及与伦理学专家和供应链专家的座谈，得出伦理决策的测量题项及绿色供应链管理实践的测量题项，设计成问卷，并通过因子分析，获得了伦理决策的主因素，即“伦理认知”“伦理判断”“伦理行为”；获得了绿色供应链管理实践的主因素，即“绿色采购管理”“内部绿色管理”“环境伦理管理”。

9.1.3　伦理决策与绿色供应链管理实践的相关性

通过 SPSS 17.0 软件，运用 Spearman 分析法，本书得到的结论是：绿色供应链管理实践主因素与伦理决策主因素之间存在很强、较强或一般的相关性。针对供应商的“绿色采购管理”实践与伦理决策中“伦理行为”存在着很强的正相关性，与“伦理认知”和“伦理判断”存在着较强的正相关性；企业自身的“内部绿色管理”实践与伦理决策中“伦理认知”和“伦理行为”存在着较强的正相关性，与“伦理判断”存在着一般的正相关性；针对利益相关者的“环境伦理管理”实践与伦理决策中“伦理行为”存在着较强的正相关性，与“伦理判断”存在着一般的正相关性。

9.1.4　伦理决策主因素对绿色供应链管理实践主因素的影响关系

现代企业的竞争由企业间品牌竞争转为供应链之间的竞争，绿色供应链管理中企业遵守伦理规范，已成为企业提高竞争优势、顺应时代发展趋势的必然要求。因此，为了在合理的伦理决策下实施绿色供应链管理，我们不能只单单关心本企业的经济目标，还要注重供应链上企业合作、信息共享、制度约束，主动适应全球采购规律，构建伦理决策机制，并将企业伦理渗透到日常管理活动、企业战略、企业交易活动等各个方面，使企业在追求经济利益的同时，实现伦理道德与利润的双赢，并不断提高伦理决策意识，把企业对环境和社会的责任当作最高目标，而把利润看作企业实现“三重底线”的副产品，从而超越功利主义，达到利润、道德、环境与社会的完美协调，实现“四轮驱动”，伦理决策主因素对绿色供应链管理实践主因素的影响关系具体表现如下。

1）伦理决策中的“伦理认知”“伦理判断”“伦理行为”对“绿色采购管理”实践有着显著的正向影响作用。

2）伦理决策中的“伦理认知”“伦理判断”“伦理行为”对“内部绿色管理”实践有着显著的正向影响作用。

3）伦理决策中的“伦理判断”“伦理行为”对“环境伦理管理”实践有着显著的正向影响作用，“伦理认知”对“环境伦理管理”实践影响作用不显著。

9.1.5 伦理决策下绿色供应链风险评价机制模式

为了提高绿色供应链上合作伙伴的合作度，减少因为合作伙伴而出现社会道德不良的风险，本书构建了伦理决策下绿色供应链风险评价机制模式，提出的伦理决策下绿色供应链风险管理体系结构主要从伦理决策过程、对象、目标和风险评价指标探讨绿色供应链管理的实施；设计的绿色供应链风险评价指标体系主要包括绿色采购管理风险、内部绿色管理风险和环境伦理管理风险；设计的伦理决策下绿色供应链风险评价流程包括 6 个阶段，即数据获取阶段、过程迭代阶段、分析识别阶段、监测结果阶段、交流沟通阶段和方案处理阶段。本书利用层次分析法与模糊综合得分法探讨与合作伙伴合作的风险程度，发现伦理决策下绿色供应链风险预警度可以用四种形式表现，可根据四种情况选择是否与合作企业进行合作。

9.1.6 伦理决策下实施绿色供应链管理的途径

（1）建立了伦理决策下绿色供应链管理评价体系

绿色供应链是由各个企业为了各自利益组成的一条共同利益链，主要目的是通过提高链条上的价值增值使各自企业的绩效增加。通过实证分析，发现为了获得竞争优势，要创建符合伦理决策的绿色供应链管理竞争力评价体系，即从社会信任、社会责任、知识共享、信息共享和有效治理等方面实现环境与伦理决策方面的合作；为了增强信任度，要建立绿色供应链管理企业信任评价体系，具体的评价步骤为确定评价指标和进行信任评价；绿色供应链管理的实质不仅仅是经济、环境和技术问题，更重要的是企业伦理和企业价值问题，因此要建立绿色供应链管理企业环境伦理评价体系，主要从环境价值观、环境意义上的人类道德行为、生活实践中的环境文化等方面进行建设。

（2）提出了伦理建设对绿色供应链管理的重要性

在当今社会道德不断强化的形式下，实施绿色供应链管理要加强伦理道德建设，伦理道德建设主要从外部伦理建设、企业间伦理建设和企业内部伦理建设 3 个方面进行。外部伦理建设主要包括正确地利用社会舆论、构建完备的法律体系和强化社会的严密监督；企业间伦理建设主要包括构建系统的激励机制、建立供应链上企业间的相互监督和建设供应链企业间伦理沟通机制；企业内部伦理建设主要包括内部伦理管理制度化、强化内部伦理沟通和加强伦理教育与培训。

（3）提出了伦理决策下绿色供应链利益分配的保障措施

从企业目标、企业合作、信息共享、制度约束入手对绿色供应链利益保障进行分析，得出的结论是实现“四轮驱动”。具体的措施：一是促进合作措施，包括完善合作伙伴选择标准、实行合作伙伴动态评审、进行合作激励；二是制度约束措施，包括规范企业道德契约、进行行为约束、主动适应全球采购规律；三是社会信用措施，包括发挥绿色供应链管理中信用调节器作用，建立绿色供应链管理企业间信息交流平台，组建绿色供应链管理企业伦理协商小组；四是“推”与“拉”措施，包括发挥政府的主导作用，加强绿色供应链的规范管理，规范链内各企业的内部管理。

（4）探讨了慈善伦理推进绿色供应链管理的实践路径

我国企业的绿色供应链管理还存在被动性、强迫性、道德性、水平低、层次低等诸多问题，从慈善角度考虑企业绿色管理的就更加少之又少。这些情况的出现，既与企业对经济效益的关注、对慈善行为的道德性与功利性之间关系的考虑有关，又与企业的外部因素即政府导向、法律法规、社会舆论等因素有关。因此，从政府向度、企业向度和媒体向度探讨了我国企业应该从慈善伦理角度推进绿色供应链管理实践。政府向度探讨了从慈善理念引导企业实施绿色供应链管理；企业向度探讨了从慈善责任促进企业实施绿色供应链管理；媒体向度探讨了从慈善宣传带动企业实施绿色供应链管理。

9.2　伦理决策下绿色供应链管理发展

9.2.1　伦理决策下绿色供应链管理发展中的问题

由于相关的研究成果比较少，加之笔者学识水平及能力有限，并且受到调研所在地片面性的影响，本书的研究还存在着一些不足之处，主要体现在以下几个方面。

（1）地域片面性造成研究的不完整性

由于地域片面性影响了本书的完整性，同时也影响了研究结论的普遍性。在实地调查上，本书主要选择湖南与广东对生态环境影响较大的企业，调查问卷发放地主要是长沙、张家界、广州、深圳，在上海、武汉、大连、成都也发放了一些问卷。总体来说，问卷发放范围相对较小，同时样本的数量也不够多，只回收了 152 份有效问卷，调查结果是否适合我国所有地区有待验证。本书没有对消费者及公众进行调研。另外，由于伦理决策和绿色供应链管理知识专业性比较强，在企业员工中没有普及，可能影响被调查者对问卷题项的理解，这在一定程度上会影响调查问卷回答的准确度。

（2）实证研究方法单一性造成对问题描述不精确

本书实证研究主要是在调查问卷的基础上进行的。因此，调查问卷题项的设计十分重要，从伦理决策视角研究绿色供应链管理实践在国外属于较新的领域，在国内可以说是一个全新的领域，我国近几年只是对供应链管理伦理问题进行过研究，本书问卷的题项主要是参考国外学者的相关研究文献及国内供应链管理伦理问题的研究文献，加之相关文献可能存在一些语言错误。在发放问卷之前，对一些企业的中高层领导进行深度访谈，但是访谈的企业及人数非常有限。有些样本数据通过网络调查得来，无法监控其填写问卷过程。这些问题可能导致问卷题项设计的片面性，需要逐步完善。另一个问题是本书采用了探索性因子分析，而探索性因子分析的局限性是存在共线性问题，会造成因子描述的重复性。此外，提取的主因子虽然累计贡献率比较高，但是不能解释全部现象。

（3）理论探讨的深度还不够

本书理论方面的不足主要为没有对伦理决策进行理性与非理性的探讨。

9.2.2 伦理决策下绿色供应链管理发展中的展望

本书主要是从伦理决策视角探讨绿色供应链管理实践及其影响因素，分析在绿色供应链管理模式下，如何使利润、环境、道德与社会完美协调，从而促使企业可持续发展。根据伦理决策下绿色供应链管理实践情况，笔者认为后续研究可从以下几个方面做更深入的探讨。

（1）拓展样本量及覆盖面，多种研究方法结合运用

首先，为了使所得结论更有说服力及适应性，可以适当地增加样本量和扩大调查区域。一是针对更多的企业进行调查，并对消费者及公众进行调查与访谈，同时增加样本数量，将本书的结论与增加样本的结论进行对比分析，检验是否一致；二是拓展样本覆盖区域，即到更具有代表性的城市抽取样本，同时进行比较研究，如比较不同区域的伦理判断、环境伦理管理等。其次，多种研究方法结合运用。在调查问卷的基础上，增加新的研究方法。例如，同时运用结构方程模型进行研究，检验因子设计与提取是否合理，这样可以尽量避免共线性或因变量缺失问题，从而使研究结论更具有合理性与科学性。再次，因子分析中所获得的主因子累计贡献率虽然比较高，但不能解释所有信息，有些因素还没考虑到，如领导者的素质对于企业制定伦理决策实施绿色供应链管理有着非常重要的作用。因此，可以进一步完善调查问卷，并制定评估伦理决策和绿色供应链管理实践的量表。

（2）选择更科学的伦理决策下绿色供应链风险评价指标

伦理决策下绿色供应链风险评价及其管理是企业从优秀走向卓越的必要过程。为了使本书设计的评价指标体系能够真正帮助到供应链上企业，切实可行地对绿色供应链上企业进行风险度评价，还需要在以下几个方面进行研究与完善：一是关于伦理决策下绿色供应链风险评价指标的数据搜集与积累，即如何建立企业数据信息共享机制；二是伦理决策下绿色供应链风险评价指标体系中存在大量的定性成分和不确定因子，加之不同行业的绿色供应链的影响指标侧重点又各不相同，要加强对评价指标体系的验证，以便在不同行业中增加评价指标体系的通用性；三是绿色供应链风险评价强调的是伦理责任绩效，而企业的经营目标又是实现自身经济利益的最大化，如何解决这一矛盾，真正对企业伦理决策下绿色供

应链风险度进行评价将是今后关注和研究的重点。

（3）针对某一行业或企业进行实际的应用研究

国外对企业伦理决策的研究比较成熟，并且在伦理决策视角下探讨绿色供应链管理也有了一定的研究。但在国内，只有极少数学者对供应链管理中的伦理问题进行过研究，没有把伦理决策应用到绿色供应链管理中来。国外的经验表明，在伦理决策下实施绿色供应链管理做得非常成功的都是实力雄厚的企业，而本书的结论主要是基于伦理决策对绿色供应链管理实践的影响而获得的。如果针对某一行业或某一实力较雄厚的具体企业进行实证研究或案例分析，能够为企业提供一些更有针对性的解决对策，以及为政府提供更有价值的管理方法与决策，从而更好地推动与开展伦理决策下绿色供应链管理实践。

参考文献

包庆德，2007．唯物史观视野中的“环境伦理”[J]．中国社会科学院研究生院学报（2）：59-67．

蔡双立，高阳，2019．道德解脱与归因：企业非伦理行为面前员工为何保持沉默[J]．商业经济与管理（2）：30-40．

曹海英，2012．零售商主导型绿色供应链管理实践及制约因素的实证研究[D]．天津：天津财经大学．

曹柬，吴晓波，周根贵，2013．制造企业绿色运营模式演化及政府作用分析[J]．科研管理（1）：108-115．

曹景山，曹国志，2007．企业实施绿色供应链管理的驱动因素理论探讨[J]．价值工程（10）：56-60．

陈红兵，2004．企业伦理行为的经济学分析[D]．成都：四川大学．

陈乐，2009．绿色供应链风险问题研究[J]．集体经济（11）：201-221．

陈丽君，2005．问题发现研究方法和模式的探析[C]．第十届全国心理学学术大会．

陈莫，2004．蚂蚁也能与大象共舞：美国银矿咨询集团总裁保罗·凯利谈生产商与沃尔玛合作策略[J]．当代经理人（5）：30-32．

陈银飞，茅宁，2014．心理距离、伦理判断与供应商伦理管理[J]．管理科学，27（3）：83-93．

但斌，刘飞，2000．绿色供应链及其体系结构研究[J]．中国机械工程（11）：40-42．

恩德勒 J，霍曼 C，2001．经济伦理学大辞典[M]．上海：上海人民出版社．

范瑾，2014．基于 ISM/AHP 方法的循环农业绿色供应链管理影响因素研究[J]．安徽农业科学，42（28）：9962-9965．

福诺布龙 C J，范里尔 C B M，2004．声誉与财富[M]．郑亚卉，刘春霞，译．北京：中国人民大学出版社．

付磊，2008．基于可持续发展的绿色供应链管理设计策略研究[D]．长春：吉林大学．

付维会，2013．中国企业员工伦理行为量表的建构[J]．软科学，27（4）：106-110，115．

富琳珊，刘婷婷，闫阳雨，2015．基于食品行业供应链分析的企业伦理建设[J]．食品安全导刊（17）：64-65．

高玥，2010．旅游供应链中的伦理管理问题研究[J]．经济研究导刊（35）：200-201．

顾逊里，2006．供应链管理伦理问题研究[D]．上海：上海社会科学院．

郭斯萍，柳林，2017．儒家伦理认知思想初探[J]．江苏师范大学学报（哲学社会科学版），43（1）：136-142．

韩玉玲，2015．生态文明建设视域下政府绿色采购研究[J]．东岳论丛，36（3）：160-164．

何景涛，2018．自然决策理论视角下的企业伦理决策[J]．实验室研究与探索，37（12）：270-273．

胡敏，2014．中国商业银行声誉风险度量研究[D]．长沙：湖南大学．

黄湘萌，刘奕昕，马海金，等，2018．苏州市中小企业履行社会责任对绿色供应链管理绩效影响的研究[J]．中国市场（36）：157-158．

贾文军，2018．绿色采购研究综述[J]．管理观察（8）：84-85．

金杨华，吕福新，2008．关系取向与企业家伦理决策：基于“浙商”的实证研究[J]．管理世界（8）：100-106．

金杨华，郝洁，叶燕华，2016．道德解脱和惩罚知觉对伦理决策的影响[J]．商业经济与管理（6）：35-43．

雷翔虎，孙功苗，2008．基于核心企业和供应商视角的绿色供应链管理策略探讨[J]．商品储运与养护（5）：34-36．

李林波，2007．企业营销决策的伦理判断研究[D]．北京：北京交通大学．

李玲，2011．技术创新网络中企业间依赖、企业开放度对合作绩效的影响[J]．南开管理评论，14（4）：16-24．

李玲芳，洪占卿，2015．关于双向声誉机制的作用机理及有效性研究[J]．管理科学学报，18（2）：1-12．

李培超，2012．论中国环境伦理学本土化建构的目标指向[J]．中国地质大学学报（社会科学版）（4）：58-65．

李强，塔娜，曾繁博，2014．我国慈善事业协同治理机制研究：基于供给主体的视角[J]．中国集体经济（34）：74-75．

李随成，杨婷，2009．知识共享与组织学习对供应链企业间研发合作绩效的影响研究[J]．科技进步与对策，26（10）：97-103．

李欣，2018．我国企业绿色采购的战略价值研究：以华润万家连锁超市为例[J]．市场论坛（4）：56-58．

李艳平，2010．广西传统制造业绿色供应链风险评估与控制对策研[D]．柳州：广西工学院．

梁晓晖，2009．改进模式促进责任履行：国际供应链采购模式对中国企业社会责任表现的影响[J]．WTO 经济导刊

（2）：61-63.
刘彬，朱庆华，2005. 基于绿色采购模式下的供应商选择[J]. 管理评论（4）：32-36.
刘辉煌，李峰峰，2004. 基于诚信的企业家声誉机制问题探析[J]. 消费经济（2）：7-9.
刘景光，2007. 当前中国企业供应链中的伦理管理问题探析[J]. 特区经济（9）：289-290.
刘李琨，张薇，战杜鹃，2019. 新时期我国自然保护地体系建设的环境伦理审视[J]. 环境保护，47（Z1）：35-40.
刘笑，2008. 面向珠三角制造企业的绿色供应链管理研究[D]. 广州：广东工业大学.
刘雨桐，刘丽红，2018. 道德判断的自利偏差对亲组织非伦理行为的影响：道德辩护的中介作用[C]. 第二十一届全国心理学学术会议摘要集：1011-1012.
刘长明，苏宝梅，2005. 伦理学的革命：从单向伦理到双向不对称伦理到双向和谐伦理[J]. 文史哲（4）：123-132.
鲁良明，2011. 关系对企业家非伦理决策影响机制的实证研究[D]. 杭州：浙江大学.
陆晓禾，1998. 论经济价值与伦理价值[J]. 毛泽东邓小平理论研究（1）：91-96.
罗宾斯 S P，2012. 管理学[M]. 11 版. 北京：中国人民大学出版社.
罗国杰，1996. 坚持集体主义还是“提倡个人主义”[J]. 求是（14）：16-21.
罗平莉，2008. 商业伦理研究的基本问题与整体思路[J]. 阴山学刊（1）：80-84.
吕灿灿，2013. 道德解脱对管理者伦理决策过程的影响研究[D]. 杭州：浙江工商大学.
吕青，2019. 姑息照护中的生命照顾、人文关怀及伦理认知：基于喉癌患者疗护的视角[J]. 中国医学伦理学，32（3）：308-312.
马丽娟，2012. 绿色供应链风险的模糊综合评价[J]. 中国流通经济（11）：53-57.
马士华，2000. 论核心企业对供应链战略伙伴关系形成的影响[J]. 工业工程与管理（1）：24-27.
毛帅，2014. 绿色采购环境下的供应商选择研究[J]. 中国新技术新产品（9）：174-175.
亓迪，2018. 英国社会工作伦理决策模式介绍[J]. 中国社会工作（13）：54-55.
佘正荣，2006. 生命共同体：生态伦理学的基础范畴[J]. 南京林业大学学报（人文社会科学版）（1）：14-22.
孙宝连，闫秀霞，2018. 企业实施全面绿色管理的绿色价值与生态文明效应[J]. 经营与管理（9）：33-36.
陶菁，顾庆良，2009. 基于供应链视角的企业社会责任[J]. 求索（5）：8-10.
唐纳森 T，2001. 有约束力的关系[M]. 赵月瑟，译. 上海：上海社会科学院出版社.
田虹，2015. 企业环境伦理对绿色创新绩效的影响研究[J]. 西安交通大学学报（社会科学版）（3）：7-14.
田虹，姜雨峰，2015. 社会责任履行对企业声誉影响的实证研究：利益相关者压力和道德滑坡的调节效应[J]. 吉林大学社会科学学报，55（2）：71-79.
汪鸿，2012. 企业伦理视角下旅行社供应链系统优化分析[J]. 商业时代（10）：92-96.
王静怡，2012. 关系对伦理决策影响的实验研究[D]. 杭州：浙江大学.
王克岭，姚建文，2008. 道德的管理者语境下企业决策的伦理思考[J]. 企业经济（3）：28-30.
王丽杰，刘宇清，2014. 浅议绿色供应链风险管理[J]. 社会科学战线（7）：255-256.
王能民，孙林岩，汪应洛，2005. 绿色供应链管理[M]. 北京：清华大学出版社.
王群，喻勇，陈端颖，2014. 大学生网络信息伦理认知现状分析[J]. 福建电脑，30（5）：87-88.
王永跃，2015. 伦理型领导如何影响员工创造力：心理安全感与关系的作用[J]. 心理科学，38（2）：420-425.
王站杰，买生，李万明，2017. 企业社会责任对战略风险的影响：伦理决策的调节作用[J]. 大连理工大学学报（社会科学版），38（4）：26-32.
王中原，罗文俊，2003. 商业伦理热点难点问题研究综述[J]. 湖南税务高等专科学校学报（2）：42-44.
邬旭东，2015. 理顺政府与市场关系下的地方本科高校转型发展[J]. 蚌埠学院学报，4（6）：152-155.
吴红梅，焦凌佳，2010. 商业伦理决策中个体差异研究述评[J]. 网络财富（12）：270.
吴建材，2015. 基于绿色供应链管理的低碳产业集群发展道路[J]. 物流技术，34（4）：183-185.
武晓峰，2011. 情感、理性、责任：个人慈善行为的伦理动因[J]. 道德与文明（2）：106-111.
徐学军，石现，黄建辉，2008. 供应链运作计划的集成研究[J]. 科学学与科学技术管理（2）：138-141.

许淑萍，2014. 伦理决策的组织环境探析[J]. 哈尔滨市委党校学报（6）：91-95.

宣兆凯，2005. 环境伦理走向实践的路径探索：建构以环境保护机制效能为取向的环境伦理[J]. 北京师范大学学报（社会科学版）（4）：85-88.

闫语，2018. 网络伦理失范现象及哲学思考[J]. 学理论（8）：92-93.

颜爱民，曾莎莎，2018. 亲领导非伦理行为的成因：来自变革型领导的影响[J]. 中国人力资源开发，35（9）：63-72.

颜江，2007. 家电企业绿色供应链管理中的风险研究[J]. 现代管理科学（7）：49-50.

杨光勇，计国君，2011. 构建基于三重底线的绿色供应链：欧盟与美国的环境规制比较[J]. 中国工业经济（2）：120-130.

杨桂侠，2010. 构建企业内部绿色管理模式[J]. 现代企业（5）：12-13.

杨红娟，2007. 企业实施绿色供应链管理的激励机制探讨[J]. 经济问题探索（3）：161-164.

杨建锋，明晓东，2017. 中国情境下团队伦理决策的过程机制及影响因素[J]. 心理科学进展，25（4）：542-552.

杨栩，廖姗，2018. 环境伦理与新创企业绿色成长的倒U型关系研究[J]. 管理学报，15（7）：1040-1047.

叶飞，张婕，2010. 绿色供应链管理驱动因素、绿色设计与绩效关系[J]. 科学学研究，28（8）：1230-1239.

袁媛，张佰明，2018. 第二届网络伦理论坛会议综述[J]. 宁夏师范学院学报，39（11）：111-112.

张晨云，2011. 浅析绿色供应链管理的实施[J]. 物流工程与管理，33（1）：66-67.

张迪，2018. 核心企业伦理型领导与供应链合作创新绩效的关系[J]. 商场现代化（14）：99-100.

张龙杰，2016. 我国慈善组织的信任危机研究[J]. 齐齐哈尔工程学院学报，10（4）：42-46.

张娜，张剑，赵晓，2014. 道德决策中组织因素和道德强度影响研究综述[J]. 商业时代（3）：117-119.

张溢木，2016. 企业伦理委员会促使企业履行社会责任[N]. 学习时报（2）.

赵宝春，钟立文，2016. 非伦理消费情景下伦理判断对行为意愿的影响[J]. 软科学，30（10）：131-135.

赵丽琼，2006. 商业伦理的构建——公司治理的一个视角[J]. 商业研究（21）：61-64.

赵明，2015. "伦理法"的世界[J]. 政治法学研究，3（1）：121-135.

赵一平，朱庆华，谢英弟，2008. 绿色供应链管理的系统动力机制研究[J]. 科技管理研究（2）：152-155.

赵永全，孙宝安，2015. 绿色供应链中合作企业信用评价研究[J]. 物流工程与管理，37（3）：128-130.

郑江艳，类延村，2010. 图书馆员伦理的认知与建构[J]. 图书馆学研究（1）：31-33.

周怀峰，谢长虎，2015. 强互惠、非强互惠第三方惩罚与群体合作秩序[J]. 中国行政管理（5）：97-103.

朱平，2016. 环境伦理认知的价值视域[J]. 南京工业大学学报（社会科学版），15（3）：34-39.

朱庆华，2009. 影响企业实施绿色供应链管理制约因素的实证分析[J]. 中国人口·资源与环境，19（2）：83-87.

朱庆华，2013. 绿色供应链管理：理论与实践[M]. 北京：科学出版社.

朱庆华，耿勇，2004. 中国制造企业绿色供应链管理因素研究[J]. 中国管理科学（3）：81-85.

朱庆华，田一辉，2010. 企业实施绿色供应链管理动力模型研究[J]. 管理学报，7（5）：723-727.

朱庆华，赵清华，2005. 绿色供应链管理及其绩效评价研究述评[J]. 科研管理（4）：3-98.

朱贻庭，段江波，2014. 善心、善举、善功三者统一：论中国传统慈善伦理文化[J]. 上海师范大学学报（哲学社会科学版），43（1）：21-27.

ABDALLAH T, FARHAT A, DIABAT A, et al., 2012. Green supply chains with carbon trading and environmental sourcing: Formulation and life cycle assessment[J]. Applied Mathematical Modelling, 36(9).

ABRAHAM J, PEA A G, 2018. Can proneness to moral emotions detect corruption? The mediating role of ethical judgment based on unified ethics[J]. Kasetsart Journal of Social Sciences, 13(7): 7-13.

ACQUAYE A A, BARRATT P, TOPI C, et al., 2012. Green supply chain management: the development of supply chain carbon maps[J]. Engineering Management and Economics, 3(3): 175-192.

AERTS W, CORMIER D, MAGNAN M, 2006. Intra-industry imitation in corporate environmental reporting: an international perspective[J]. Journal of Accounting and Public Policy, 25(3): 299-331.

ALAM K F, 1993. Ethics in New Zealand Organisations[J]. Journal of Business Ethics, 12(6): 433-440.

ANDERSON I, GRIEW R, MCAULLAY D, 2003. Ethics guidelines, health research and Indigenous Australians[J]. New Zealand Bioethics Journal , 4(1): 20-29.

ANDRES R, 2016. Madness, poverty and society: when poverty becomes mental illness[J]. Vertex (Buenos Aires, Argentina), 27(126): 94-99.

ANONYMOUS, 2014. The ethical supply chain conundrum[J]. Supply Management, 9(19): 28-30, 32.

APSAN H N, 2000. Running in nonconcentric circles: why environmental management isn't being integrated into business management[J]. Environmental Quality Management, 9(4): 69-75.

ARROW K J, 2009. Economic theory and the financial crisis[C]. Beijing Forum: 27-33.

AWASTHI V N, 2008. Managerial decision-making on moral issues and the effects of teaching ethics[J]. Journal of Business Ethics, 78(1/2): 207-223.

BANASIK E, BARUT M, KLOOT L, 2010. Socially responsible investment: labour standards and environmental, social and ethical disclosures within the SRI industry[J]. Australian Accounting Review, 20(4): 387-399.

BANDURA A, BARBARANELLI C, CAPRARA G V, et al., 1996. Multifaceted impact of self - efficacy beliefs on academic functioning[J]. Child Development, 67(3): 1206-1222.

BARNETT T, VALENTINE S, 2002. Issue contingent and marketers' recognition of ethical issues, ethical judgments and behavioral intentions[J]. Journal of Business Research(57): 338-346.

BARSKY,2011.Ethical academic judgments and behaviors: applying a multidimensional ethics scale to measure the ethical academic behavior of graduate students[J]. Ethics & Behavior ,4(22): 281-296.

BEAMON B M, 1999. Designing the green supply chain[J]. Logistics Information Manangement, 12(4): 332-342.

BEAMON B M, 2005. Environmental and sustainability ethics in supply chain management[J]. Science & Engineering Ethics, 2(11): 221-234.

BERLAN A, 2012. Ethical consumption: good chocolate? an examination of ethical consumption in cocoa[M]. New York: Berghahn Books.

BIGGEMANN S, 2012. The essential role of information sharing in relationship development[J]. Journal of Business & Industrial Marketing, 27(7): 521-526.

BINMORE K, 2010. Social norms or social preferences[J]. Mind & Society, 9(2): 139-157.

BOIRAL O, 2005. The impact of operator involvement in pollution reduction: case studies in Canadian chemical companies[J]. Business Strategy and the Environment, 14(6): 339-360.

BOONE C, 2010. Inducing cooperative behavior among proselfs versus prosocials: the moderating role of incentives and trust[J]. The Journal of Conflict Resolution, 54(5): 799-824.

BOWEN F E, COUSINS P D, LAMMING R C, et al., 2001. The role of supply management capabilities in green supply[J]. Production and Operations Management, 10(2): 174-189.

BROWN M T, 2006. Corporate integrity and public interest: a relational approach to business ethics and leadership[J]. Journal of Business Ethics, 66(1): 11-18.

BROWNING J, ZABRISKIE N B, 1983. How ethical is industrial buyers[J]. Industrial Marketing Management(12): 219-224.

CARROLL A B, 1979. A three-dimensional conceptual model of corporate performance[J]. The Academy of Management Review, 4(4): 497-505.

CARTER C R, KALE R, GRIMN C M, 2000. Environmental purchasing and firm performance: an empirical investigation[J]. Transportation Research Part E (36): 219-288.

CARTER C R, 1998. Interorganizational determinants of environmental purchasing: initial evidence from the consumer products industry[J]. Decision Sciences, 29(3): 659-684.

CARTER C R, DALE S, ROGERS D S, 2008. A framework of sustainable supply chain management: moving toward new theory[J]. International Journal of Physical Distribution & Logistics Management, 38(5): 360-387.

CELUCH K, SAXBY C, OEDING J,2015. The influence of counterfactual thinking and regret on ethical decision making[J]. Journal of Education for Business, 4(90): 175-181.

CHALOTRA V, 2012. Ethics in supply chain[J]. International Journal of Marketing and Technology, 5(2): 186-200.

CHAN H K, HE H W, WANG W Y C, 2012. Green marketing and its impact on supply chain management in industrial markets[J]. Industrial Marketing Management, 41(4): 557-562.

CHAN R Y K, HE H W, CHAN H K, et al., 2012. Environmental orientation and corporate performance: the mediation mechanism of green supply chain management and moderating effect of competitive intensity[J]. Industrial Marketing Management, 41(4): 621-630.

CHANDRA C, TUMANYAN A, 2005. Supply chain system taxonomy: a framework and methodology[J]. Human Systems Management, 24(4).

CHAU L L, SIU W, 2000. Ethical decision-making in corporate entrepreneurial organization[J]. Journal of Business Ethics, 5(23): 364-375.

CHAVEZ G A, WIGGINS R A, YOLAS M, 2001. The impact of membership in the ethics officer association[J]. Journal of Business Ethics, 34(1): 39-56.

CHEN J Y, SLOTNICK S A, 2015. Supply chain disclosure and ethical sourcing[J]. International Journal of Production Economics, 14(161): 17-30.

CHEN L Y, HO T M, 2012. Drivers and dependence power of hierarchical green supply chain management structure in uncertainty[C]. International Association for Information and Management Sciences(IMS): 536-540.

CHENG J K, YEH C H, TU C W, 2008. Trust and knowledge sharing in green supply chains[J]. Supply Chain Management: An International Journal, 13(4): 283-295.

CHENOT J F, HEIDENREICH R, 2004. The role of ethics committees in primary care research projects[J]. Z Allg Med, 80(7): 279-281.

CHOPRA S, 2003. Designing the distribution network in a supply chain[J]. Transportation Research Part E, 39(2): 123-140.

CHRISTMANN P, TAYLOR G, 2001. Globalization and the environment: determinants of firm self-regulation in China[J]. Journal of International Business Studies, 32(3): 439-458.

CILIBERTI F, DE HAAN J, 2011. CSR codes and the principal-agent problem in supply chains: four case studies[J]. Journal of Cleaner Production, 19(8): 885-894.

CLARK J M, 1940. Toward a concept of workable competition[J]. American Economic Review, 30(2): 241-256.

CLEMENS B W, PAPADAKIS M, 2008. Environmental management and strategy in the face of regulatory intensity: radioactive contamination in the US steel industry[J]. Business Strategy and the Environment, 17(8): 480-492.

CORDEIRO J J, SARKIS J, 1997. Environmental proactivism and firm performance: evidence from security analyst earnings forecasts[J]. Business Strategy and the Environment, 6(2): 104-114.

DE SOUSA A B L, JABBOUR C J C, 2013. Factors affecting the adoption of green supply chain management practices in Brazil: empirical evidence[J]. International Journal of Environmental Studies, 2(70): 302-315.

DE WET C, ODUME O N, 2019. Developing a systemic-relational approach to environmental ethics in water resource management[J]. Environmental Science and Policy, 173(8): 582-590.

DELAURENTIS T, 2009. Ethical supply chain management[J]. The China Business Review, 3(36): 38-41.

DETERT J R, TREVINO L K, SWEITZER V L, 2008. Moral disengagement in ethical decision making: a study of antecedents and outcomes[J]. The Journal of applied psychology, 93(2): 374-391.

DEUTSCH L, 1947. Individual psychology and pedagogy[J]. Individual Psychology Bulletin, 6(1): 48-50.

DHAR H L, 1997. Health and aging[J]. Indian Journal of Medical Sciences, 51(10): 373-377.

DIABAT A, GOVINDAN K, 2011. An analysis of the drivers affecting the implementation of green supply chain management[J]. Resources, Conservation & Recycling, 55(6): 659-667.

DIMAGGIO P J, POWELL W W, 1983. The iron cage revisited: institutional isomorphism and collective rationality in organizational fields[J]. American Sociological Review, 48(2): 147-160.

DONEY P M, CANNON J P, 1997. An examination of the nature of trust in buyer-Seller relationships[J]. Journal of Marketing, 61(2): 35-51.

DRAKE M J, SCHLACHTER J T, 2008. A virtue-ethics analysis of supply chain collaboration[J]. Journal of Business Ethics, 82(4): 851-864.

DRUCKER P F, 1962. The economy's dark continent [J]. Fortune(4): 265-270.

DUBINSKY A J, LOKEN B, 1989. Analyzing ethical decision making in marketing[J]. Journal of Business Research, 19(2): 83-107.

DURKHEIM E, 1898. Minor editorials[J]. American Journal of Sociology, 3(6): 848-849.

DUSCHEK S, 2004. Inter-firm resources and sustained competitive advantage[J]. Management Revue, 15(1): 53-73.

EARNHART D, LIZAL L, 2010. Effect of corporate economic performance on firm-level environmental performance in a transition economy[J]. Environmental and Resource Economics, 46(3): 303-329.

ENDERLE G, 2010. Wealth creation in China and some lessons for development ethics[J]. Journal of Business Ethics, 96(1): 1-15.

EPSTEIN E M, 1987. The corporate social policy process: beyond business ethics, corporate social responsibility, and corporate social responsiveness[J]. California Management Review, 29(3): 99-114.

FERRELL O C, GRESHAM L G, FRAEDRICH J, 1989. A synthesis of ethical decision models for marketing [J]. Journal of Macromarketing, 9(2): 55-64.

FERRELL O C, ROGERS M M, FERRELL L, et al., 2013. A framework for understanding ethical supply chain decision making[J]. Journal of Marketing Channels, 3 (20): 260-287.

FISK G, 1998. Green marketing: multiplier for appropriate technology transfer[J]. Journal of Marketing Management, 14(6): 657-676.

FLORY S M, PHILLIPS T J, REIDENBACH E R, et al., 1992. A multidimensional analysis of selected ethical issues in accounting[J]. The Accounting Review, 67(2): 284-302.

FRAEDRICH J P, 1993. The ethical behavior of retail managers[J]. Journal of Business Ethics(12): 207-218.

FREEMAN R E, REED D L, 1983. Stockholders and stakeholders: a new perspective on corporate governance[J]. california management review, 25(3): 88-106.

GANDZ J, BIRD F G, 1996. The ethics of empowerment[J]. Journal of Business Ethics, 15(4): 383-392.

GANESAN P, SRIDHAR M, 2016. Service innovation and customer performance of telecommunication service provider: a study on mediation effect of corporate reputation[J]. Corporate Reputation Review, 19(1): 77-101.

GARRETT T, 1966. Business ethics[M]. Englewood Cliffs: Prentice-Hall, Inc.

GAVRONSKI I, KLASSEN R D, VACHON S, et al., 2011. A resource-based view of green supply management[J]. Transportation Research Part E, 47(6): 872-885.

GEFFEN C A, ROTHENBERG S, 2000. Suppliers and environmental innovation[J]. International Journal of Operations & Production Management, 20(2): 166-186.

GHOSH M, 2019. Determinants of green procurement implementation and its impact on firm performance[J]. Journal of Manufacturing Technology Management, 30(2): 462-482.

GIMENEZ C, SIERRA V, RODON J, 2012. Sustainable operations: their impact on the triple bottom line[J]. International Journal of Production Economics, 140(1): 149-159.

GIOVANNI P D, VINZI V E, 2011. Covariance versus component-based estimations of performance in green supply chain management[J]. International Journal of Production Economics, 135(2): 907-916.

GOLD S, SEURING S, BESKE P, 2010. Sustainable supply chain management and inter-organizational resources: a literature review[J]. Corporate Social Responsibility and Environmental Management (17): 230-245.

GREEN K W, INMAN R A, SOWER V E, et al., 2019. Impact of JIT, TQM and green supply chain practices on environmental sustainability[J]. Journal of Manufacturing Technology Management, 30(1): 26-47.

GREEN K W, ZELBST P J, MEACHAM J, et al., 2012. Green supply chain management practices: impact on performance[J]. Supply Chain Management, 17(3): 290-305.

GUNASEKARAN C, PATEL C, MCGAUGHEY R E, 2003. A framework for supply chain performance measurement[J]. International Journal of Production Economics, 87(3): 333-347.

GUNDLACH G T, ACHROL R S, 1993. Governance in exchange: contract law and its alternatives[J]. Journal of Public Policy & Marketing, 12(2): 141-155.

GUNDLACH G T, MURPHY P E, 1993. Ethical and legal foundations of relational marketing exchanges[J]. Journal of Marketing, 57(4): 35-46.

HA B-C, NAM H, 2016. Ethical judgments in supply chain management: a scenario analysis[J]. Journal of Business & Industrial Marketing, 31(1): 59-69.

HAJMOHAMMAD S, VACHON S, KLASSEN R D, et al., 2013. Lean management and supply management: their role in green practices and performance[J]. Journal of Cleaner Production (39): 312-320.

HALL J, 2000. Environmental supply chain dynamics[J]. Journal of Cleaner Production, 8(6): 455-471.

HANCOCK L, RALPH N, ARMAND M, et al., 2018. In the lab: new ethical and supply chain protocols for battery and solar alternative energy laboratory research policy and practice[J]. Journal of Cleaner Production, 97(3): 485-495.

Harris P G, 2006. Environmental perspectives and behavior in China[J]. Environment and Behavior, 38(1): 5-21.

HEGARTY J A, 1990. Ethics in hospitality education[J]. Pergamon, 9(2): 106-109.

HERBIG P, GOLDEN J E, 1993. How to keep that innovative spirit alive: an examination of evolving innovative hot spots[J]. North-Holland, 43(1): 75-90.

HERSH M, STAPLETON L, DUFFY D, 2005. Applications of narrative ethics to engineering[J]. IFAC Proceedings Volumes, 38(1): 31-36.

HIRSCHI T, 1969. Causes of delinquency[M]. Berkeley: University of California press.

HOBBES T, 1651. Philosophical rudiments concerning government and society[M]. London: Royston.

HOEJMOSE S U, GROSVOLD J, MILLINGTON A, 2014. The effect of institutional pressure on cooperative and coercive ‘green’ supply chain practices[J]. Journal of Purchasing and Supply Management, 20(4): 215-224.

HOEJMOSE S, BRAMMER S, MILLINGTON A, 2012. “Green” supply chain management: the role of trust and top management in B2B and B2C markets[J]. Industrial Marketing Management, 41(4): 609-620.

HOGLUND D, SAMUELSON G, MARK A, 1998. Food habits in Swedish adolescents in relation to socioeconomic conditions[J]. European Journal of Clinical Nutrition, 52(11): 784-789.

HOLT D, GHOBADIAN A, 2009. An empirical study of green supply chain management practices amongst UK manufacturers[J]. Journal of Manufacturing Technology Management, 20(7): 933-956.

HUANG T D, 2012. Green supply chain management practices: an investigation of manufacturing SMEs in China[J]. International Journal of Technology Management & Sustainable Development, 11(2): 139-153.

HULT G T M, KETCHEN D J, ARRFELT M, 2007. Strategic supply chain management: improving performance through a culture of competitiveness and knowledge development[J]. Strategic Management Journal, 28(10): 1035-1052.

HUNT S D, 1986. A general theory of marketing ethics[J]. Journal of Macromarketing, 6(1): 5-16.

HUNT S D, VASQUEZ-PARRAGA A Z, 1993. Organizational consequences, marketing ethics, and sales force supervision[J]. Journal of Marketing Research(30): 78-90.

HUSSER J GAUTIER L, ANDRE J M, 2014. Linking purchasing to ethical decision-making: an empirical investigation[J]. Journal of Business Ethics, 123 (2): 327-338.

ICEK A, 1991. The theory of planned behavior[J]. Academic Press, 50(2): 179-211.

JENNINGS P D, ZANDBERGEN P A, 1995. Ecologically sustainable organizations: an institutional approach[J]. The Academy of Management Review, 20(4): 1015-1052.

JOAN M, MCMAHON R J, 2007. Psychometric properties of the reidenbach-robin multidimensional ethics scale[J]. Journal of Business Ethics, 72(1): 27-39.

JOHNSON M E, 2006. Supply chain management: technology, globalization, and policy at a crossroads[J]. Interfaces, 36(3): 191-193.

JONES T C, RILEY D W, 1987. Using inventory for competitive advantage through supply chain management[J]. International Journal of Physical Distribution & Logistics Management (2): 113-139.

JONES T M, 1991. Ethical decision making by individuals in generations: an issue contingent model[J]. Academy of Management Review, 16(2): 366-395.

JULIE M, 2010. A 21st-century approach to cystic fibrosis: optimizing outcomes across the disease spectrum[J]. Journal of pediatric gastroenterology and nutrition, 51(7): 1-7.

JUMA M, LANSANA L, DAWOH F, 2014. Building the capacity of Sierra Leoneans in supply chain on the National Pharmaceutical Procurement Unit(NPPU) project (a case study)[J]. Springer Nature Journal (12): 7-25.

KAPTEIN M, HUBERTS H, AVELINO S, et al., 2005. Demonstrating ethical leadership by measuring ethics: a survey of U. S. public servants[J]. Public Integrity, 7(4): 299-311.

KAVANAGH D J, SITHARTHAN T, SAYER G P, 1996. Prediction of results from correspondence treatment for controlled drinking[J]. Addiction (Abingdon, England), 91(10): 1539-1545.

KAYE B N, 1992. Codes of ethics in Australian business corporations[J]. Journal of Business Ethics, 11(11): 857-862.

KEEN N, 1993. Using ethics at work[J]. Nursing New Zealand, 1(8): 26-27.

KELLY T J, 1994. Trust and betrayal[J]. Imprint, 41(2): 4.

KHAN S A R, CHEN J, ZHANG Y, et al., 2018. Does ethical leadership really act as a positive role in sustainable supply chain management[C]. Proceedings of 4th International Conference on Social Science and Higher Education(ICSSHE 2018)(Advances in Social Science, Education and Humanities Research,VOL. 181): 552-555.

KHUNTIA R, SUAR D, 2004. A scale to assess ethical leadership of Indian private and public sector managers[J]. Journal of Business Ethics, 49(1): 13-26.

KINGSHOTT B F, KATHLEEN B K, WOLFE S E, 2004. Police culture, ethics and entitlement theory[J]. Criminal Justice Studies, 17(2): 187-202.

KPOSOWA A J, TSUNOKAI G T, BUTLER E W, et al., 2002. The effects of race and ethnicity on schizophrenia: individual and neighborhood contexts[J]. Race, Gender & Class, 9(1): 33-54.

KRAUSE R M, HAWKINS C V, PARK A Y S, et al., 2019. Drivers of policy instrument selection for environmental management by local governments[J]. Public Administration Review, 79(4): 477-487.

MANNING R N, BAINES S A C, 2006. Ethical modelling of the food supply chain[J]. British Food Journal, 108(5): 358-370.

LAMMING R, HAMPSON J, 1996. The environment as a supply chain management issue[J]. British Journal of Management (7): S45-S62.

LAWSON B, TYLER B B, COUSINS P D, 2008. Antecedents and consequences of social capital on buyer performance improvement[J]. Journal of Operations Management, 26(3): 446-460.

LEBARON G, LISTER J, 2015. Benchmarking global supply chains: the power of the 'ethical audit' regime[J]. Review of International Studies, 41(5): 905-924.

LEE P P, 1986. Ethics, law, and medicine: today's crossroads[J]. Alpha Omega Alpha, 49(1): 12-14.

LEE S Y, 2008. Drivers for the participation of small and medium-sized suppliers in green supply chain initiatives[J]. Supply Chain Management, 13(3): 185-198.

LEE Y, CAVUSGIL S T, 2006. Enhancing alliance performance: the effects of contractual-based versus relational-based governance[J]. Journal of Business Research, 59(8): 896-905.

LEGARTH J B, 2001. Internet assisted environmental purchasing[J]. Corporate Environmental Strategy, 8(3): 269-274.

LEITSCH D L, 2004. Differences in the perceptions of moral intensity in the moral decision process: an empirical examination of accounting students[J]. Journal of Business Ethics, 53(3): 313-323.

LEVIS J, 2006. Adoption of corporate social responsibility codes by multinational companies[J]. Journal of Asian Economics, 17(1): 50-55.

LEVY D L, NEWELL P J, 2002. Business strategy and international environmental governance: toward a neo-gramscian synthesis[J]. Global Environmental Politics, 2(4): 84-101.

LEWICKI R J L, BUNKER B B, 1996. Developing and maintaining trust in work relationships[M] Thousand Oaks: SAGE Publications, Inc.

LIANG Z H, CHEN Q X, MAO N, 2011. Workgroup-based manpower planning for multi-type staff collaboration[J]. Advanced Materials Research, 79(13): 2278-2281.

LIBOW L S, OLSON E, NEUFELD R R, et al., 1992. Ethics rounds at the nursing home: an alternative to an ethics committee[J]. Journal of the American Geriatrics Society, 40(1): 95-97.

LIU C, BAO Z S, ZHENG C Y, 2019. Exploring consumers' purchase intention in social commerce[J]. Asia Pacific Journal of Marketing and Logistics, 31(2): 378-397.

LIU DANIELS, VAN OOSTERHOUT, VAN DALEN, 2013. Business intelligence for improving supply chain risk management[J]. International Journal of Advanced Logistics, 2(2): 18-29.

LO S M, ZHANG S, WANG Z, et al., 2018. The impact of relationship quality and supplier development on green supply chain integration: a mediation and moderation analysis[J]. Journal of Cleaner Production, 175(8): 524-535.

LO V H Y, SCULLI D, YEUNG A H W, et al., 2005. Integrating customer expectations into the development of business strategies in a supply chain environment[J]. International Journal of Logistics Research and Applications, 8(1): 37-50.

LOE M, 1996. Working for men - at the intersection of power, gender, and sexuality[J]. Sociological Inquiry, 66(4): 399-422.

LOE T W, FERRELL L, 2001. Teaching marketing ethics in the 21st century[J]. Marketing Education Review, 11(2): 1-15.

LUMER C, 2010. Moral desirability and rational decision[J]. Ethical Theory and Moral Practice, 13(5): 561-584.

MA Y, HOU G S, YIN Q YQ, et al., 2018. The sources of green management innovation: does internal efficiency demand pull or external knowledge supply push[J]. Journal of Cleaner Production, 173(8): 582-590.

MACNEIL I R, 1980. Power, contract and the economic model[J]. Journal of Economic Issues, 14(4): 909-923.

MARKLEY M J, DAVIS L, 2007. Exploring future competitive advantage through sustainable supply chains[J]. International Journal of Physical Distribution & Logistics Management, 37(9): 763-774.

MARTIN D K, MESLIN E M, KOHUT N, et al., 1995. The incommensurability of research risks and benefits: practical help for research ethics committees[J]. IRB: Ethics & Human Research, 17(2): 8-10.

MARCOTTE F, GRABOT B, AFFONSO R,2009. Cooperation models for supply chain management[J]. International Journal of Logistics Systems and Management, 5(1/2):123-153.

MAY R M, 2004. Ecology: ethics and amphibians[J]. Nature, 431(7007): 403.

MAYER R C, DAVIS J H, SCHOORMAN F D, 1995. An integrative model of organizational trust[J]. The Academy of Management Review, 20(3): 709-734.

MCALISTER A L, AMA E, BARROSO C, et al., 2000. Promoting tolerance and moral engagement through peer modeling[J]. Cultural diversity & ethnic minority psychology , 6(4): 363-373.

MCNEILL P, GORMAN D, 1993. Ethics and clinical medicine[J]. Australian and New Zealand journal of medicine, 23(4): 3-5.

MCNICHOLS C W, ZIMMERER T W, 1985. Situational ethics: an empirical study of differentiators of student attitudes[J]. Journal of Business Ethics, 4(3): 175-180.

MENACHOF D A, GRANT D B, LALWANI C, 2018. Doing the right thing–ethical issues in logistics and supply chain[J]. International Journal of Logistics Research and Applications, 21(2): 113-114.

MESSICK R E, 1999. Judicial reform and economic development[J]. World Bank Research Observer, 14(1): 117-136.

MIALET J P, 1980. Normality, normativity and marginality[J]. Annales medico-psychologiques, 138(9): 389-393.

MILL J S, 1979. An Examination of Sir William Hamilton's Philosophy[M]. Toronto: University of Toronto Press.

MIN H, GALLE W P, 1997. Green purchasing strategies: trends and implications[J]. Journal of Supply Chain Management, 33(3): 10-17.

MOHANTY R P, PRAKASH A, 2014. Green supply chain management practices in India: an empirical study[J]. Production Planning & Control, 16(25): 1322-1337.

MONT O, PLEPYS A, 2007. Sustainable consumption progress: should we be proud or alarmed[J]. Journal of Cleaner Production, 16(4): 531-537.

MOORE G, 2008. Re-imagining the morality of management: a modern virtue ethics approach[J]. Business Ethics Quarterly, 18(4): 483-511.

MORRELL K, JAYAWARDHENA C, 2010. Fair trade, ethical decision making and the narrative of gender difference[J]. Business Ethics: A European Review, 19(4): 393-407.

MORRIS F, 1973. The ethics of biomedical engineering. [J]. Medical world news, 14(39).

MURPHY P R, POIST R F, LYNAGH P M, et al., 2003 An analysis of select web site practices among supply chain participants[J]. Industrial Marketing Management, 32(3): 243-250.

NAGEL M H, 2003. Managing the environmental performance of production facilities in the electronics industry: more than application of the concept of cleaner production[J]. Journal of Cleaner Production (11): 11-26.

NASH, 1990. Good intentions aside: a manager's guide to resolving ethical problems[M]. Harvard Business School Press.

NAWROCKA D, 2008. Environmental supply chain management, ISO 14001 and RoHS. How are small companies in the electronics sector managing[J]. Australian and New Zealand Journal of Medicine, 15(6): 349-360.

NOSEK B A, BANAJI M R, GREENWALD A G, 2002. Research: ethics, security, design, and control in psychological research on the internet[J]. Journal of Social Issues, 58(1): 161-176.

NSAMENANG A B, 2010. Issues in and challenges to professionalism in Africa's cultural settings[J]. Contemporary Issues in Early Childhood, 11(1): 20-28.

O'FALLON M, BUTTERFIELD K D, 2005. A review of empirical ethical decision-making in literature: 1996-2003[J]. Journal of Business Ethics, 59(4): 375-412.

OLIVEIRA L F, YOUNGBLOOD R, MELO P F F, 1990. Hazard rate of a plant equipped with a two-channel protective system subject to a high demand rate[J]. Elsevier, 28(1): 35-58.

PEARSON M, 2015. Ethical supply chains: right makes might[J]. Logistics Management, 54(9): 24-25.

PIDERIT J J, 1998. LABOR-Labor mobility and social wellbeing under international capitalism[J]. International Journal of Social Economics, 25(11): 1684-1698.

PREUSS L, 2005. Rhetoric and reality of corporate greening: a view from the supply chain management function[J]. Business Strategy and the Environment, 14(2): 123-139.

RAHARJO K, 2019. The role of green management in creating sustainability performance on the small and medium enterprises[J]. Management of Environmental Quality, 30(3): 557-577.

RALPH N, HANCOCK L, 2019. Energy security, transnational politics, and renewable electricity exports in Australia and South east Asia[J]. Energy Research & Social Science, 23(10): 233-240.

RAMUS C A, STEGER U, 2000. The roles of supervisory support behaviors and environmental policy in employee "Ecoinitiatives" at leading-edge European companies[J]. The Academy of Management Journal, 43(4): 605-626.

RAO P, HOLT D, 2005. Do green supply chains lead to competitiveness and economic performance[J]. International Journal of Operations & Production Management, 25(9): 898-916.

RAS P J, VERMEULEN W J V, SAALMINK S L, 2007. Greening global product chains: bridging barriers in the north-south cooperation. An exploratory study of possibilities for improvement in the product chains of table grape and wine connecting South Africa and The Netherlands[J]. Progress in Industrial Ecology, 4(6): 401-417.

RAWLS J B, 1971. A theory of justice[M]. Cambridge, Massachusetts: Belknap Press of Harvard University Press.

REIDENBACH R E, ROBIN D P, 1988. Some initial steps toward improving the measurement of ethical evaluations of marketing activities[J]. Journal of Business Ethics, 7(11): 871-879.

REIDENBACH R E, DONALD P R, DAWSON L, 1991. An application and extension of a multidimensional ethics scale to selected marketing practices and marketing groups[J]. Journal of the Academy of Marketing Science, 19(2): 83-92.

RESICK C J, HANGES P J, DICKON M W, et al., 2006. A cross-cultural examination of the endorsement of ethical leadership[J]. Journal of Business Ethics, 63(4): 345-359.

REST J R, 1986. Moral development: advances in research and theory[M]. New York: Praeger.

RICHARDSON W D, 1997. Understanding ethics through literature[J]. Administration & Society, 29(2): 201-221.

RITOV I, BARON J, 1992. Status-quo and omission biases[J]. Journal of Risk and Uncertainty, 5(1): 49-61.

RIVERA M, HEADY F, 2006. Comparative program-performance evaluation and government accountability in New Mexico: Some Applied Lessons for Intergovernmental Relations[J]. Journal of Public Affairs Education, 12(4): 557-562.

ROBERTS S, 2003. Supply chain specific? Understanding the patchy success of ethical sourcing initiatives[J]. Journal of Business Ethics, 23(44): 159-170.

ROBIN D R, REIDENBACH E R, 1988. Integrating social responsibility and ethics into the strategic planning process[J]. Business & Professional Ethics Journal, 7(3/4): 29-46.

RUNGTUSANATHAM M, SALVADOR F, FORZA C, et al., 2003. Supply-chain linkages and operational performance: a resource-based-view perspective[J]. International Journal of Operations & Production Management, 23(9): 1084-1099.

SALLEH Z, 2012. Ethical decision making in malaysian public listed companies[C]. Proceedings of International Conference on Business, Management and Governance(ICBMG2012): 115-119.

SANKARAN K, HANKEY A, 2017. Experience information as the basis of mind: evidence from human decision making[J]. Progress in biophysics and molecular biology, 17(9): 369-376.

SARKAR A N, 2012. Green supply chain management: a potent tool for sustainable green marketing[J]. New Delhi, India: SAGE PublicationsSage, 8(4): 491-507.

SARKIS J, CORDEIRO J J, 2001. An empirical evaluation of environmental efficiencies and firm performance: Pollution prevention versus end-of-pipe practice[J]. European Journal of Operational Research, 135(1): 102-113.

SARKIS J, 1998. Evaluating environmentally conscious business practices [J]. European Journal of operational Research, 107(1): 159-174.

SARKIS J, 2003. A strategic decision framework for green supply chain management [J]. Journal of Cleaner Production, 11(4): 397-409.

SCHOKKAERT E, OVERLAET B, 1989. Moral intuitions and economic models of distributive justice[J]. Social Choice and Welfare, 6(1): 19-31.

SCHWEPKER C H, SCHULTZ R J, 2013. The impact of trust in manager on unethical intention and customer-oriented selling[J]. The Journal of Business & Industrial Marketing, 28(4): 347-356.

SEAN G, 2001. Greening supply chain: enhancing competitiveness through green productivity[C]. Taiwan.

SHAFER W E, SIMMONS R S, 2011. Effects of organizational ethical culture on the ethical decisions of tax practitioners in mainland China[J]. Accounting, Auditing & Accountability Journal, 24(5): 647-668.

SHAH S M, JOSHI N R, 2015. Green Logistics: A tool for sustainable development of a firm[J]. International Journal of Management, IT and Engineering, 5(10): 186-199.

SHAPIRO S P, 1987. The social control of impersonal trust[J]. American Journal of Sociology, 93(3): 623-658.

SHARMA S, VREDENBURG H, 1998. Proactive corporate environmental strategy and the development of competitively valuable organizational capabilities[J]. Strategic Management Journal, 19(8): 729-753.

SHEU J B, 2011. Bargaining framework for competitive green supply chains under governmental financial intervention[J]. Logistics and Transportation Review, 47(5): 573-592.

SIGUAW J A, BAKER T L, Simpson P M, 2003. Preliminary evidence on the composition of relational exchange and its outcomes: the distributor perspective[J]. Journal of Business Research, 56(4): 311-322.

SIMANGUNSONG E, HENDRY L C, STEVENSON M, 2016. Managing supply chain uncertainty with emerging ethical issues[J]. International Journal of Operations & Production Management, 36(10): 1272-1307.

SIMATUPANG T M, SRIDHARAN R, 2002. The collaborative supply chain[J]. The International Journal of Logistics Management, 13(1): 15-30.

SIMMEL G, 1895. The problem of sociology[J]. Annals of the American Academy of Political and Social Science, 6(3): 52-63.

SIMON H, 2000. Public administration in today's world of organizations and markets[J]. Political Science & Politics, 33(4): 749-756.

SIMPSON D, 2012. Institutional pressure and waste reduction: the role of investments in waste reduction resources[J]. International Journal of Production Economics, 139(1): 330-339.

SIMPSON D, POWER D, SAMSON D, 2007. Greening the automotive supply chain: a relationship perspective[J]. International Journal of Operations & Production Management, 27(1): 28-48.

SIMPSON R, ALMONACID S, NUNEZ H, et al., 2012. Time-temperature indicator to monitor cold chain distribution of fresh salmon(SALMO SALAR)[J]. Journal of Food Process Engineering, 35(5): 742-750.

SINGHAPAKDI A, RAO C P, ViTELL S J, 1996. Ethical decision making: an investigation of services marketing Professionals[J]. Journal of Business Ethics, 15(6): 635-644.

SINGHAPAKDI A, SALYACHIVIN S, VIRAKUL B, et al., 2000. Some Important factors underlying ethical decision making of managers in Thailand[J]. Journal of Business Ethics, 27(3): 271-284.

SPEKMAN R E, KAMAUFF J W, MYHR N, 1998. An empirical investigation into supply chain management: a perspective on partnerships[J]. Supply Chain Management: An International Journal, 3(2): 53-67.

SPICER J, 2006. Clinical ethics and the commercial pressures[J]. Nurse Prescribing, 4(9): 372-375.

SPREITZER G M, 1995. Psychological empowerment in the workplace: dimensions, measurement, and validation[J]. The Academy of Management Journal, 38(5): 1442-1465.

SRIDHAR K, 2011. The paradox of trust: why 'profit' does not have to be a bad word in the concept of corporate social responsibility[J]. Business and Globalisation, 6(2): 154-168.

SRIVASTAVA S K, 2003. Green supply chain management[J]. Vikalpa: The Journal for Decision Makers, 28(4): 143-148.

SROUFE R, 2003. Effects of environmental management systems on environmental management practices and operations [J]. Production and Operations Management, 12(3): 416-431.

STEVENS G C, 1989. Distribution: integrating the supply chain[J]. International Journal of Physical and Material

Management, 19(18): 3-8.

STEVENS R, HARRIS J, WILLIAMSON S, 1993. A comparison of ethical evaluations of business school faculty and students: a pilot study[J]. Journal of Business Ethics, 12(8): 611-619.

SUMNER J, 2005. Confronting the challenges of an ethical supply chain[J]. Corporate Responsibility Management, 1(3): 2.

SVENSSON F, 2008. Virtue ethics and elitism[J]. Philosophical Papers, 37(1): 131-155.

SWAMI S, SHAH J, 2013. Channel coordination in green supply chain management[J]. The Journal of the Operational Research Society, 64(3): 336-351.

SWEENEY B, COSTELLO F, 2009. Moral intensity and ethical decision-making: an empirical examination of undergraduate accounting and business students[J]. Accounting Education, 18(1): 75-97.

TATE W L, ELLRAM L M, KIRCHOFF J F, 2010. Corporate social responsibility reports: a thematic analysis related to Supply Chain Management[J]. Journal of Supply Chain Management, 46(1): 19-44.

TEECE D J, PISANO G, SHUEN A, 1997. Dynamic capabilites and strategic management[J]. Strategic Management Journal, 18(7): 509-533.

TEMPIA F, 2009. Free will and decision making in aesthetic and moral judgments[J]. Acta philosophica: rivista internazionale di filosofia , 17(2): 1000-1018.

TREVINO L K, 1986. Ethical decision making in organizations: a person-situation interactionist model[J]. The Academy of Management Review, 11(3): 601-617.

TREVINO L K, 1992. Moral reasoning and business ethics: implications for research, education, and management[J]. Journal of Business Ethics, 11(5): 445-459.

TSAI W, GHOSHAL S, 1998. Social capital and value creation: the role of intrafirm networks[J]. The Academy of Management Journal, 41(4): 464-476.

TSOULFAS G T, PAPPIS C P, 2008. A model for supply chains environmental performance analysis and decision making[J]. Journal of Cleaner Production, 16(15): 1647-1657.

TWISS S B, 2005. Comparative ethics, a common morality, and human rights[J]. The Journal of Religious Ethics, 33(4): 649-657.

VACHON S, KLASSEN R D, 2006. Extending green practices across the supply chain[J]. International Journal of Operations & Production Management, 26(7): 795-821.

VALENTINE S, GODKIN L, 2017. Banking employees' perceptions of corporate social responsibility, value-fit commitment, and turnover intentions: ethics as social glue and attachment[J]. Employee Responsibilities and Rights Journal, 29(2): 51-71.

VALENTINE S, HOLLINGWORTH D, 2012. Moral intensity, issue importance, and ethical reasoning in operations situations[J]. Journal of Business Ethics, 4(108): 509-523.

VALENTINE S, NAM S H, 2014. Ethical context and ethical decision making: examination of an alternative statistical approach for identifying variable relationships[J]. Journal of Business Ethics, 3(124): 509-526.

VAN BOCKSTAEL S, 2018. The emergence of conflict-free, ethical, and fair trade mineral supply chain certification systems: a brief introduction[J]. The Extractive Industries and Society, 5(1): 52-55.

VELASQUEZ M G, Rostankowsk C, 1985. ethics: theory and practice[M]. Englewood Cliffs, NJ: Prentice Hall.

VEREECKE A, MUYLLE S, 2006. Performance improvement through supply chain collaboration in Europe[J]. International Journal of Operations & Production Management, 26(11): 1176-1198.

WALKER H, SISTO L D, MCBAIN D, 2008. Drivers and barriers to environmental supply chain management practices: Lessons from the public and private sectors[J]. Journal of Purchasing and Supply Management, 14(1): 69-85.

WEAVER G R, 2004. Ethics and employees: making the connection[J]. The Academy of Management Executive (1993-2005), 18(2): 121-125.

WEBB L, 1994. Green purchasing: forging a new link in the supply chain [J]. Resource, 1(6): 14-18.

WEBER L J, BISSELL M G, 1996. Case studies in ethics, reporting test results[J]. Clinical laboratory management review, 10(3): 256-258.

WEBER L J, BISSELL M G, 2003. Case studies in ethics 1993-2003: a 10-year retrospective[J]. Clinical leadership & management review: the journal of CLMA, 17(3): 168-171.

WHITNEY D L, 1989. The ethical orientations of hotel managers and hospitalitystudents: Implications for industry, education, and youthful careers[J]. Hospitality Education and Research Journal, 13 (3): 187-192.

WIENGARTEN F, HUMPHREYS P, GIMENEZ C, et al., 2016. Risk, risk management practices, and the success of supply chain integration[J]. International Journal of Production Economics, 20(3): 361-370.

WILLIAMS M, 2001. In whom we trust: group membership as an affective context for trust development[J]. The Academy of Management Review, 26(3): 377-396.

WOICESHYN J, 2011. A model for ethical decision making in business: reasoning, intuition, and rational moral principles[J]. Journal of Business Ethics, 104(3): 311-323.

WOLF J, 2011. Sustainable supply chain management integration: a qualitative analysis of the german manufacturing Industry[J]. Journal of Business Ethics, 102(2): 221-235.

WORDEN S, 2008. A genealogy of business ethics: a Nietzschean perspective[J]. Journal of Business Ethics, 84(3): 427-456.

YEH W, CHUANG M, 2011. Using multi-objective genetic algorithm for partner selection in green supply chain problems[J]. Expert Systems with Applications, 38(4): 4244-4253.

YU Y B, HUO B F, 2019. The impact of relational capital on supplier quality integration and operational performance[J]. Total Quality Management & Business Excellence, 30(12): 1282-1301.

ZHU Q H, SARKIS J, LAI K, 2007. Green supply chain management: pressures, practices and performance within the Chinese automobile industry[J]. Journal of Cleaner Production, 15(12): 1041-1052.

ZHU Q H, SARKIS J, LAI K, 2008. Confirmation of a management practices implementation: international measurement model for green supply chain[J]. Journal of Production Economics, 111(2): 261-273.

ZHU Q H, SARKIS J, LAI K H, 2008. The role of organizational size in the adoption of green supply chain management practices in China[J]. Corporate Social Responsibility and Environmental Management, 15(6): 322-337.

ZHU Q H, SARKIS J, 2006. An inter-sectoral comparison of green supply chain management in China: drivers and practices[J]. Journal of Cleaner Production, 14(5): 472-486.

ZHU Q H, SARKIS J, 2004. Relationships between operational practices and performance among early adopters of green supply chain management practices in Chinese manufacturing enterprises[J]. Journal of Operations Management, 22(3): 265-289.

ZHU Q H, SARKIS J, 2013. Institutional-based antecedents and performance outcomes of internal and external green supply chain management practices[J]. Journal of Purchasing and Supply Management, 19(2): 106-117.

ZSIDISIN G A, ELLRAM L M, 2001. Activities related to purchasing and supply management involvement in supplier alliances[J]. International Journal of Physical Distribution & Logistics Management, 31(9): 629-646.

ZSIDISIN G A, 2003. Managerial Perceptions of Supply Risk[J]. Journal of Supply Chain Management, 39(1): 14-26.

ZU H L, QING X C, NING M, 2011. Workgroup-based manpower planning for multi-type staff collaboration[J]. Advanced Materials Research, 1379:2278-2281.

附　录

伦理决策对绿色供应链管理实践的影响调查问卷

尊敬的女士/先生：

您好！

非常感谢您能在百忙中抽出时间来参与此次调查！

研究伦理决策对绿色供应链管理实践的影响，即在绿色供应链管理中考虑和强化企业伦理因素，在国内外学术界及企业界已有一定的关注及实施。针对企业的伦理决策，主要拟从伦理决策的 3 个阶段来进行了解，即伦理认知、伦理判断和伦理行为；绿色供应链管理实践主要从绿色采购管理、内部绿色管理和环境伦理管理进行探讨。因此，本问卷旨在对伦理决策测量维度及绿色供应链管理实践测量维度进行调查，以便使企业更好地实施绿色供应链管理。

您的参与对本书具有重要的帮助，请您根据您的专业知识和实践经验进行填写。本调查采用匿名方式，问卷内容仅为学术研究所用，调查数据不会用于其他商业用途，对您提供的所有信息绝对保密，请您放心填写。

第一部分　关于被调查者信息

性别（请打√）：

①男　　②女

所在行业（请填空或打√）：

①生产制造　　②建筑　　③金融　　④服务

⑤商贸流通　　⑥信息技术与通信　　⑦房地产　　⑧其他：__________

单位性质（请填空或打√）：

①国有企业　　②民营企业　　③三资企业　　④其他：__________

所在子/分/总公司人员规模（请填空或打√）：

①1～50 人　　②51～200 人　　③201～1000 人

④1001～3000 人　　⑤3000 人以上：__________

您的职位层次（请填空或打√）：

①董事长/总经理　　②副总/总裁助理　　③中层管理者

④基层管理者　　⑤员工　　⑥其他：__________

教育程度（请填空或打√）：

①初中及以下　　②高中、中专　　③大专

④本科（含成人或远程教育）　　⑤硕士及以上：＿＿＿＿＿

您个人月均收入（指全部收入）是（请填空或打 √）：

①2000 元以下　　②2000～4000 元　　③4001～10000 元

④10001～15000 元　　⑤15001～25000 元　　⑥25000 元以上：＿＿＿＿＿

年龄：＿＿＿＿＿ 工龄：＿＿＿＿＿

第二部分　伦理决策情况调查

下面是关于伦理决策的重要内容（见附表 1），请您根据您所在企业（您所在的子/分/总公司）状况，在您认为或了解的等级上打 √ 或将答案写在后面的括号里。

1——非常不同意　　2——不同意　　3——不一定

4——同意　　5——非常同意

附表 1　伦理决策的维度及赋值

维度	序号	题项	得分					
伦理认知	1	注重盈利能力	1	2	3	4	5	（ ）
	2	注重信任关系	1	2	3	4	5	（ ）
	3	注重竞争关系	1	2	3	4	5	（ ）
	4	注重人情关系	1	2	3	4	5	（ ）
	5	注重合作共享关系	1	2	3	4	5	（ ）
	6	注重企业社会责任	1	2	3	4	5	（ ）
伦理判断	7	机制完善	1	2	3	4	5	（ ）
	8	道义感强	1	2	3	4	5	（ ）
	9	利益共享	1	2	3	4	5	（ ）
	10	风险共担	1	2	3	4	5	（ ）
	11	政府激励充分	1	2	3	4	5	（ ）
	12	决策能力强	1	2	3	4	5	（ ）
	13	决策动机纯	1	2	3	4	5	（ ）
伦理行为	14	守法经营	1	2	3	4	5	（ ）
	15	诚实守信	1	2	3	4	5	（ ）
	16	公平交易	1	2	3	4	5	（ ）
	17	履行责任	1	2	3	4	5	（ ）
	18	敬业奉献	1	2	3	4	5	（ ）

第三部分　绿色供应链管理实践情况调查

下面是关于绿色供应链管理实践的重要内容（见附表 2），请您根据您所在企业（您所在的子/分/总公司）状况，在您认为或了解的等级上打 √ 或将答案写在后面的括号里。

1——没有考虑　　2——计划考虑　　3——已经考虑

4——正在实施　　5——成功实施

附表 2　绿色供应链管理实践的维度及赋值

维度	序号	题项	得分					
针对供应商的绿色采购管理	1	要求供应商提供标准的绿色产品	1	2	3	4	5	（ ）
	2	与供应商在平等互利的基础上交易	1	2	3	4	5	（ ）
	3	进行环境审计、监督供应商	1	2	3	4	5	（ ）
	4	公平、公开、公正对待各个供应商	1	2	3	4	5	（ ）
	5	建立与供应商长期稳定的合作关系	1	2	3	4	5	（ ）
	6	与供应商建立绿色战略联盟	1	2	3	4	5	（ ）
	7	与供应商合作注重社会道德标准	1	2	3	4	5	（ ）
企业本身的内部绿色管理	8	从上至下树立绿色观念	1	2	3	4	5	（ ）
	9	获得 ISO 14001 认证	1	2	3	4	5	（ ）
	10	生产废物排放符合国家标准	1	2	3	4	5	（ ）
	11	实施重要的环保和节能项目	1	2	3	4	5	（ ）
	12	为改善环境而进行企业内各部门合作	1	2	3	4	5	（ ）
	13	允许其他企业参与自身的绿色决策	1	2	3	4	5	（ ）
	14	与其他企业保持步调一致的绿色行动	1	2	3	4	5	（ ）
针对利益相关者的环境伦理管理	15	遵守环保法律法规	1	2	3	4	5	（ ）
	16	认证标准伦理化	1	2	3	4	5	（ ）
	17	注重环境意义上的道德行为准则	1	2	3	4	5	（ ）
	18	建立社会信任体系	1	2	3	4	5	（ ）
	19	履行对环境和社会的责任感	1	2	3	4	5	（ ）
	20	实施环境伦理行为的激励与惩罚	1	2	3	4	5	（ ）

后　　记

回首凝望，中山大学求学路令我深深怀念，感慨万千。经过几多波折进入师门时的喜悦与感激仿佛就在昨天，导师与我第一次在办公室见面的情景仿佛就在眼前。借本书出版之际，谨向多年来对我关怀备至及悉心教诲的导师，关心与支持的领导，无私帮助的同事、同学、朋友及家人表示最诚挚的谢意。

首先要感谢我的导师田宇教授。导师兼任吉首大学商学院院长，承担着繁重的科研与行政工作，但是对学生的教导，同样是不遗余力和严格要求。本书的研究思路、选题确定、研究方法选用、结构调整、重点问题解决和创新途径等各方面都凝聚着导师的心血。如果没有导师无微不至的指导和点拨，我是无法完成的。导师博大精深的学术造诣、严谨的治学态度、认真求实的工作作风和坦率的为人都对我产生了深刻的影响。师从于田老师，收获是多方面的，不仅懂得了学术是研究身边值得研究的问题，学术需要静心、专心、耐心和用心，还学会了很多为人处世之道。遇到这样的好老师，我是非常高兴的。

与此同时，我要感谢李仲飞教授、谭劲松教授、李新春教授、陈志祥教授、谢礼珊教授、韩小芸教授、梁琦教授、任荣伟教授、孙海法教授、陆家骝教授、谢如鹤教授、张良卫教授等专家学者的精彩课程及教诲，他们渊博的知识及独到的见解令我受益匪浅。感谢何培禄老师、刘敏老师、高胜嘉老师提供的讲座信息与帮助。感谢师门伍炜勤博士、马鹏博士、张怀英博士、孙红英博士、王克博士、郑雁玲博士、杨艳玲博士及同窗好友赖新峰博士、冯来强博士、曹健博士、施贇博士等，与你们的交流、沟通及探讨使我受益颇多，你们是我终生的良师益友。

在本书的完成过程中，得到了华为技术有限公司许小舟、戴海涛、陈俊德，西南交通大学出版社郭发仔，一汽大众汽车有限公司许群芳等在论文资料收集、问卷发放与回收、与企业高层领导访谈等方面的大力支持和帮助，在此表示由衷的感谢！

感谢吉首大学旅游与管理工程学院院长尹华光教授，他平易近人、治学严谨、学问渊博，在我的学习和工作中给了我很大的启迪和帮助。感谢鲁明勇教授、袁正新教授、田金霞教授、唐修柏副教授、秦松涛副教授、吴永江副教授、蔡建刚博士、曾晓勇博士、董坚峰博士、高辉博士、孙玮博士、李大军老师、李彦莉老师、周响应、吴晓山等为我提供了无私帮助。

我要特别感谢我最爱的家人们。我出生于一个偏僻的小山村，父母亲面朝黄土背朝天，用不辞辛劳的双手支撑起我的求学生涯。父亲在他的青年时期为了家庭劳累而早逝，现在只能叹息“子欲养而亲不待”的痛楚。感谢我的母亲在写作期间对我生活的照顾，让我有更多的时间与精力去思考和写作。感谢我的爱人廖任文女士给了我许多的支持、帮助与关怀，不仅包容我无时间照顾家庭，而且在繁忙的工作之时，帮我营造良好的创作氛围及收集资料。这20年来，生活中的酸甜苦辣、学习上的点点滴滴，有你相伴，是我莫大的快乐与幸福！感谢满10岁的儿子，每当我在写作中遇到难题时，只要一看到儿子或听到儿子的声音，就能给我带来许多力量与感动。最后，感谢其他长辈及亲人给我的关怀与帮助。

许　建

2019年4月